晃華学園中学校

〈収録内容〉

2024 年度 …………………… 第 1 回（算・理・社・国）
第 2 回（算・国）

2023 年度 …………………… 第 1 回（算・理・社・国）
第 2 回（算・国）

2022 年度 …………………… 第 1 回（算・理・社・国）
第 2 回（算・国）

JN057780

便利な DL コンテンツは右の QR コードから

解答用紙

⇒

※データのダウンロードは 2025 年 3 月末日まで。
※データへのアクセスには、右記のパスワードの入力が必要となります。 ⇒ 550964

〈合格最低点〉

2024年度	178点／108点
2023年度	198点／106点
2022年度	219点／102点

※点数は、第1回／第2回

本書の特長

実戦力がつく入試過去問題集

- ▶ 問題 …………… 実際の入試問題を見やすく再編集。
- ▶ 解答用紙 …… 実戦対応仕様で収録。
- ▶ 解答解説 …… 詳しくわかりやすい解説には、難易度の目安がわかる「基本・重要・やや難」の分類マークつき（下記参照）。各科末尾には合格へと導く「ワンポイントアドバイス」を配置。採点に便利な配点つき。

入試に役立つ分類マーク

基本 確実な得点源！
受験生の 90％以上が正解できるような基礎的、かつ平易な問題。
何度もくり返して学習し、ケアレスミスも防げるようにしておこう。

重要 受験生なら何としても正解したい！
入試では典型的な問題で、長年にわたり、多くの学校でよく出題される問題。
各単元の内容理解を深めるのにも役立てよう。

やや難 これが解ければ合格に近づく！
受験生にとっては、かなり手ごたえのある問題。
合格者の正解率が低い場合もあるので、あきらめずにじっくりと取り組んでみよう。

合格への対策、実力錬成のための内容が充実

- ▶ 各科目の出題傾向の分析、合否を分けた問題の確認で、入試対策を強化！
- ▶ その他、学校紹介、過去問の効果的な使い方など、学習意欲を高める要素が満載！

解答用紙ダウンロード 解答用紙はプリントアウトしてご利用いただけます。弊社ＨＰの商品詳細ページよりダウンロードしてください。トビラのＱＲコードからアクセス可。

UD FONT 見やすく読みまちがえにくいユニバーサルデザインフォントを採用しています。

晃華学園中学校

生徒数　474名
〒182-8550
東京都調布市佐須町5-28-1
☎ 042-482-8952
スクールバス〜正門直行〜
（京王線国領駅、JR中央線武蔵境駅）
路線バス
（京王線つつじヶ丘駅・調布駅、
JR中央線三鷹駅・吉祥寺駅）

Noblesse Oblige の精神で人とともに人のために生きる女性を育てるカトリックミッションスクール

URL	https://jhs.kokagakuen.ac.jp

プロフィール

カトリック精神に基づいた人間形成

ローマにあるカトリックの「汚れなきマリア修道会」を設立母体とし、1961年に晃華学園として独立。1963年に中学、高校を開校。キリスト教的人間観に基づく全人教育と、創立当初から重視している英語・国際理解教育を通して、与えられた能力を磨き高め、人とともに人のために生きる、多文化共生の世界に開かれた品格ある女性の育成を教育目標としている。

環境

緑の芝生に映える校舎と聖堂

すぐそばに神代植物公園があり、武蔵野の面影の残る緑豊かな学園環境である。約26000㎡の広い校地内にも木々が多く、緑の芝生に校舎群が美しく映える。敷地内には、モダンな近代建築の聖堂が建ち、卒業式にはここでミサが捧げられる。大きな窓と白木を基調とした校舎は、全てが広々とした贅沢な造りで、施設・設備も充実。穏やかで清々しく、あふれる光と緑につつまれた学び舎だ。

カリキュラム

全人教育型カリキュラム 伝統の英語、数理も充実

知性と感性をバランスよく育てる全人教育型のカリキュラム。各学年1時間ある宗教の授業やロングホームルームなどを通して、キリスト教的人間観にもとづく教育を行う。週当たりの授業数は33時間で土曜日も授業がある。

充実した施設設備を活用して多くの実験や実技実習を行いながら、英・数・国の3教科には3年間で49時間を配当して確かな基礎力を育てると共に、ゆるやかな先取り学習を実施している。

英語は中1から分割授業で、高1から英・数、高2から古典で習熟度別授業を実施。数学は高2まで必修となっている。進路選択別授業は高2からで、高3は一般選抜（国公立大・私立大）にも対応した授業選択を取ることができる。

創立以来、4技能すべてを伸ばす英語教育に非常に力を注いでいることも特色で、高い成果をあげている。外国人教員の授業も6年間あり、英語力が高まるとともに時間数も増えていく仕組みだ。

中1から課題解決の方法を体系的に学びはじめ、中3で全員が8,000字の課題研究論文を執筆している。生徒の社会貢献（「SDGirls」）の活動も盛んで、外部からの評価も高い。このような教育活動の成果として、東京大学の学校推薦型選抜入試において、2年連続で合格者を輩出している。

心安らぐアデルホール

学校生活

有意義な課外活動 カウンセラー制度も充実

中・高一体となって活動しているクラブ・同好会の他に、その道の専門講師を招いての課外活動も行われている。課外活動としては、茶道（裏千家）、聖歌隊、華道などがある。近年では、競技かるた同好会や放送研究同好会などの全国レベルの活躍も目覚ましい。

また、創立当初から「カウンセラー室」が設けられ、専門のカウンセラーがいるのも心強い。対人関係や心身の健康について、あるいは進路のことや性格の悩みなど、プライバシー厳守なので安心して相談できる。

高1の夏休みには、ホームステイを兼ねたイギリスへの約2週間の語学研修も実施されている。参加は任意だが、毎年多くの生徒が参加している。

進路

進学希望は100% 国公立・早・慶が多い

ほぼ全員が大学への進学を希望し、4年制大学進学者がほとんどを占める。毎年合格者が多いのは私立文（法・経・商）系だが、近年は医歯薬科を含む理系大学や、国公立大学への希望者が増加している。

2024年3月の主な合格実績は以下の通り。東京大、京都大、一橋大、東京工業大、東北大、筑波大、千葉大、東京外国語大、東京藝術大、東京農工大、東京学芸大、電気通信大、東京都立大、埼玉大、防衛医科大学校、東京医科大（医）、早稲田大、慶應義塾大、上智大、東京理科大、国際基督教大、明治大、青山学院大、立教大、中央大、法政大、学習院大、東京女子大、津田塾大、日本女子大など。

中でも、東京大、京都大、東京工業大、筑波大、東京医科大（医）をはじめ、総合型選抜および学校推薦型選抜（公募）での合格者が多いのが特徴の一つである。東京外国語大、上智大、日本女子大をはじめ複数の大学と高大連携協定を締結している。

2025年度入試要項

試験日　2/1午前（第1回・約50名）
2/1午後（第2回・約40名）
2/3午前（第3回・約20名）

試験科目　2/1午前と2/3午前　国・算・社・理
2/1午後　国・算

2024年度	募集定員	受験者数	合格者数	競争率
第1回	約50	93	62	1.5
第2回	約35	258	178	1.4
第3回	約25	62	35	1.8

過去問の効果的な使い方

① **はじめに**　ここでは，受験生のみなさんが，ご家庭で過去問を利用される場合の，一般的な活用法を説明していきます。もし，塾に通われていたり，家庭教師の指導のもとで学習されていたりする場合は，その先生方の指示にしたがって，過去問を活用してください。その理由は，通常，塾のカリキュラムや家庭教師の指導計画の中に過去問学習が含まれており，どの時期から，どのように過去問を活用するのか，という具体的な方法がそれぞれの場合で異なるからです。

② **目的**　言うまでもなく，志望校の入学試験に合格することが，過去問学習の第一の目的です。そのためには，それぞれの志望校の入試問題について，どのようなレベルのどのような分野の問題が何問，出題されているのかを確認し，近年の出題傾向を探り，合格点を得るための試行錯誤をして，各校の入学試験について自分なりの感触を得ることが必要になります。過去問学習は，このための重要な過程であり，合格に向けて，新たに実力を養成していく機会なのです。

③ **開始時期**　過去問との取り組みは，通常，全分野の学習が一通り終了した時期，すなわち6年生の7月から8月にかけて始まります。しかし，各分野の基本が身についていない場合や，反対に短期間で過去問学習をこなせるだけの実力がある場合は，9月以降が過去問学習の開始時期になります。

④ **活用法**　各年度の入試問題を全問マスターしよう，と思う必要はありません。完璧を目標にすると挫折しやすいものです。できるかぎり多くの問題を解けるにこしたことはありませんが，それよりも重要なのは，現実に各志望校に合格するために，どの問題が解けなければいけないか，どの問題は解けなくてもよいか，という眼力を養うことです。

算数

どの問題を解き，どの問題は解けなくてもよいのかを見極めるには相当の実力が必要になりますし，この段階にいきなり到達するのは容易ではないので，この前段階の一般的な過去問学習法，活用法を2つの場合に分けて説明します。

☆偏差値がほぼ55以上ある場合

掲載順の通り，新しい年度から順に年度ごとに3年度分以上，解いていきます。

ポイント1…問題集に直接書き込んで解くのではなく，各問題の計算法や解き方を，明快にわかるように意識してノートに書き記す。

ポイント2…答えの正誤を点検し，解けなかった問題に印をつける。特に，解説の 基本 重要 がついている問題で解けなかった問題をよく復習する。

ポイント3…1回目にできなかった問題を解き直す。同様に，2回目，3回目，…と解けなければいけない問題を解き直す。

ポイント4…難問を解く必要はなく，基本をおろそかにしないこと。

☆偏差値が50前後かそれ以下の場合

ポイント1～4以外に，志望校の出題内容で「計算問題・一行問題」の比重が大きい場合，これらの問題をまず優先してマスターするとか，例えば，大問2までをマスターしてしまうとよいでしょう。

理科

理科は1から順番に解くことにほとんど意味はありません。理科は，性格の違う4つの分野が合わさった科目です。また，同じ分野でも単なる知識問題なのか，あるいは実験や観察の考察問題なのかによってもかかる時間がずいぶんちがいます。記述，計算，描図など，出題形式もさまざまです。ですから，解く順番の上手，下手で，10点以上の差がつくこともあります。

過去問を解き始める時も，はじめに1回分の試験問題の全体を見通して，解く順番を決めましょう。得意分野から解くのもよいでしょう。短時間で解けそうな問題を見つけて手をつけるのも効果的です。くれぐれも，難問に時間を取られすぎないように，わからない問題はスキップして，早めに全体を解き終えることを意識しましょう。

社会

社会は1から順番に解いていってかまいません。ただし，時間のかかりそうな，「地形図の読み取り」，「統計の読み取り」，「計算が必要な問題」，「字数の多い論述問題」などは後回しにするのが賢明です。また，3分野(地理・歴史・政治)の中で極端に得意，不得意がある受験生は，得意分野から手をつけるべきです。

過去問を解くときは，試験時間を有効に活用できるよう，時間は常に意識しなければなりません。ただし，時間に追われて雑にならないようにする注意が必要です。“誤っているもの”を選ぶ設問なのに“正しいもの”を選んでしまった，“すべて選びなさい”という設問なのに一つしか選ばなかったなどが致命的なミスになってしまいます。問題文の“正しいもの”，“誤っているもの”，“一つ選び”，“すべて選び”などに下線を引いて，一つ一つ確認しながら問題を解くとよいでしょう。

過去問を解き終わったら，自己採点し，受験生自身でふり返りをしましょう。できなかった問題については，なぜできなかったのかについての分析が必要です。例えば，「知識が必要な問題」ができなかったのか，「問題文や資料から判断する問題」ができなかったのかで，これから取り組むべきことも大きく異なってくるはずです。また，正解できた問題も，「勘で解いた」，「確信が持てない」といったときはふり返りが必要です。問題集の解説を読んでも納得がいかないときは，塾の先生などに質問をして，理解するようにしましょう。

国語

過去問に取り組む一番の目的は，志望校の傾向をつかみ，本番でどのように入試問題と向かい合うべきか考えることです。素材文の傾向，設問の傾向，問題数の傾向など，十分に研究していきましょう。

取り組む際は，まず解答用紙を確認しましょう。漢字や語句問題の量，記述問題の種類や量などが，解答用紙を見て，わかります。次に，ページをめくり，問題用紙全体を確認しましょう。どのような問題配列になっているのか，問題の難度はどの程度か，などを確認して，どの問題から取り組むべきかを判断するとよいでしょう。

一般的に「漢字」→「語句問題」→「読解問題」という形で取り組むと，効率よく時間を使うことができます。

また，解答用紙は，必ず，実際の大きさのものを使用しましょう。字数指定のない記述問題などは，解答欄の大きさから，書く量を考えていきましょう。

算数　出題傾向の分析と合格への対策

●出題傾向と内容

出題形式は例年，[1]が小問群5～6題，[2]以降が大問形式の出題となっている。

出題傾向をまとめると，次の2点になる。

①各分野からかたよりなく出題されているが，「図形」，「割合と比」，「数の性質」，「規則性」の出題頻度が高い。②難易度では「標準」レベルの問題が多く，難しい問題はほとんど見られない。

日頃から実力をつけて過去の問題を十分に研究した上で，本番では取り組む問題の順番や問題の取捨選択を誤りなく判断することが要求される。後半にはレベルの高い問題が見られるので，注意して練習しよう。

✔学習のポイント

例年，図形問題の出題数が多めなので，今後ともこの分野での苦手意識が出ないように心がけよう。

●2025年度の予想と対策

過去問を利用して，「平面図形」，「割合と比」を中心に出題レベルに慣れておこう。

前半では多くの女子校で見られる基本的なレベルの問題あるいはそれをひとひねりした問題が出題されるので，まずは基礎の学習を一通りしっかりと定着させるべきである。

また，後半に出題されている推理力・分析力を要求する問題では，(1)の解答から(2)，(3)の解法の糸口を見つけさせるような，やさしい設問から難しい設問へと順を追って考えさせる出題の仕方になっていることが多いので，前の設問をヒントにして，あきらめずに問題に取り組む姿勢が必要である。

▼年度別出題内容分類表

※　よく出ている順に☆，◎，○の３段階で示してあります。

出題内容		2022年		2023年		2024年	
		1回	2回	1回	2回	1回	2回
数と計算	四則計算	○	○	○	○	○	○
	概数・単位の換算			○	○	○	
	数の性質	☆	☆	☆	☆	◎	☆
	演算記号						◎
図形	平面図形	☆	☆	☆	☆	☆	☆
	立体図形	☆	☆	☆	◎	○	◎
	面積	○	◎	○	○	◎	
	体積と容積			◎	◎	○	○
	縮図と拡大図				◎		○
	図形や点の移動				☆	☆	☆
速さ	三公式と比		○	☆	☆	☆	○
	文章題　旅人算					○	
	文章題　流水算				◎		
	文章題　通過算・時計算					○	
割合	割合と比	☆	◎	☆	○	☆	☆
	文章題　相当算・還元算						○
	文章題　倍数算						
	文章題　分配算						
	文章題　仕事算・ニュートン算	☆					○
文字と式			☆				
2量の関係(比例・反比例)							
統計・表とグラフ		☆				○	
場合の数・確からしさ		☆	○	○	○		◎
数列・規則性		☆	☆	☆	☆		☆
論理・推理・集合		○	☆	☆			
その他の文章題	和差・平均算		○			○	
	つるかめ・過不足・差集め算						
	消去・年令算						
	植木・方陣算						

晃華学園中学校

算数

——グラフで見る最近３ヶ年の傾向——

最近３ヶ年に出題されたすべての問題を内容別に分類・集計し，全体に対して何パーセントくらいの割合になっているかを示しました。

░……50校の平均　　■……晃華学園中学校

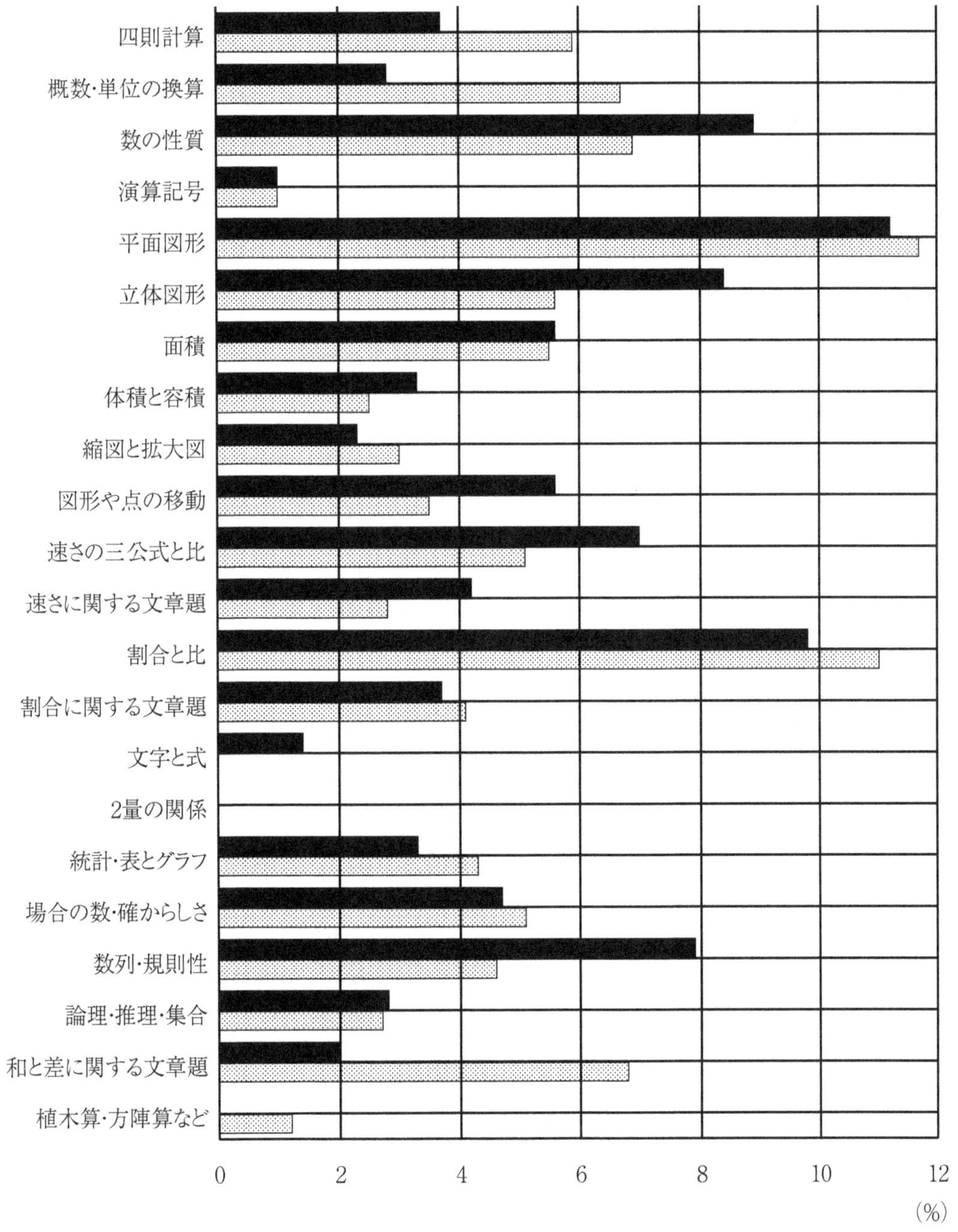

理科 出題傾向の分析と合格への対策

●出題傾向と内容

問題数は物理・化学・生物・地学各分野からの大問4題で，小問数は例年30問前後である。試験時間25分に対しては，やや多めの問題数になっている。

全体的なレベルは，基本的な内容が中心であるが，やや難易度の高い問題もある。また，基本的な知識が十分に使いこなせるかも問われていて，思考力や応用力が求められている。例年，どの分野においても，実験・観察を題材にした問題が多く出題されている。問題文や図表を読み取って，基礎知識と結びつける設問が多い。出題形式は，選択式が多いものの，説明させる問題や計算問題も出題され，計算問題の難易度がやや高い。

✔学習のポイント

全分野にわたり，基本事項の習得にもれがないように心がけよう。

●2025年度の予想と対策

全分野にわたって基本をしっかりと身につけ，物理・化学分野についてはやや難易度の高いものまで学習するとよい。

学習方法としては，標準的なテキストや問題集を使って，基本的な知識や考え方および計算力をしっかり身につける方法がよいと思われる。計算問題は考え方，解き方のくふうも同時に身につけておくとよりよい。

身につけた基本的な知識や考え方を身近に見られる現象にあてはめて考えるように心がけ，やや難しめの計算問題などにも挑戦して，応用力を高めていってほしい。また，試験時間が短いので，速さも意識した学習も必要である。

▼年度別出題内容分類表

※　よく出ている順に☆，◎，○の３段階で示してあります。

出題内容		2020年	2021年	2022年	2023年	2024年
生物	植物	☆	◎	☆		
	動物		○		☆	
	人体				○	☆
	生物総合					
天体・気象・地形	星と星座	◎				☆
	地球と太陽・月	◎	☆		☆	
	気象			☆		
	流水・地層・岩石					
	天体・気象・地形の総合					
物質と変化	水溶液の性質・物質との反応	☆		☆		○
	気体の発生・性質	○			☆	☆
	ものの溶け方		☆			
	燃焼					
	金属の性質					
	物質の状態変化					
	物質と変化の総合					
熱・光・音	熱の伝わり方					
	光の性質					
	音の性質					
	熱・光・音の総合					
力のはたらき	ばね					
	てこ・てんびん・滑車・輪軸				☆	
	物体の運動					
	浮力と密度・圧力			☆		
	力のはたらきの総合					
電流	回路と電流	☆				
	電流のはたらき・電磁石		☆			☆
	電流の総合					
実験・観察		◎	◎	◎	◎	◎
環境と時事／その他			○	○	○	

晃華学園中学校

理科 ——グラフで見る最近5ヶ年の傾向——

最近5ヶ年に出題されたすべての問題を内容別に分類・集計し，全体に対して何パーセントくらいの割合になっているかを示しました。

□……50校の平均　■……晃華学園中学校

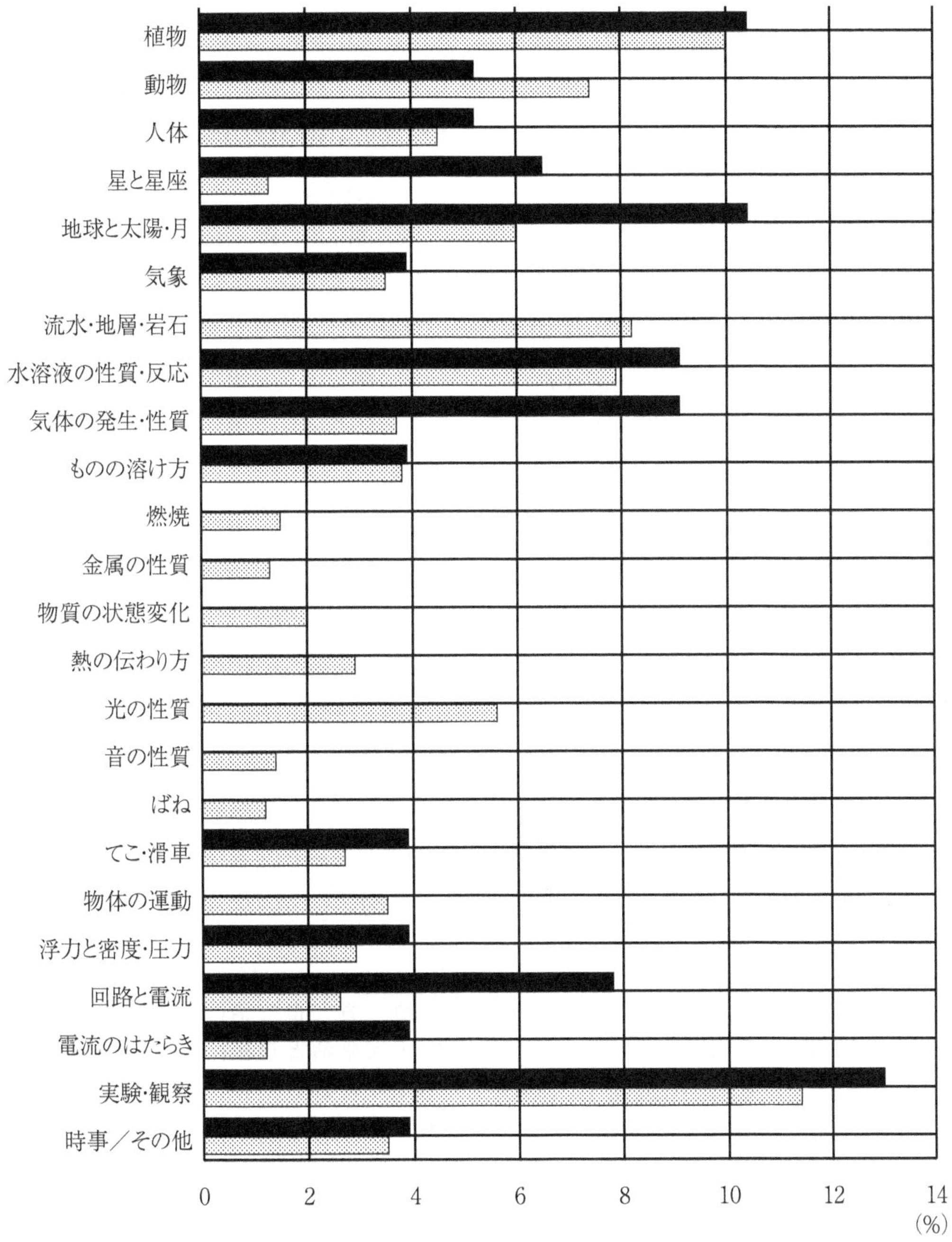

社会　出題傾向の分析と合格への対策

●出題傾向と内容

語句記入の問題に加えて短文で説明する難問も複数あるので，時間的余裕はない。

出題は例年地理・歴史・政治から三分野総合問題として出題されている。

地理では，日本の国土と自然を中心に出題された。歴史では，時期的には全時代にわたっているが，テーマでは政治・社会が出題の中心である。政治では，時事問題や今日的課題に関する出題も多い。

✔学習のポイント

地理：各種資料の読みとりに強くなろう！
歴史：時代ごとの特色をおさえよう！
政治：時事問題の関心を高めよう！

●2025年度の予想と対策

基礎を固めることが何よりも必要である。教科書の重要事項を資料をもとに整理し，正確に理解したい。

地理では，地図帳や資料集を活用して，各地の特色などを産業を中心に理解し，商業・経済・貿易などについても確認しておこう。

歴史では，年表や資料に目を通して，テーマごとのまとめをしておこう。時代の特色を重要人物とともに正確に理解しておくことが大切である。

政治では，国際関係などの基本をおさえるとともに，現在の世界の情勢や様々な現代社会の課題も調べておこう。また，日頃からインターネットの報道を考察して，内外の出来事に関心を高め，自分の意見をまとめるなどして，時事問題に自信をもてるようにしておこう。

▼年度別出題内容分類表

※　よく出ている順に☆，◎，○の３段階で示してあります。

出題内容			2020年	2021年	2022年	2023年	2024年
地理	日本の地理	地図の見方				○	
		日本の国土と自然	☆	☆	☆	☆	☆
		人口・土地利用・資源		○	○	○	○
		農業	○	○	○	○	○
		水産業	○		○		
		工業	○				
		運輸・通信・貿易			◎		◎
		商業・経済一般		○	○		
	公害・環境問題		◎				
	世界の地理			○	◎		
日本の歴史	時代別	原始から平安時代	○	○	☆	☆	◎
		鎌倉・室町時代	◎	☆	○	○	☆
		安土桃山・江戸時代	☆	☆	◎	◎	◎
		明治時代から現代	○	○	○	○	◎
	テーマ別	政治・法律	◎	◎	◎	◎	◎
		経済・社会・技術	○	○	☆	◎	◎
		文化・宗教・教育			○	○	○
		外交	○	◎	○	○	○
政治	憲法の原理・基本的人権					○	○
	政治のしくみと働き			○	○		○
	地方自治		○				
	国民生活と福祉			○		○	○
	国際社会と平和		○	○	◎	○	
時事問題			◎	☆	☆	☆	☆
その他			◎	◎	☆	◎	◎

晃華学園中学校

社会 ——グラフで見る最近５ヶ年の傾向——

最近５ヶ年に出題されたすべての問題を内容別に分類・集計し，全体に対して何パーセントくらいの割合になっているかを示しました。

……50校の平均　　……晃華学園中学校

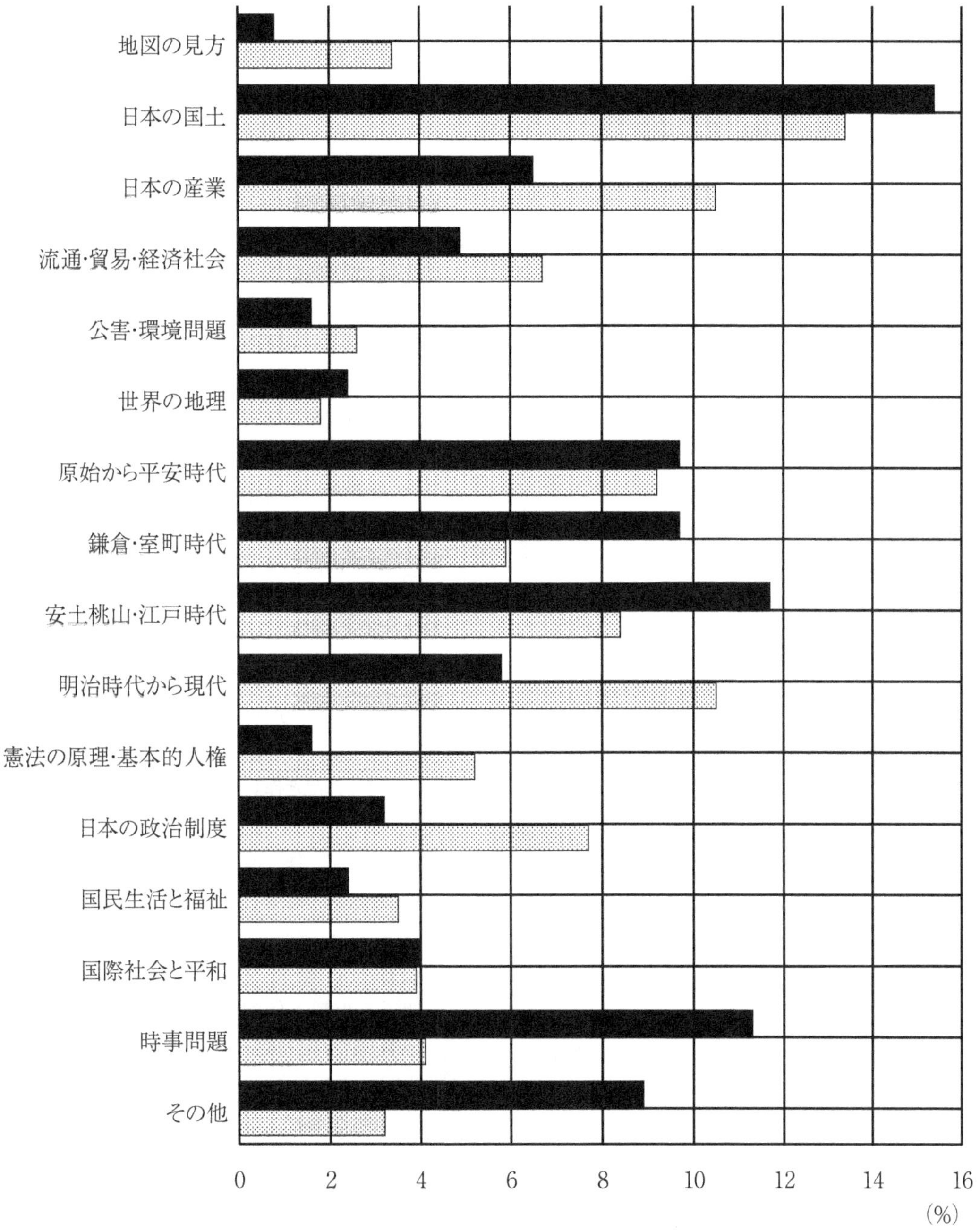

国語　出題傾向の分析と合格への対策

●出題傾向と内容

本年も第1・2回とも長文読解問題2題と漢字の独立問題1題の構成であった。

物語は，心情を理解させる設問を中心に，細部の読み取りについても問われる。論説文は，やや難しい文章が出題される傾向があり，細部を読み取る力，要旨を正確につかむ力が問われ，難易度は高い。いずれの文章でも，本文の細部にわたる丁寧な読解力が求められている。

解答形式は選択式・書き抜きだけでなく，記述式の出題もある。過去には100字程度で自分の考えを書かせる設問も見られたので注意が必要。

学習のポイント

要旨をとらえる力をつけよう！
漢字は着実に積み上げておこう！
時間配分を考えよう！

●2025年度の予想と対策

長文は，論理的文章と文学的文章からの出題が考えられる。日頃から科学的読み物やジュニア向け新書，教科書に登場した作家の他の作品など，いろいろな種類の本に親しんでおきたい。

問題の内容は読解が中心だが，ことばの意味や慣用句なども出題されることがある。選択式や抜き出し式の問題も多いが，心情などを記述で問う設問の出題もある。筆者や作者の主張や感想を，自分のことばでまとめる練習をするとよい。漢字は，訓読みや熟語もあわせて学習し，確実な得点につなげたい。また，時間配分に気をつけて問題を解く習慣をつけること。

▼年度別出題内容分類表

※　よく出ている順に☆，◎，○の３段階で示してあります。

出題内容			2022年		2023年		2024年	
			1回	2回	1回	2回	1回	2回
内容の分類	読解	主題・表題の読み取り			○			
		要旨・大意の読み取り		○	○	○	○	○
		心情・情景の読み取り	☆	☆	☆	☆	☆	☆
		論理展開・段落構成の読み取り			○			○
		文章の細部の読み取り	☆	☆	☆	☆	☆	☆
		指示語の問題						
		接続語の問題			○			
		空欄補充の問題	☆	☆	◎	◎	◎	◎
	知識	ことばの意味	◎			○		
		同類語・反対語						
		ことわざ・慣用句・四字熟語	○					○
		漢字の読み書き	○	○	○	○	☆	☆
		筆順・画数・部首						
		文と文節						
		ことばの用法・品詞		○				
		かなづかい						
		表現技法			○	○		
		文学作品と作者						
		敬語						
	表現	短文作成						
		記述力・表現力	◎	◎	◎	○	◎	○
文の種類		論説文・説明文	○	○	○	○	○	○
		記録文・報告文						
		物語・小説・伝記	○	○	○	○	○	○
		随筆・紀行文・日記						
		詩（その解説も含む）						
		短歌・俳句（その解説も含む）						
		その他						

晃華学園中学校

国語 ――グラフで見る最近３ヶ年の傾向――

最近３ヶ年に出題されたすべての問題を内容別に分類・集計し，全体に対して何パーセントくらいの割合になっているかを示しました。

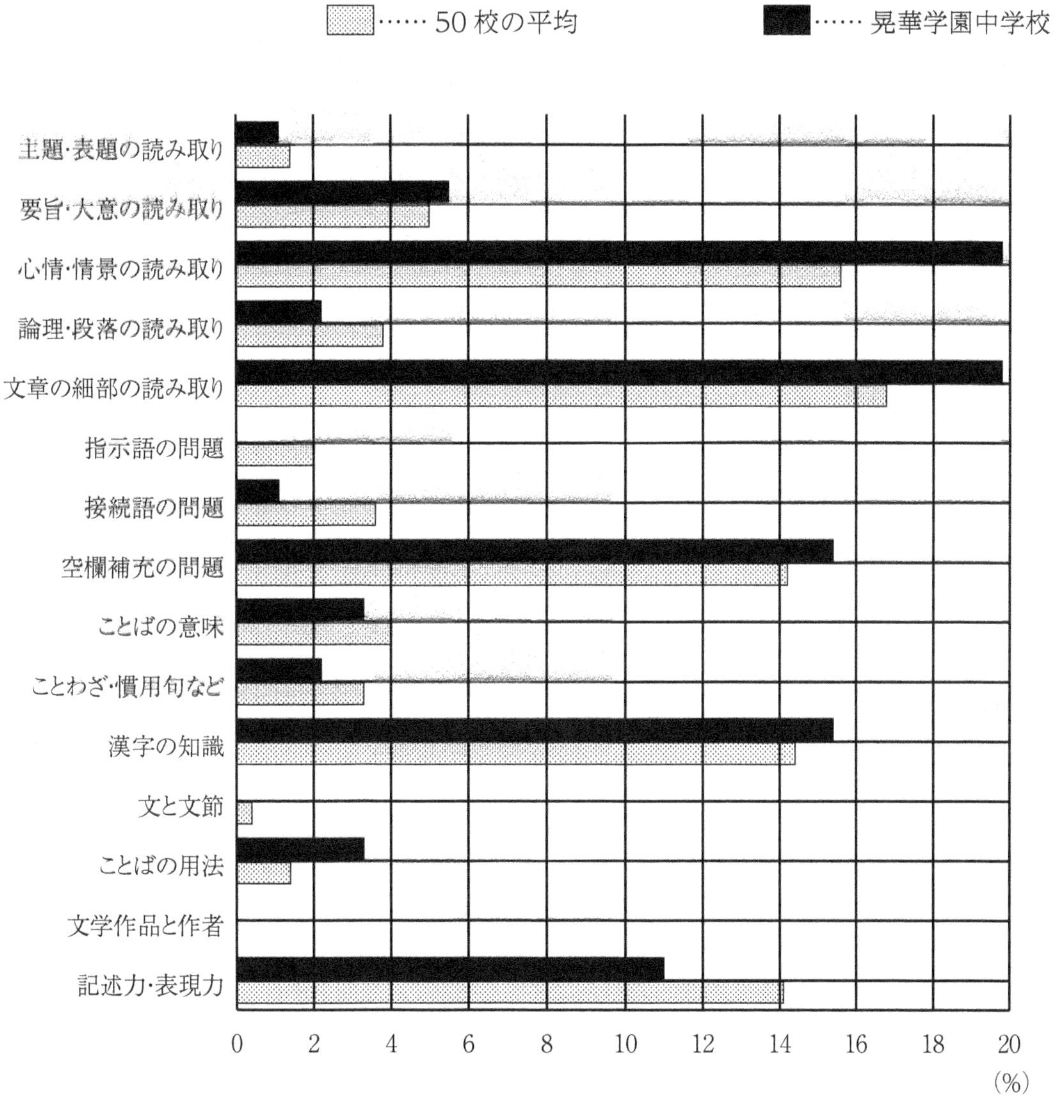

	論説文 説明文	物語・小説 伝記	随筆・紀行 文・日記	詩 (その解説)	短歌・俳句 (その解説)
晃華学園 中学校	50.0%	50.0%	0.0%	0.0%	0.0%
50校の平均	47.0%	45.0%	8.0%	0.0%	0.0%

2024年度 合否の鍵はこの問題だ!!

(第1回)

算数 [2]

たまに出題されるタイプの「合計点と人数」の問題である。問題に示されている「表」をそのまま使用しようとしても，効率が悪い。では，どうしたらいいのか？

【問題】

A・B・Cの3問からなるテストを50人の生徒を受けた。各問題の配点は順に2点・3点・5点である。テストの合計点と人数は，以下の表のようになった。

Bを正解した生徒が25人いるとき，Cを正解した生徒は何人いるか。

合計点(点)	0	2	3	5	7	8	10
人数(人)	4	6	5	12	7	6	10

【考え方】

合計点が5点でBを正解した人…右表より，25－(10＋6＋5)＝4(人)

したがって，Cを正解した人は10＋6＋7＋12－4＝31(人)

この表を利用する

	A	B	C	
(点)	(2)	(3)	(5)	(人)
10	○	○	○	10
8	×	○	○	6
7	○	×	○	7
5	○	○	×	12
5	×	×	○	
3	×	○	×	5
2	○	×	×	6
0	×	×	×	4
			計	25

理科 [1]

大問は4題で物理分野，化学分野，生物分野，地学分野から各1題ずつ出題された。試験時間の割に問題数が多く，短文記述で解答する問題も複数出題されている。また，解答に必要な条件が問題文などで与えられ，それをもとに解答する，計算力や思考力を問うような問題も出題されている。ここでは鍵となる問題として[1]をとりあげる。

本問は，豆電球とかん電池を使った回路に関する問題で，全問を通して，かん電池の個数は1個か2個，豆電球も1個か2個なので回路に関する入試問題としては基本～標準レベルである。しかし，本問では回路をつくるのに電気回路ボードとかん電池パーツ，豆電球パーツ，導線パーツを用いるという条件が与えられている上に，かん電池パーツと豆電球パーツが電気回路ボードに固定されているため，導線パーツを正しく設置する必要があり，思考力を要求される問題となっている。また，用いる導線パーツの数が「最も多くなるとき」や「最も少なくなるとき」のような条件が追加されている問題もあり，より思考力が要求されている。すべてのパーツを自由に設置できるのであれば，日頃の学習の中でよく見かける典型的な回路形状を構成すればよいが，本問ではそれができない。日頃からいろいろな形状で描かれた回路図に注目し，電気回路として見たときに同じか異なるかなどの点もよく調べるようにしておくとよい。また，限られた試験時間ではあるが，自分の考えたパーツ配置でのパーツ数について，これより多い(少ない)パターンはないかというように，いったん立ち止まって見直しをするということも大事である。このようなちょっとした作業でいわゆるミスによる減点を減らすことができる。

社会 1 問14(2)

本校は記述問題も出題される。基本的な知識事項の丸暗記だけでは対応できない「思考力」が試される問題が多いといえる。自分自身で持っている知識をいかに活用したり，組み合わせたりするかという視点が大切になる。このような力は一朝一夕では身につかないものなので，日々の継続的なトレーニングの積み重ねが不可欠となってくる。また自身で作成した記述答案を添削してもらいながら，解答のポイントをおさえる訓練を行うことが望ましい。設問が変わっても，「記述問題で評価される答案を作成するには」という視点は汎用性があるといえる。

1問14(2)の設問は，以上のような出題傾向を象徴している問題であり，過去問演習等で対策してきた受験生とそうでない受験生とではっきり差がつくことが予想される。「国の借金増加の要因」について説明させる問題であるが，一定時間内に正確にできるかどうかがポイントとなる。本校の社会の問題は全体的に設問数が多く，この問題に必要以上に時間を割いてしまうと，制限時間切れになってしまう危険性もある。このような形式の問題に不慣れな受験生にとっては負担のある設問であろう。リード文を解読・解釈する力や答案内容の論理の一貫性や説得力も採点のポイントとなる。

この設問の配点が他の設問と比べて著しく高いわけではないが，合格ラインに到達するためにはこのような問題で確実に得点することが求められ，「合否を左右する設問」といっても過言ではない。

国語 二 問七

★合否を分けるポイント

――線部⑤「あの～ソーサーやからね」，⑥「さあ～どうなんかなあ」とあるが，ここから「かあさん」は二人の関係をどのようなものだと考えていたことがわかるか，「カップ」と「ソーサー」にたとえていることを踏まえて，指定字数以内で説明する記述問題である。本文の描写をていねいに読み取り，設問の指示にしたがって的確に説明できているかがポイントだ。

★設問の指示を手がかりにして，説明すべき内容を整理する

――線部⑤までで，冒頭で，主人公である咲の祖母のこよみさんと祖父のそーふは，咲の住む市内から一時間ほどの所に二人で暮らしていたが，こよみさんが病気で亡くなってしまった，という説明があり，本文はこよみさんが生きていたころの話から始まる→ことばをその場にぴったり合わせてつかうこ

よみさんに，咲は緊張しながらもひかれる→【そーふは命あるものならなんでも好きで，いろんな小さな生きものや植物を育てているから「生きものがかり」で，こよみさんはそーふの生きものにかこまれて，そのときどきの心とぴったりのことばをつかうから「ことばつかい」と咲はかってに決めた】→こよみさんが亡くなるひと月ほど前の，咲の誕生日にこよみさんは「咲は十一歳になったんだ」と何度も言い，今度，自分が十一歳のときの「さもしい」話をするねと約束したが，亡くなったことでそのままになってしまった→【黒板に書き置きを残して旅に出たそーふにとって，会いたいのはこよみさんだけなのだ】→「あのふたりはコーヒーのカップとソーサーやからね」とかあさんが言い，「どっちがお皿？」と聞く咲に「さあ，どっちがどうなんかなあ」と首をかしげた，ということが描かれている。咲とこよみさんのエピソードが中心であるが，【　】部分で描かれているこよみさんとそーふの描写と，かあさんのセリフである⑤・⑥から，どちらか一方がソーサーとして相手をすべて受け入れるのではなく，支え合っている関係であることが読み取れる。「『カップ』と『ソーサー』にたとえていることを踏まえて」という指示に沿って，二人の関係のどのようなところを「カップ」と「ソーサー」にたとえているかを的確に読み取ることが重要だ。

2024年度

★★★★★★★★★★★★★★★★★★★★★★★

入　試　問　題

2024年度

晃華学園中学校入試問題（第１回）

【算　数】（50分）　　＜満点：100点＞

1　次の各問いに答えなさい。

(1)　次の計算をしなさい。

$$\left\{\left(3\frac{2}{3}\div 0.5+2\right)\times\frac{1}{7}-\frac{1}{6}\right\}\div 0.25$$

(2)　10％の食塩水200ｇに３％の食塩水を何ｇか混ぜて５％の食塩水を作りたい。３％の食塩水は何ｇ混ぜればよいか求めなさい。

(3)　長さ150m，時速54kmのＡ列車と，長さ130m，時速90kmのＢ列車が出会ってからはなれるまでにかかる時間は何秒か求めなさい。

(4)　３つの数Ａ，Ｂ，Ｃから選んだ２つの数の和がそれぞれ12，18，20であるとき，３つの数Ａ，Ｂ，Ｃを求めなさい。ただし，３つの数Ａ，Ｂ，Ｃを小さい順に並べるとＡ＜Ｂ＜Ｃとなるものとします。

(5)　右の図の点Ｏは円の中心です。角アの大きさを求めなさい。

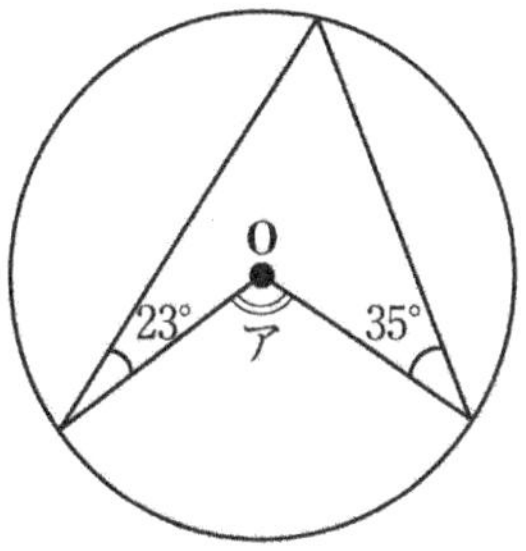

(6)　えんぴつと消しゴムをそれぞれ何個か買ったところ，えんぴつの代金の合計と消しゴムの代金の合計の比が８：５でした。えんぴつ１本の値段と消しゴム１個の値段の比が２：３であるとき，それぞれ買った個数の比をもっとも簡単な整数の比で表しなさい。

2　Ａ，Ｂ，Ｃの３問からなるテストを50人の生徒が受けました。各問題の配点は順に２点，３点，５点です。テストの合計点と人数は以下の表のようになりました。Ｂを正解した生徒が25人いるとき，Ｃを正解した生徒は何人いるか求めなさい。

合計点（点）	0	2	3	5	7	8	10
人　数（人）	4	6	5	12	7	6	10

3　次の各問いに答えなさい。

(1)　下の図の三角形ABCの面積を求めなさい。

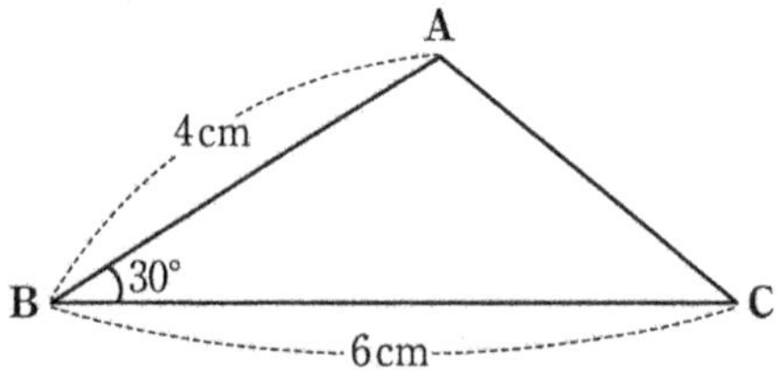

(2)　下の図の正十二角形の面積を求めなさい。

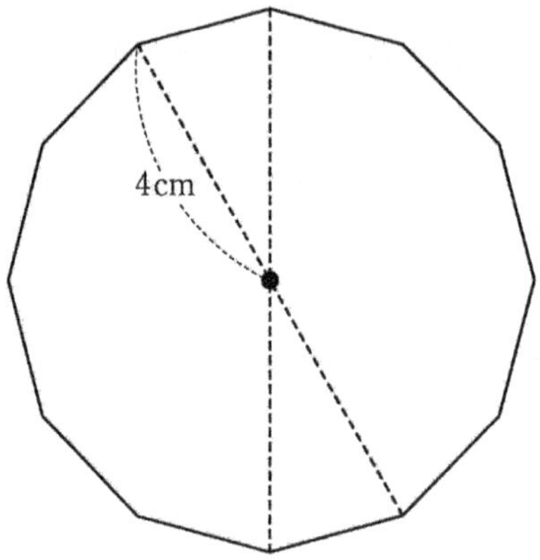

4　下の図はある立体の展開図です。この立体の体積を求めなさい。ただし，四角形の面は正方形とします。

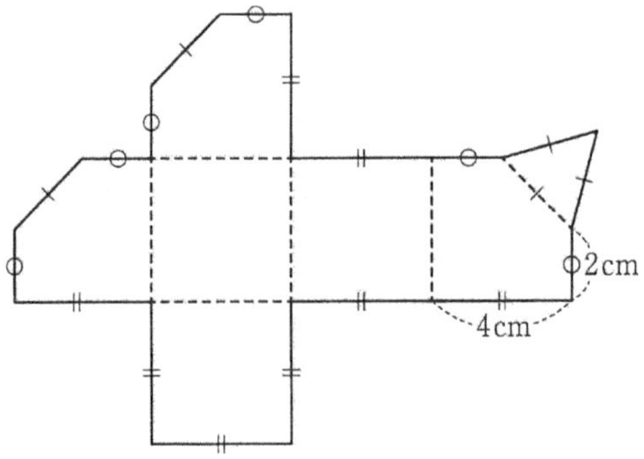

5　図の長方形ABCDの辺上を，２点Ｐ，Ｑが次のように動きます。

点Ｐは辺ＡＤ上を，Ａから出発して秒速５㎝でＡ→Ｄ→Ａと一往復して止まる。
点Ｑは辺ＢＣ上を，Ｃから出発して秒速２㎝でＣ→Ｂ→Ｃと一往復して止まる。

２点Ｐ，Ｑが同時に出発するとき，次の各問いに答えなさい。

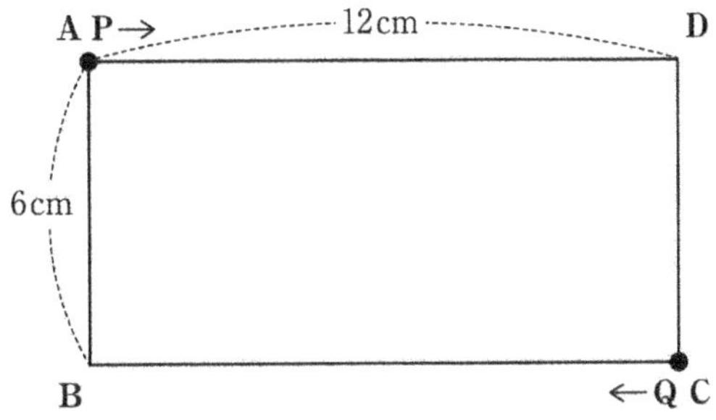

(1)　直線PQが辺ABとはじめて平行になるのは，出発してから何秒後か答えなさい。

(2)　直線PQが辺ABと２回目に平行になるのは，出発してから何秒後か答えなさい。

(3)　直線PQが長方形ABCDの面積をはじめて２等分するのは，出発してから何秒後か答えなさい。ただし，０秒後は除きます。

6　数を素数のかけ算の形に分解し，分解した素数の合計について考えます。

素数は，１とその数でしか割り切ることができない数のことです。３は素数ですが，６は２でも割り切れるので素数ではありません。ただし，１は素数ではないという決まりになっています。

例えば，６は２×３と分解できるので，分解した素数の合計は５になります。12は２×２×３と分解できるので，分解した素数の合計は７になります。

このとき，次の各問いに答えなさい。

(1)　108を素数のかけ算の形に分解したとき，分解した素数の合計を答えなさい。

(2)　分解した素数の合計が10になる数をすべて答えなさい。

【理　科】（25分）　＜満点：50点＞

1　図１のような，３×３マスの電気回路ボードと，いくつかの豆電球パーツ，かん電池パーツ，導線パーツからなる電気回路キットがある。ボード上にある点をパーツでつなぐと，回路を作ることができる。かん電池パーツと豆電球パーツはそれぞれすべて同じ種類であり，パーツは重ねたり交差したり，ななめにつないだりすることはできない。

例えば，かん電池パーツ１個と豆電球パーツ１個，導線パーツ６個を図２のようにつなぐと，豆電球が光る。

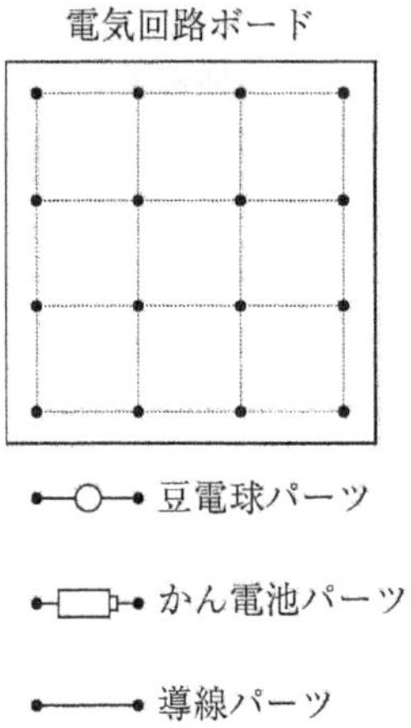

図１

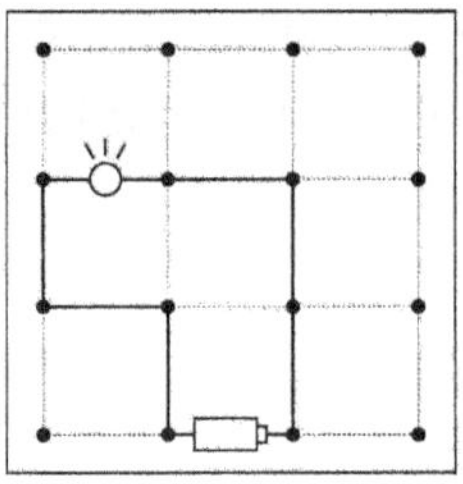
図２

この電気回路キットを用いた実験について，次の各問いに答えなさい。

問１　図３で豆電球が光るように，かん電池パーツと豆電球パーツを導線パーツでつなげたい。

(1)　使用する導線パーツの数を最も少なくするには，どのようにつなげばよいか。解答欄《らん》の図に導線をかき加えなさい。

(2)　使用する導線パーツの数が最も多くなるとき，必要な導線パーツは何個か，答えなさい。ただし，１つの点につなぐことができるパーツの数は２個までとする。また，使用するすべての導線パーツに電流が流れるようにつなぐこと。

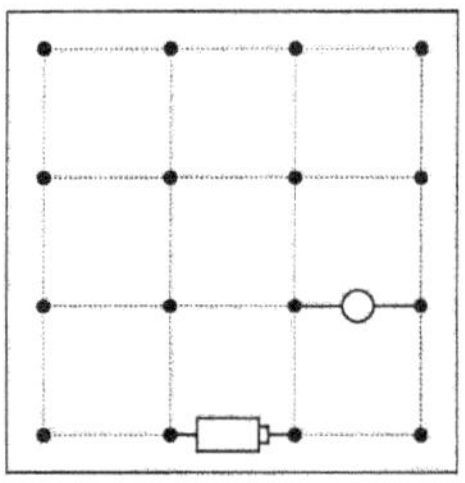
図３

問２　図４のように，かん電池パーツ１個と豆電球パーツ２個をボードにセットした。

(1)　２つの豆電球が図２の豆電球と同じ明るさで光るようにしたい。使用する導線パーツの数を最も少なくするには，どのようにつなげばよいか。解答欄の図に導線をかき加えなさい。

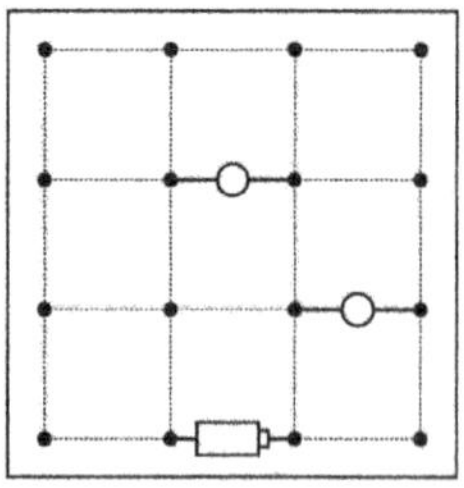
図４

⑵　図５の点ａ，ｂ間にかん電池パーツを１個追加して，２つの豆電球が図２の豆電球と同じ明るさで光るようにしたい。使用する導線パーツの数が最も少なくなるとき，必要な導線パーツは何個か，答えなさい。また，かん電池パーツをどちらの向きに追加すればよいか，次の（ア），（イ）から選び，記号で答えなさい。

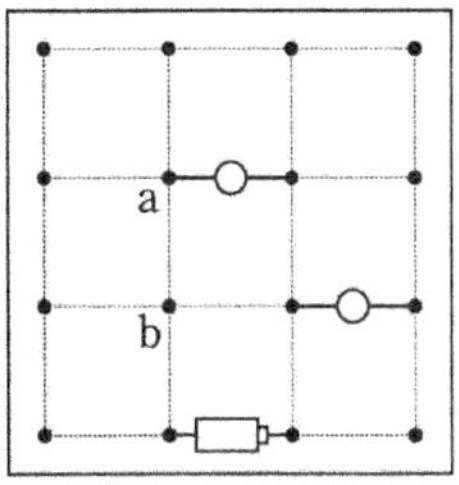

図５

（ア）

（イ）

⑶　⑵でつくった回路のかん電池のつなぎ方を何と呼ぶか，答えなさい。

問３　図６のように，かん電池パーツ１個と豆電球パーツ２個をボードにセットした。２つの豆電球が図２の豆電球と同じ明るさで光るようにしたい。使用する導線パーツの数を最も少なくするには，どのようにつなげばよいか。解答欄の図に導線をかき加えなさい。

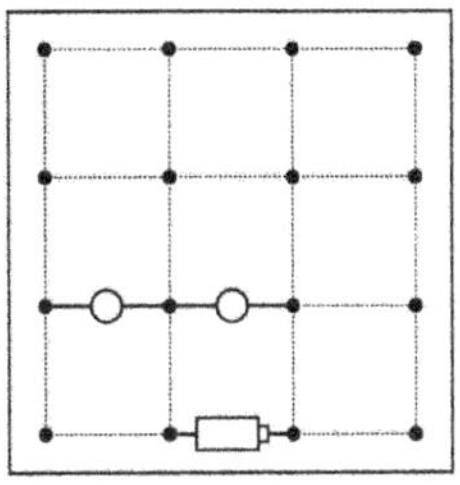
図６

２　気体の発生について，次の各問いに答えなさい。

問１　気体Ａ～Ｃは，酸素，二酸化炭素，水素，窒素《ちっそ》，アンモニア，塩化水素のいずれかである。

気体Ａは，鼻をさすにおいがあり，水に溶《と》けやすく，その水溶液《すいようえき》は酸性である。
気体Ｂは，空気中に二番目に多くふくまれる。
気体Ｃは，においがなく，空気と比べて非常に軽い。

気体Ａ～Ｃを発生させるのに必要なものはどれか，次の（ア）～（シ）の中からそれぞれ選び，記号で答えなさい。ただし，必要なものが複数ある場合にはすべて選び，同じ記号をくり返し選んでもよい。

（ア）　うすいアルコール　（イ）　過酸化水素水　（ウ）　水酸化ナトリウム水溶液
（エ）　うすい塩酸　（オ）　アンモニア水　（カ）　食塩
（キ）　砂糖　（ク）　二酸化マンガン　（ケ）　銅
（コ）　炭酸カルシウム　（サ）　スチールウール　（シ）　水酸化カルシウム

問２　石灰石に水溶液Ｄを加えると，石灰石が溶けて気体Ｅが発生した。気体Ｅを固体にしたものはドライアイスと呼ばれている。

⑴　水溶液Ｄとして考えられるものは何か，名前を１つ答えなさい。

⑵　図１のような方法で発生した気体Ｅを集め，体積を量った。図１の集め方は，どのような性質の気体に用いることができるか，10字程度で答えなさい。

⑶　つぶが大きい石灰石と，つぶが小さい石灰石を用意し，水溶液Ｄと石灰石から気体Ｅが発生する様子を観察した。すると，水溶液Ｄの体積と石灰石の重さが同じであっても，石灰石のつぶの大きさに

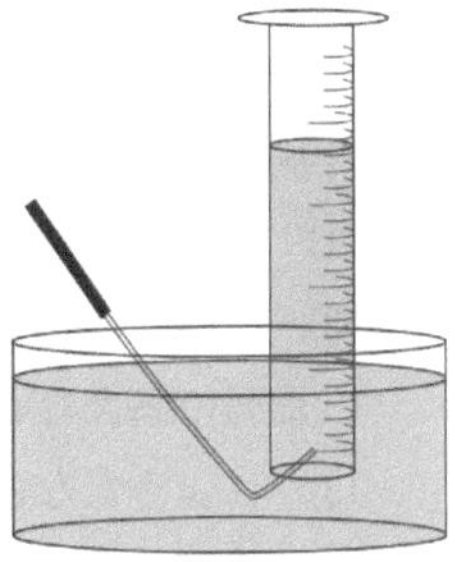
図１

よって，気体Eが発生する勢いが異なることがわかった。

そこで，大きさの異なる石灰石を1gずつ用意し，表1のように水溶液Dと反応させ，発生した気体Eの体積と時間との関係を調べた。①～④のいずれにおいても，石灰石は完全に溶けた。また，④で発生した気体Eの体積は200cm³であった。

このとき，表1の②，③を用いた結果をグラフに示したものはどれか。図2の（ア）～（オ）の中からそれぞれ選び，記号で答えなさい。

表1

	水溶液Dの体積（cm³）	石灰石のつぶの大きさ
①	60	小
②	60	大
③	120	小
④	120	大

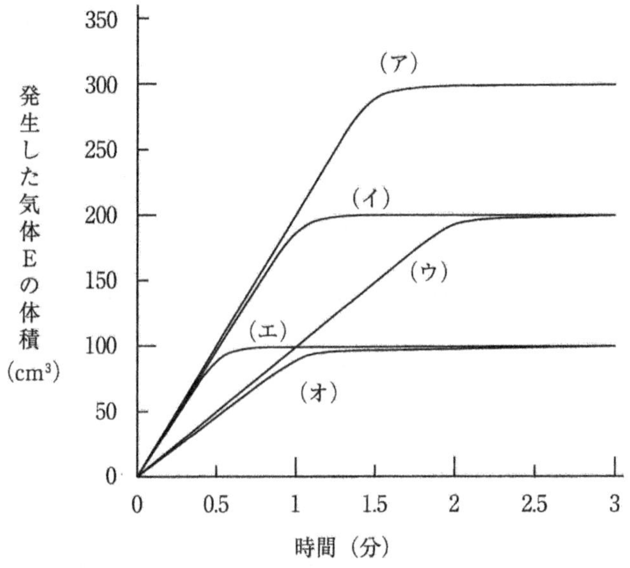

図2

(4) (3)と同じ濃《こ》さの水溶液D90cm³に，水90cm³を加えてできた水溶液180cm³と，石灰石1.2gを反応させたところ，石灰石は完全に溶けた。このとき発生した気体Eは何cm³か，答えなさい。

3 ヒトの体について，次の各問いに答えなさい。

問1 次のページの図は，ヒトの臓器《ぞうき》と血管を表したものである。A～Cには，じん臓，かん臓，小腸のいずれかがあてはまる。また，矢印は血液の流れを表している。

(1) A～Cにあてはまる臓器は何か，それぞれ答えなさい。

(2) 二酸化炭素を最も多く含《ふく》む血液が流れる血管はどれか，図中の（あ）～（こ）の中から選び，記号で答えなさい。

(3) にょう素などの不要物が最も少ない血液が流れる血管はどれか，図中の（あ）～（こ）の中から選び，記号で答えなさい。

(4) 食後に養分を最も多く含む血液が流れる血管はどれか，図中の（あ）～（こ）の中から選び，記号で答えなさい。

(5) 空腹時に養分を最も多く含む血液が流れる血管はどれか，図中の（あ）～（こ）の中から選び，記号で答えなさい。

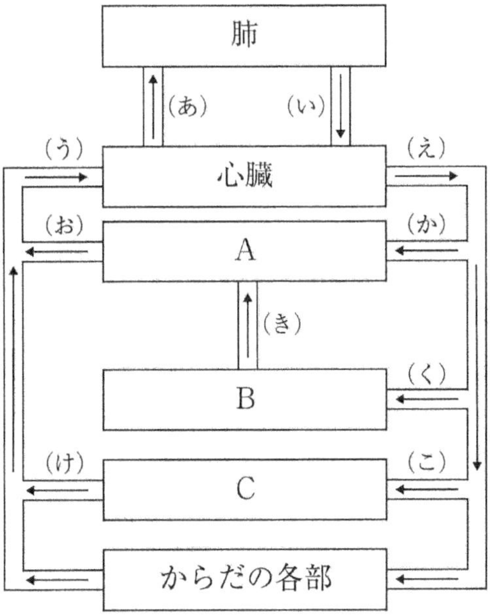

問２　ヒトの心臓には４つの部屋がある。

(1) ヒトの心臓を流れる血液の方向を表した図として適切なものはどれか，次の（ア）～（エ）の中から選び，記号で答えなさい。

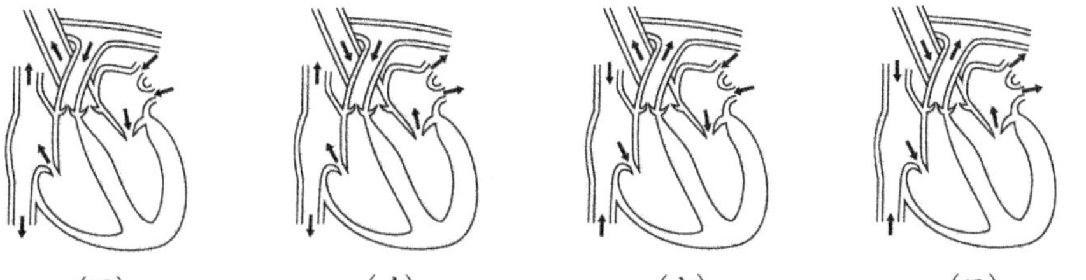

（ア）　（イ）　（ウ）　（エ）

(2) 以下の文は心臓を通る血液の流れを説明したものである。① ～ ④ にあてはまる語句の組み合わせとして適切なものはどれか，次の（ア）～（ク）の中から選び，記号で答えなさい。

大静脈を流れてきた血液は，① → ② →肺→ ③ → ④ の順で流れ，大動脈を通って全身に送り出される。

	①	②	③	④
（ア）	左心ぼう	左心室	右心ぼう	右心室
（イ）	左心ぼう	左心室	右心室	右心ぼう
（ウ）	左心室	左心ぼう	右心ぼう	右心室

（エ）	左心室	左心ぼう	右心室	右心ぼう
（オ）	右心ぼう	右心室	左心室	左心ぼう
（カ）	右心ぼう	右心室	左心ぼう	左心室
（キ）	右心室	右心ぼう	左心室	左心ぼう
（ク）	右心室	右心ぼう	左心ぼう	左心室

問３　ヒトの心臓が１分間で70回拍動《はくどう》し，１回の拍動で70mLの血液を送り出すとする。

⑴　１分間に何mLの血液を送り出すか，答えなさい。

⑵　１日に何Ｌの血液を送り出すか，答えなさい。

４　星座について，次の各問いに答えなさい。

問１　今からおよそ100年前の1922年，国際天文学連合という組織において，地球から見えるすべての空が88の領域に区分され，それぞれに星座の名前が定められた。また，1952年には，日本天文学会において，星座の名前に漢字を用いないことが決定された。次の表は，現在の88星座を五十音順に並べたものである。ただし，問題の都合上，一部は空欄《くうらん》になっている。

⑴　表のＡの星座の中には，地球から見える最も明るい星がある。この星の名前を答えなさい。

⑵　表のＢ，Ｃにあてはまる星座の名前を，それぞれ答えなさい。

1	アンドロメダ座	23	カメレオン座	45	しし座	67	ペルセウス座
2	いっかくじゅう座	24	からす座	46	じょうぎ座	68	ほ座
3	いて座	25	かんむり座	47	たて座	69	ぼうえんきょう座
4	いるか座	26	きょしちょう座	48	ちょうこくぐ座	70	ほうおう座
5	インディアン座	27	ぎょしゃ座	49	ちょうこくしつ座	71	ポンプ座
6	うお座	28	きりん座	50	つる座	72	みずがめ座
7	うさぎ座	29	くじゃく座	51	テーブルさん座	73	みずへび座
8	うしかい座	30	くじら座	52	てんびん座	74	みなみじゅうじ座
9	うみへび座	31	ケフェウス座	53	とかげ座	75	みなみのうお座
10	エリダヌス座	32	ケンタウルス座	54	とけい座	76	みなみのかんむり座
11	おうし座	33	けんびきょう座	55	とびうお座	77	みなみのさんかく座
12	Ａ	34	Ｅ	56	とも座	78	や座
13	おおかみ座	35	こうま座	57	はえ座	79	やぎ座
14	Ｂ	36	こぎつね座	58	Ｇ	80	やまねこ座
15	おとめ座	37	こぐま座	59	はちぶんぎ座	81	らしんばん座
16	おひつじ座	38	こじし座	60	はと座	82	りゅう座
17	Ｃ	39	コップ座	61	ふうちょう座	83	りゅうこつ座
18	がか座	40	こと座	62	ふたご座	84	りょうけん座
19	Ｄ	41	コンパス座	63	ペガスス座	85	レチクル座
20	かじき座	42	さいだん座	64	へび座	86	ろ座
21	かに座	43	Ｆ	65	へびつかい座	87	ろくぶんぎ座
22	かみのけ座	44	さんかく座	66	ヘルクレス座	88	Ｈ

(3)　夏の大三角と呼ばれる３つの星は，それぞれどの星座に属しているか。数字の小さい方から順に，表中の番号で３つ答えなさい。

(4)　表のＦにあてはまる星座を，次の（ア）～（エ）の中から選び，記号で答えなさい。また，選んだ星座の中で最も明るい星の名前を答えなさい。

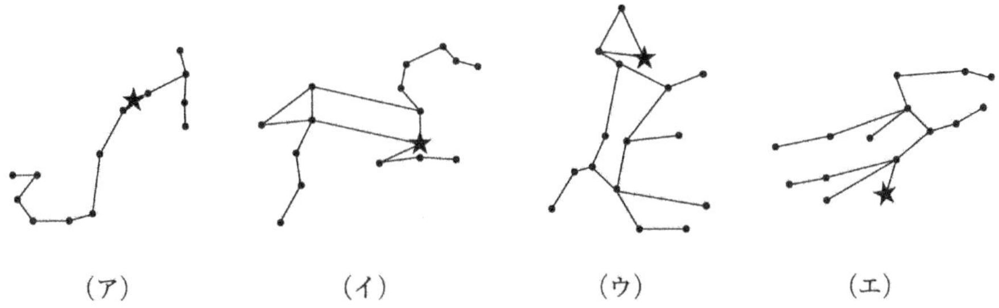

問２

(1)　右図は，ある星座を表している。この星座の中で，★の部分を何とよぶか，答えなさい。

(2)　(1)の星の並びを使って北極星を探したい。北極星はどの方向に見えるか。図中の（ア）～（エ）の中から選び，記号で答えなさい。

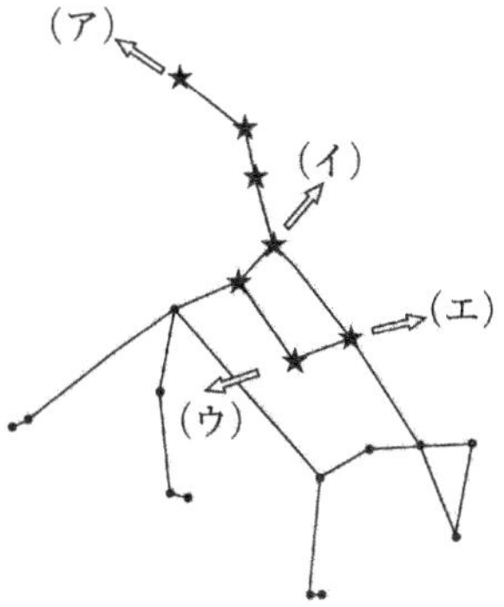

問３　北の空を観察すると，ある星座が右図のＸの位置に見えた。３時間後には，この星座はどの位置に見えるか。図中の（ア）～（エ）の中から選び，記号で答えなさい。ただし，☆は北極星を表している。

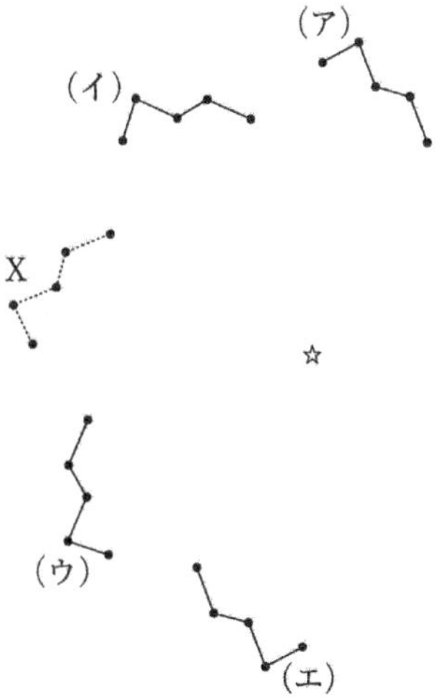

【社　会】（25分）　＜満点：50点＞

1　次の会話は，晃華学園中学校に入学した華子《はなこ》さんが，Ｓ先生の社会科の授業を受けている時の様子です。この会話を読んで，後の各問いに答えなさい。

Ｓ 先 生：皆《みな》さんは小学校の社会科で，歴史・地理・公民の３つの分野を学んできましたね。それでは，なぜこの３つをあわせて社会科という１つの教科になっているのでしょうか。

華子さん：社会って，私たちが暮らしている世の中のことですよね。私は，地理も歴史も公民も，別々《べつべつ》のことを教わっているように感じています。

Ｓ 先 生：名前が違《ちが》うので，別々のことのように感じますよね。でも，１つの教科になっているからには，そこに意味があるわけです。今回はそれを，日本の主食である①お米を出発点に考えていきましょう。華子さんは稲作がいつから始まったか知っていますか。

華子さん：私は，弥生時代からだ，と習いました。

Ｓ 先 生：それではなぜ他の作物ではなく，お米が日本の主食になったのだと思いますか。

華子さん：育てやすいから，ではないのですか。

Ｓ 先 生：いいえ。例えば②イモ類は，お米よりも育てやすいです。また，お米の収穫《しゅうかく》をする秋は，日本にとっては③台風がやってくる時期でもあります。せっかく育てたお米が台無しになってしまう可能性もありますよね。もちろん色々《いろいろ》な説がありますが，お米は，「税」という点から見ると，非常に都合が良いのです。

華子さん：あっ，昔は税をお米で納めていたと聞いたことがあります。

Ｓ 先 生：そうですね。お米などの穀物は，地上に実ができ，また収穫時期も一定ですから，土地を支配する人たちにとっては，収穫量を確認《かくにん》しやすいのです。これがイモ類であれば，実ができるのは地中ですし，収穫時期も一定ではないので，収穫量の確認が難しいのです。

華子さん：つまり，日本を支配する人たちがお米を作らせた，ということですか。

Ｓ 先 生：そこまでは分かりませんが，税を取る上で，お米が都合の良い作物であったことは間違いありません。その後，④平安時代には土地を基準として，お米で税を取るようになりました。また，⑤鎌倉時代になると「御恩」として武士に土地の支配権を与えるなど，農民や武士は土地と深く結びつきました。

華子さん：時代が変わっても，お米を作らせる，ということは変わらないんですね。

Ｓ 先 生：また，⑥輸送の面からも都合が良いのです。イモ類と違って水分を多く含《ふく》んでいないために，輸送のための費用が安くすみます。⑦江戸時代から大きな都市として発展した東京（江戸）・大阪・名古屋には，ある共通点があります。それは，「 X であること」と「大きな⑧川があること」です。 X に都市ができた理由は，農地にしやすいからと，見晴らしがよく収穫量が一目で確認できるからです。また，大きな川があると発展しやすい理由は，水上輸送を行いやすく，税を効率的に集めやすいからです。

華子さん：都市の発展には，輸送が重要なんですね。

Ｓ 先 生：はい。他にも滋賀県の大津は，⑨室町時代から江戸時代の初期まで，⑩日本海側の年貢米が集まる重要な場所でした。日本海側の年貢米は海上輸送で⑪福井県の敦賀《つるが》に，その後は琵琶湖を通って大津に運ばれ，そこから消費地である大阪や京都まで陸上輸送で運ばれていました。ところが，17世紀後半になると，[Y] が整備され，年貢米は大津ではなく，大阪に直接集まるようになりました。ただし，明治時代になると，お米ではなく，お金で税を集めるようになりました。

華子さん：なるほど。税を集めるというのは，本当に大事だったんですね。それは今もそうなんですか。

Ｓ 先 生：⑫教育など，国家の運営にはたくさんのお金が必要なので，⑬税金を集めるということは，今も昔も重要なことです。現代では，⑭少子高齢化もあって，日本政府の借金は１千兆円を超《こ》えました。この借金を返すために，どうしたら効率よく税金を集められるのか，今も政府は検討しており，[Z] が新たに導入されたのはその１つと言えますね。さて華子さん，どうして社会科という教科の中に，歴史・地理・公民があるのか，わかりましたか。

華子さん：はい。たくさんの歴史や地理の知識を使うことで，公民の授業で習うような，今の日本社会の成り立ちを理解できるんですね。つまり，私たちが生きている今の社会を理解し，今後の社会を考えるためには，この３つの分野はどれも欠かせない，ということですね。

Ｓ 先 生：その通りです。だから晃華学園で，地理・歴史・公民をバランスよく学んでいきましょう。

問１　下線①について，次の各設問に答えなさい。

(1)　次の４つの県のなかで，米の生産量が最も多い県を選び，記号で答えなさい。

（ア）山梨県　（イ）群馬県　（ウ）青森県　（エ）秋田県

(2)　大正時代，米の値段が急に上がり米騒動が起きました。この時，米の値段が急に上がった理由を説明しなさい。

問２　下線②のうち，さつまいもは，自然条件が厳しい土地でも栽培することができます。さつまいもの生産がさかんなことで知られる，九州南部の火山灰台地を何といいますか，答えなさい。

問３　下線③などによって起こる被害《ひがい》の予測を示した地図を何といいますか，答えなさい。

問４　下線④に朝廷の支配に抵抗《ていこう》し，関東地方で新皇を名乗ったのは誰《だれ》ですか，答えなさい。

問５　下線⑤について，鎌倉幕府の成立時期には，複数の説があります。次の会話は鎌倉幕府の成立をめぐる話し合いです。[あ] ～ [え] に当てはまる西暦を，年表中からそれぞれ答えなさい。

Ａさん：私は，鎌倉幕府の成立時期は [あ] 年だと思います。幕府とは将軍を中心とする武士の政権ですから，将軍に任命された年が基準になるのは当然です。

Ｂさん：Ａさんには反対です。将軍という役職がそんなに大事でしょうか。それよりも，源頼朝が朝廷から何らかの権限を認められた最初の年の方が大切なのではないですか。[い] 年こそ，鎌倉幕府の始まりです。

Ｃさん：私もＢさんと同じく，将軍という役職にこだわる必要はないと思います。しかし，[い] 年はあくまで東国で力を認められただけです。犯罪を取り締《し》まる役職を，全国で設置することを朝廷から認められた [う] 年こそ，鎌倉幕府の始まりです。

Ｄさん：Ａさん，Ｂさん，Ｃさんは間違っています。鎌倉幕府の成立時期は [え] 年です。確かにこの時点で，源頼朝は朝廷から何の権限も与えられていませんが，事実上，東国の武士を支配し始めています。[え] 年こそ，鎌倉幕府の始まりです。

年　表
・1180年　源頼朝，挙兵。鎌倉を本拠地《ほんきょち》とし，侍所を設置した。
・1183年　後白河法皇が，源頼朝の東国支配権を承認。
・1185年　後白河法皇が，源頼朝に守護・地頭の設置を認める。
・1189年　奥州藤原氏が滅亡《めつぼう》。
・1192年　朝廷が源頼朝を征夷大将軍に任命。
・1221年　承久の乱。その後，西国に地頭を設置。

問６　下線⑥について，日本の貨物輸送量の大半を担《にな》っているのは自動車輸送です。自動車輸送を鉄道輸送や船舶《せんぱく》輸送に転換《てんかん》すること（モーダルシフト）が進められています。これについて，次の各設問に答えなさい。

(1)　モーダルシフトは，CO_2排出量の削減《さくげん》につながり，SDGs（持続可能な開発目標）の目標13「気候変動に具体的な対策を」（下図）の達成に結び付くと期待されています。なぜCO_2排出量の削減につながると考えられるのか，その理由を説明しなさい。

（「国連広報センター」HPより）

(2)　モーダルシフトを進めることには長所がある一方，短所もあります。どのような短所があるのか，説明しなさい。

問７　下線⑦について，徳川吉宗は財政の立て直しのために，米の出来《でき》・不出来《ふでき》に関係なく，一定の期間，毎年同じ割合で年貢を取るようにしました。この年貢の取り方を何といいますか，答えなさい。

問８　下線⑧について，川の名前と流れている県の組み合わせとして誤っているものを次から１つ選び，記号で答えなさい。

（ア）四万十川－徳島県　　（イ）神通川－富山県

（ウ）信濃川－新潟県　　（エ）木曽川－愛知県

問９　下線⑨の惣村に関する説明として正しいものを次から１つ選び，記号で答えなさい。

（ア）惣村は，将軍の作ったおきてに従って村を運営した。

（イ）自分たちの要求が聞き入れてもらえないとき，村民が山などに逃げ込むことがあった。

（ウ）藤原元命《もとなが》の税の取り立てが厳しかったため，惣村は朝廷に訴《うった》え出た。

（エ）惣村は，名主・組頭・百姓代という村役人により運営された。

問10　下線⑩の気候を表した雨温図を次の中から１つ選び，記号で答えなさい。

（ア）
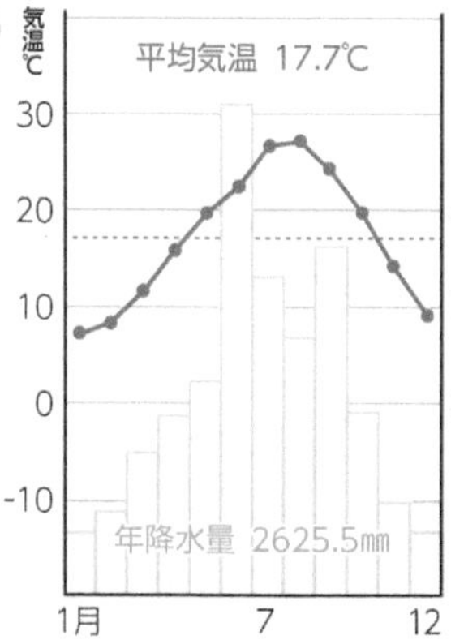

（イ）
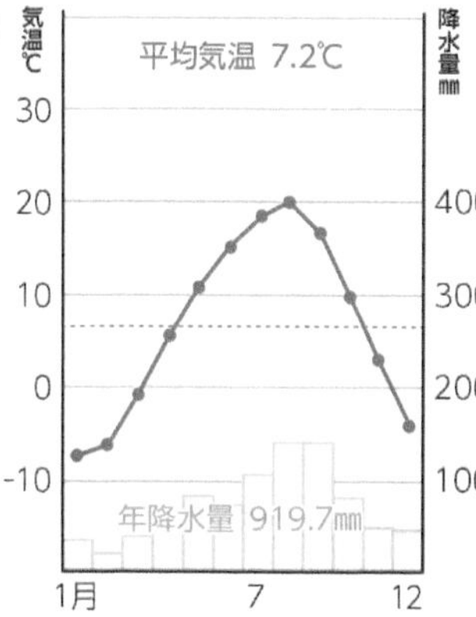

（ウ）
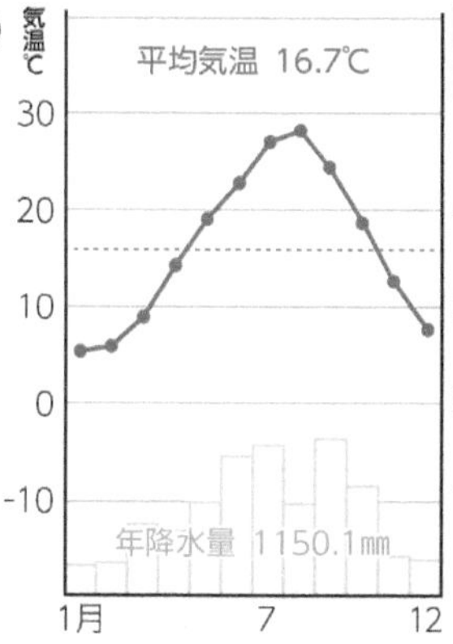

（エ）
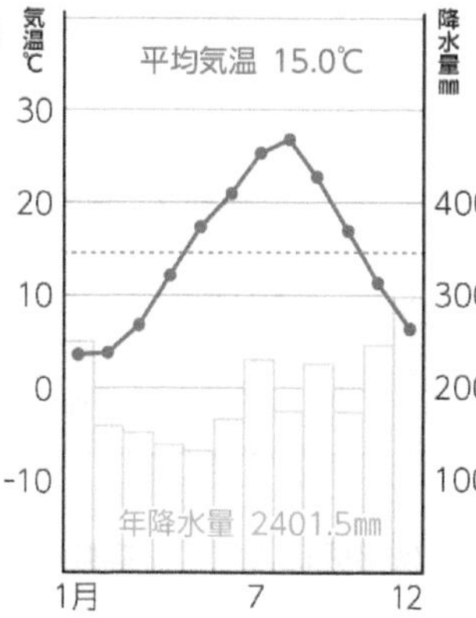

問11　下線⑪から京都府にかけて，原子力発電所が多く建てられている湾を何といいますか，答えなさい。

問12　下線⑫について，戦後，新たに行われた教育政策についての説明として正しいものを次から１つ選び，記号で答えなさい。

（ア）６歳以上の男女に義務教育を受けさせる。

（イ）教育勅語に基づいて，天皇や国家のために忠誠を誓《ちか》わせる。

（ウ）都市の子どもたちを，地方の旅館や寺に疎開させる。

（エ）男女に９年間の義務教育を受けさせる。

問13　下線⑬について，日本の税金に関する次の各設問に答えなさい。

⑴　2024年２月１日現在，日本における消費税の標準税率は何％ですか，答えなさい。

⑵　日本の税率を決定する機関として正しいものを次から１つ選び，記号で答えなさい。

（ア）内閣　　（イ）国会　　（ウ）日本銀行　　（エ）最高裁判所

問14　下線⑭について，次の各設問に答えなさい。

⑴　少子高齢化について，資料１と２から読み取れることとして正しいものをあとの（ア）～（エ）の中から１つ選び，記号で答えなさい。

資料１　高齢化率の推移

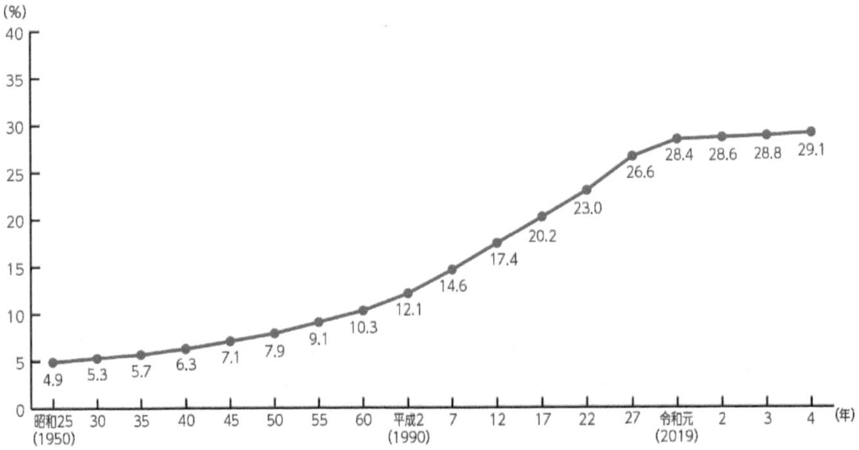

※高齢化率とは、65歳以上の高齢者人口が総人口に占《し》める割合のことである。

（総務省「国勢調査」および「人口推計」より作成）

資料２　高齢化の進行具合を示す言葉

- 高齢化率７％以上の社会…「高齢化社会」
- 高齢化率14％以上の社会…「高齢社会」
- 高齢化率21％以上の社会…「超高齢社会」

（ア）日本は平成に入って，高齢化社会になった。

（イ）日本は昭和の頃《ころ》から，高齢社会であった。

（ウ）日本は令和に入るまでは，超高齢社会ではなかった。

（エ）日本は令和に入って，高齢化率が28％を超えている。

(2)　少子高齢化にともなって，日本政府の借金が増えているのはなぜですか。歳入（政府の収入）と歳出（政府の支出）の２つの点から説明しなさい。

問15　文章中の X ・ Y ・ Z に入る語句の組み合わせとして正しいものを次から１つ選び，記号で答えなさい。

（ア） X －山地　Y －東廻《まわ》り航路　Z －マイナンバーカード

（イ） X －平野　Y －西廻り航路　Z －マイナンバーカード

（ウ） X －山地　Y －東廻り航路　Z －紙の保険証

（エ） X －平野　Y －西廻り航路　Z －紙の保険証

問六　――線部④「返事をしなかった」とありますが、それはなぜですか。次のア～エの中から最も適当なものを選び、記号で答えなさい。

ア　「浅子」が「咲」に投票しなかったせいで、代表に選ばれなかったのだということを察したから

イ　代表に選ばれず悔《くや》しいとばかり考えていたので、うまい返事の言葉が思いつかなかったから

ウ　「咲」が代表に選ばれず悔しがっていることを、「浅子」が軽く考えているように思えたから

エ　「浅子」の言葉に返事をしてしまうと、代表に選ばれなかったことを自分で認めてしまうことになるから

問七　――線部⑤「あの～ソーサーやからね」、⑥「さあ～どうなんかなあ」とありますが、ここから「かあさん」は二人の関係をどのようなものだと考えていたことがわかりますか。「カップ」と「ソーサー」にたとえていることを踏《ふ》まえて、五十字以内で書きなさい。

問八　[B] に当てはまる言葉は何ですか。次のア～エの中から最も適当なものを選び、記号で答えなさい。

ア　他のページと同じくこよみさんの文字がある

イ　もうこの家計簿には残りのページがない

ウ　ここからはそーふが書かなければならない

エ　なにも書かれていない白いページがつづく

問九　本文中に三か所ある～～線部について、晃子《あきこ》さんと華子《はるこ》さんが話をしています。[Ⅰ] ～ [Ⅲ] に当てはまる言葉をそれぞれ指定された字数で書きなさい。ただし、[Ⅰ]、[Ⅱ] は本文から抜《ぬ》き出して、[Ⅲ] は自分の言葉を用いて答えなさい。

晃子　「こよみさん」は「咲」が「十一歳になった」ことを、何度も口に出しているのね。

華子　[Ⅰ（三字）] は大げさかもしれないけれど、そう感じるくらいに何度も何度も言っているということでしょうね。

晃子　[Ⅱ（十六字）] ということは、ずっとそのことを考えていたということね。どうしてかしら。

華子　「こよみさん」が十一歳の時、何か重大なことがあったのかもしれないわ。

晃子　そうね。それは「話すにはちょっと勇気のいる」さもしい話なのよね。

華子　さもしいって確か、「心が汚《よご》れている」というような意味だったんじゃないかしら。

晃子　そうだとすると、どんなことがあったのか想像できそうね。

華子　私は、[Ⅲ（二十字）] と想像したわ。

三　次の①～⑧の――線のカタカナを漢字に直しなさい。

①　作戦をネる

②　今後の社会をテンボウする

③　薬のコウノウを調べる

④　巨大《きょだい》なセキランウンが現れた

⑤　利益をツイキュウする

⑥　シュシャ選択《せんたく》をする

⑦　カイキョを成し遂《と》げる

⑧　彼《かれ》には何を言ってもバジトウフウだ

出前のおすしをとる。

「そーふは、たまらなくなったんやなあ」

かあさんがつぶやく。

「どういうこと」

「これをながめていてね」

かあさんはまたその一冊を手にし、

「ぱらぱらとめくると、どのページにもこよみさんが出てくる。そやのに、ほら、これ」

[B]

「見るとつらい、でも、やめられない」

かあさんはそーふの声をまねていった。

（吉田道子『草の背中』）

問一 [Ⅰ]～[Ⅲ]に当てはまる言葉は何ですか。次のア～カの中から最も適当な言葉をそれぞれ選び、記号で答えなさい。

ア どっしりと　イ せっせと　ウ のろのろと

エ とっとと　オ ぐずぐずと　カ しんと

問二 ――線部①「そうしておそわった」とありますが、これはどのようなことですか。次のア～エの中から最も適当なものを選び、記号で答えなさい。

ア 「こよみさん」の言っている言葉の意味は分からなくても、そのまま真似《まね》をして使うことでだんだんと理解していった

イ 「こよみさん」の使った言葉によって、「咲」が見ているものを言い表す言葉はこれなのだと理解していった

ウ 難しい言葉を使う「こよみさん」にひかれていたので、「咲」から話しかけることで新しい言葉を覚えていった

エ 「こよみさん」が教えてくれるのは言葉だけだったので、「咲」はその意味を自分で考えながら覚えていった

問三 ――線部②「自分の～だきしめるように」とありますが、これはどのようなことですか。次のア～エの中から最も適当なものを選び、記号で答えなさい。

ア こみあげてきた喜びをおさえようとしている

イ 別れの悲しみをこらえている

ウ 自分の言った言葉を動作で表現しようとしている

エ 今感じている思いをかみしめている

問四 ――線部③「一ミリにもみたないのに」とありますが、この表現について説明したものとして最も適当なものはどれですか。次のア～エの中から選び、記号で答えなさい。

ア クマムシは非常に小さいのに、歩き方がクマのように堂々としていることを印象づけている

イ クマムシが小さいということを、数字で表すことで実感を持ちやすくしている

ウ 目には見えない大きさということで、逆にクマムシについて自由に想像できるようにしている

エ 一ミリにみたない大きさであるのに、「クマ」と名前がつけられている面白《おもしろ》さを強調している

問五 [A]にはどのような言葉が入ると考えられますか。本文中の言葉を用いて、ひらがな六字で書きなさい。

しかし、そーふはいなかった。

「あ、行方《ゆくえ》くらまして」

そういって、かあさんはわらった。

合鍵《あいかぎ》ではいると、台所の小さな黒板に、

　ちょっと旅に出ます。沢次《さわじ》

とあった。

「そーふらしいね」

咲がいうと、

「ほんと、おとうさんらしい、そーふにはそれがええのかも」

かあさんがうなずいた。

お葬式《そうしき》がすんでからも、おとずれる人は多い。そーふは人と会いたくない。会いたいのはこよみさんだけなのだ。

「⑤<u>あのふたりはコーヒーのカップとそのソーサーやからね</u>」

かあさんがいった。

「ソーサーって」

「お皿のこと。中身のコーヒーがこぼれても、その下のお皿はそれを全部うけとめられるんよ」

「へえ、あのうすいお皿に全部?」

「そう」

「どっちがお皿?」

「⑥<u>さあ、どっちがどうなんかなあ</u>」

かあさんは首をかしげた。

祭壇《さいだん》は小さくなっていたが、部屋のすみにかざったままだった。その横の机の上には、ノートのようなものがつまれてあった。

家計簿《かけいぼ》だ、とかあさんがいった。

咲は、一、二、三、とかぞえあげた。

「うわっ、三十九冊ある」

「結婚《けっこん》してからずっとつけてたんやね」

かあさんがいった。

はじめは婦人雑誌の付録の家計簿だったが、あとは、市販《しはん》のうすっぺらなものになっていた。

かあさんはそのうちのいちばん上の一冊を手にとり、

「そうか、これは今年のか」

表紙で年号をたしかめ、

「順番どおりにつんであるんやね。おとうさんらしいわ」

いいながら、ぱらぱらと見ていたが、

「ほら、咲」

そういって、咲に家計簿を開いて見せた。

一月の、咲の誕生日の週のだった。

それは見開きで一週間になっていて、月曜から日曜日、それぞれの日になにを買い、いくらはらったかを書く欄《らん》があり、その上にどんな日かも書くことができるようになっていた。こよみさんは、そこを日記のようにして、ちょっとしたメモを書いていた。右端《みぎはし》の日曜日、咲の誕生日のメモにはこうあった。

　咲、十二歳!

今年は、緑子の家族の方がやって来る。

で、結局えらばれなかった。くやしかった。そのときだった。浅子が「おしかったね」といった。ほほえんだように思えた。むしょうに腹が立った。④返事をしなかった。そして、ずっとそのことを浅子にあやまらないままにしている。

「咲、咲さん」

こよみさんに呼びかけられた。

われに返った咲はこよみさんを見つめた。

「咲、散歩に行こう」

いうなり、こよみさんは、「よっこらしょ」とつぶやいて、ソファからゆっくり立ち上がった。

そのころ、こよみさんのからだの調子はまだおちついていた。ベッドにいることが多かったが、少し長い入院のあと、退院して、ゆっくりとそーふとの暮らしをつづけていたのだ。最期《さいご》は家で、ということだったのかもしれない。それでも、遠出はむずかしい。

だから、誕生日には去年までならそーふとこよみさんが咲の家にやって来たのだが、今回は咲の家族が出かけることにした。とうさんも、きちんと休みをとった。日曜日でも、仕事関係の用事で会社に行くことがあったのに。

「よし」

そーふも立ち上がった。

「気をつけて」

かあさんが台所からいった。

とうさんとにいちゃんがラグビー中継《ちゅうけい》を見ながら、「いってらっしゃい」とそろって声をかけた。

こよみさんを車椅子《くるまいす》にのせ、そーふが押《お》すその横で咲はゆっくり歩いていった。

（中略）

「そうか、咲は十一歳になったんだ」

こよみさんは何度めかのそれをつぶやいた。

「もう百回めだよ」

そーふがわらった。

「そんなには」

咲がいうと、

「ううん、胸のうちではもっとつぶやいていたんだよ。そうか、そうか、って」

こよみさんはいった。

散歩からもどって家にはいるとき、こよみさんがささやいた。

「今度、わたしの十一歳のときの話をするね。話すにはちょっと勇気のいる話。さ・も・し・い・話」

咲は、「さもしい」ってなに？　という顔をした。はじめて聞くことばだ。しかし、こよみさんはあとはなにもいわず、やさしくほほえんでいるだけだった。そして、それはそのままになってしまった。

こよみさんが亡くなったからだ。

3

三月にはいって、十日がたった。

この日、咲はそーふの家にかあさんと行った。

　そんなこよみさんだが、そーふがいないと、こよみさんとはなにを話していいのかわからない。こよみさんから機嫌《きげん》をとるように話しかけてくれるということはない。だから、いつも本を手にしているか手仕事をしているかのこよみさんに話しかけることがむずかしい。

　一方、そーふは、山科の家に行くといつもいっしょになにかしてくれる。そーふは三年前定年で会社をやめた。今はときどき、大学に教えに行く。クマムシの研究をしているが、教えるのはそれではない。会社でやっていたデータにもとづく市場調査のやり方。統計学という学問だそうだ。それを聞いたとき、

「クマムシを教えたらええのに。ちなみに、おれやったら、ダンゴムシの生態を教えるのになあ」と、にいちゃんはいった。

「ちなみに」は、にいちゃんがなにか特別にいうときの決まりことばだ。こよみさんがつかったことばの中で気に入って、今ではひんぱんにつかう。そして、ダンゴムシもにいちゃんのお気に入りなのだ。

「足は十四本もあるんやで。子どものときは十二本、これもおもしろいやろ。大人になると、ふえるんや」

「そうか、ダンゴムシか。そりゃいいなあ。ダンゴムシもクマムシも昆《こん》虫《ちゅう》ではないんだもんな」

　そーふはわらっていった。

　昆虫ではないクマムシは、「緩歩《かんぽ》動物門」という種類の生きものだ。ちなみに、ダンゴムシはエビやカニと同じ「甲殻類《こうかくるい》」の仲間だそうだ。

　はじめてクマムシを虫眼鏡で見せてもらったときはびっくりした。苔《こけ》の下から出てきた。四対《つい》の足でゆっくりと歩く。クマのようにのっしのっしと。③一ミリにもみたないのに。

　そーふは命あるものならなんでも好きだ。いろんな小さな生きものや木や草をそだてている。だから、にいちゃんも咲もそーふの家に行くのがたのしみなのだ。

　そーふは「生きものがかり」。こよみさんはそのそーふの生きものにかこまれて、本を読んだり、手仕事をたのしんだりして、そのときどきの心とぴったりのことばをつかうから、「魔法つかい」ならぬ「　A　」。咲はかってにそう決めた。

2

「そう、咲は十一歳《さい》になったの」

　咲がケーキを食べおわったとき、こよみさんはいった。さっきもいった。

　この間の大寒《だいかん》後の一月の咲の誕生日の日だった。亡《な》くなるひと月ほど前の日曜日だった。

「そう」

　またつぶやいて、こよみさんはなにか考えこんだ。

　咲もだまったまま、きのうのことを考えた。

　春休みに学校では絵のコンテストがある。きのうは、そのクラス代表を決める日だった。

　咲はえらばれたかった。絵のテーマが好きな動物だったからだ。カバを描《か》きたかった。耳の内側がピンク色のカバ。投票用紙に自分の名前を書こうとして、やめた。そうまでして出たいのか、と思った。えらばれる、ということは自分以外の人たちから推《お》されなければ意味がない、と思った。

訳ないような感覚

エ　自分の代で子孫たちも恩恵《おんけい》を受けるはずの木桶がこわれてしまい、未来が失われるような感覚

問六　[Ⅱ]（二か所）に当てはまる言葉は何ですか。次のア～エの中から最も適当なものを選び、記号で答えなさい。

ア　食物連鎖《れんさ》　イ　免疫力《めんえきりょく》　ウ　耐久性　エ　生態系

問七　――線部⑤「蔵ごとの～あらわれます」とありますが、それはなぜですか。本文中の言葉を用いて六十字以内で説明しなさい。

二　**次の文章を読み、後の問いに答えなさい。**

「咲《さき》」の祖母「こよみさん」と祖父の「そーふ」は、「咲」の住む京都市内から電車を乗り継いで一時間ほどの山科《やましな》に二人で暮らしていた。しかし、その「こよみさん」が病気で亡くなってしまった。

咲はこよみさんがちょっと苦手だ。きらいなのではない。ちょっとおっかない。いや、そうではない。緊張《きんちょう》するのだ。かあさんもいう。いつもきりきりしゃんとしているなあ、と。だからなのかもしれない。クラスの仲良しの浅子にもおばあちゃんがいる。いつもにこにこしていて、感じがぜんぜんちがう。それでも、咲はこよみさんにひかれる。なんでだろう。

それは、たぶん、こよみさんがつかう「ことば」なのだ、と思いあたった。こよみさんは魔法《まほう》のように、ことばをその場にぴったり合わせてつかう。そうすると、咲は心が[Ⅰ]おちつくのだ。咲にとってはふしぎな魔法だった。

こよみさんをそう思うようになったのは、こんなことがあったからだ。

ある日、こよみさんは起き上がりこぼしのおみやげをもって咲の家にやって来た。まゆだまでできたそれを何度もころがしては起き上がらせ、そのたびに、こよみさんは、

「けなげなやつだなあ」

そういった。

そうか、これを、「けなげ」というのか、と咲は思った。

それからは、アリが[Ⅱ]えさをはこぶところやアサガオが種からちゃんと芽を出したのを見ると、「けなげなやっちゃなあ」と、咲はつぶやいてしまう。こよみさんがつかうことばは、いつも「あっ、これがそうなんか」というそのときの様子とぴったりかさなるのだ。

「せつない」も「さりげない」も①そうしておそわった。

そーふが近くの友だち、といってもそーふよりうんと年上の友だちの家に行って、夕方になっても帰ってこないので、心配になったこよみさんと咲とにいちゃんがむかえに行ったときのことだ。

「いやあ、話がはずんで、長くひきとめてしまって」

その人はいいながら、なにか用事があるかのようにそのまま門の外に出てきて、咲たちが見えなくなるまで見送ってくれた。

「ああして、さりげなく見送られると、うれしくなるし、せつなくなるねえ」

夕暮れの中、②自分の胸をだきしめるようにこよみさんがいったときも、咲はすぐうなずいた。

しかし、その気分も、[Ⅲ]先を歩いていったにいちゃんが、「バイバイ」と大声を出し、ぶちこわしになってしまったが。

（なくなったらなくなった時。いずれにしてもずっと先のこと……）
（祈《いの》ろう。とりあえず今残っている桶が壊れないように、祈ろう）
祈るか、なんとなく考えないようにするかしか、選択肢《せんたくし》がないのでした。

（竹内早季子『巨大おけを絶やすな！　日本の食文化を未来へつなぐ』）

問一　[I] にはどのような言葉が当てはまりますか。次のア～エの中から最も適当なものを選び、記号で答えなさい。

ア「地獄みたいやな」　　イ「息苦しそうやな」
ウ「機嫌《きげん》よさそうやな」　　エ「なんか文句ありそうやな」

問二　――線部①「『地獄のもろみまぜ』がきつくても」とありますが、なぜ「きつ」いのですか。次のア～エの中から最も適当なものを選び、記号で答えなさい。

ア　夏の暑い時期に、換気《かんき》の悪い蔵の空気の通りを良くするために、とても重い櫂棒を使うから
イ　木桶の中の微生物に空気を送るために人力でかきまぜるが、それがたいへんな重労働となるから
ウ　木桶の中のもろみが発酵する際に熱を発して蔵の中の温度が上がり、たいへんな暑さとなるから
エ　中腰で両足をふんばって重いもろみをバケツですくいあげるので、足腰に負担がかかるから

問三　――線部②「再仕込み醤油」とありますが、その説明として正しいものはどれですか。次のア～エの中から一つ選び、記号で答えなさい。

ア「醤油で醤油を仕込む」ので手間がかかり、日本でつくられる醤油のうちでたったの一パーセントしか生産できない
イ　もろみが発酵するとココアマフィンのようになり、できた醤油はチョコレートのような香りがする
ウ　できあがった醤油でもろみを仕込むので熟成の期間が短くなり、三か月から半年で出荷できる
エ　塩水ではなく醤油でもろみを仕込むので、完成までに時間はかかるが濃厚な味わいになる

問四　――線部③「四年の歳月」とありますが、なぜ四年かかるのですか。次のア～エの中から最も適当なものを選び、記号で答えなさい。

ア　貴重な国産の原料を使っているので、通常二年かかる発酵・熟成に、二倍の時間をかけるから
イ　木桶でつくる醤油は熟成するのに二年かかり、その醤油で仕込むのでさらに二年かかるから
ウ　再仕込み醤油は看板商品なので、不良品がないように商品を四段階に分けて点検をするから
エ「地獄のもろみまぜ」を機械にまかせるのではなく、機械の四倍の時間をかけて手作業で行うから

問五　――線部④「自分が～感覚」とありますが、その感覚の説明として不適当なものはどれですか。次のア～エの中から一つ選び、記号で答えなさい。

ア　自分が醤油職人として生きる土台のようなものがなくなってしまうようで、不安でたよりない感覚
イ　自分が生まれる前からあり、先祖が守り続けた宝を、絶やしてしまうような感覚
ウ　桶職人の後継者《こうけいしゃ》がいなくなりつつあるのに何もせずにいて、申し

成分が、蔵独特の醤油や味噌の風味の決め手になります。

逆に、木桶は手入れをおこたると、良くない菌が繁殖《はんしょく》する危険性もあります。一度［　Ⅱ　］がくずれて変なクセがついてしまうと、立て直すのが難しいのです。

その点、ホーローやステンレス、ＦＲＰのタンクは、表面がツルツルなので洗浄《せんじょう》しやすく、管理が簡単です。温度管理をしたり、機械で空気を送って攪拌《かくはん》したりすることもできるため、熟成の期間を早めること（速醸《そくじょう》といいます）が可能で、三か月から長くて半年ほどで出荷《しゅっか》することができます。

木桶以外の容器でつくる場合、容器に微生物がすみつくことができないため、多くの場合は耐塩性《たいえんせい》の乳酸菌や酵母など、発酵にかかわる微生物を購入《こうにゅう》して加えます（木桶以外の容器でも、速醸したり、買ってきた微生物を入れたりしない醤油づくりをする蔵元もあります）。

木桶でつくる醤油は、多くの蔵元では、木桶にすみついた乳酸菌や酵母に熟成を任せます。人間が櫂棒《かいぼう》を使って攪拌し、温度も自然のままに任せるため、熟成するのに一年から二年、再仕込み醤油の場合は、仕込みに使う醤油づくりから数えて四年かかります。

・蔵人《くらびと》の宝物、微生物と木桶

木桶の醤油づくりで蔵人にできることは、微生物が働きやすい環境《かんきょう》を整えることだけ。醤油や味噌をつくる主役は微生物で、これは人間には手出しのできない領域です。ひたすら彼《かれ》らにお任せするしかない、ということです。

「微生物にお任せする」というと、簡単そうに聞こえるかもしれませんが、道具の洗浄や手入れをきっちりしなければならなかったり、櫂入れのタイミングの見極《みきわ》め方やかきまぜ方など、ひとつひとつの作業を、五感をとぎすませて行ったりする必要があります。

こうしてできた醤油には、⑤蔵ごとの個性が強くあらわれます。

――こうばしくて、かすかに燻《いぶ》したような香りの醤油。すっきりして、ほのかに木の香りが混じる醤油。こってりと濃厚で、カラメルのような味わいの醤油。

これは、味噌づくりをする蔵の場合も同じです。

――甘《あま》みと酸味のバランスのすぐれた味噌。きゅっと締《し》まった塩味、まろやかな旨《うま》みを感じる味噌。

どれも、ほかのどこの蔵にもない味です。

「やっぱり、うちは○○さんの醤油じゃないと」

「代々、△△さんの味噌で味噌汁《みそしる》をつくっているの」

その言葉が、蔵元にとってなによりもうれしく、商売の要でもあります。

蔵独特の微生物は、古くから木桶で醤油や味噌をつくってきた醸造蔵にとってなくてはならない宝物で、その微生物がすみつく木桶も大切な財産です。

しかし、その木桶も、木桶をつくる職人や桶を締める竹のたがを編む職人がいなければ、木桶が壊れたり、たががゆるんだりしても、修理することができません。もちろん、新しい木桶をつくることもできません。

（もし、木桶が壊れたら？　いったいどうしたらいいのだろう？）

木桶で醤油や味噌をつくる蔵人たちは、

・大桶を直せる人も、つくれる人も、もうおらん？

康夫さんはバケツを取りに走りました。

「残ったもろみだけでも、早く救わんと！」

それは、ヤマロク醤油の看板商品の②再仕込み醤油の桶でした。

国産の貴重な大豆と小麦を使い、③四年の歳月《さいげつ》をかけて発酵・熟成させ、もうすぐしぼって醤油になる予定の大切なもろみです。一滴《てき》たりとも、無駄《むだ》にできません。

壊れた桶から、バケツでもろみをすくい上げては、別の桶に移します。

両足をふんばり、ずしりと重いもろみを移しかえていきます。

「とにかく早《はよ》うせんと、早うせんと」

パートの女性と二人、夕方までかかって、なんとか別の大桶に、残ったもろみを移し終えました。

「ふうーっ」

中腰《ちゅうごし》でふんばる作業の連続でした。どっとつかれを感じたのは、すべて移し終えてからです。からっぽになった桶を上からのぞくと、組み合わせてある底板のうちの一枚が、ポコンと落ちているのが見えました。

木桶の寿命はだいたい一〇〇年から一五〇年。いつか寿命を迎えるはず、ということは、頭ではわかっていました。

「こうやって、木桶は壊れていくんやな」

そしてふと、

「直してもらうんも、新しい桶つくるんも、もうできる人、おらんのやなかったっけ？」

桶職人が絶滅《ぜつめつ》の危機になっていることは、木桶で味噌や醤油をつくる蔵元の間で何十年も前からささやかれていることでした。

「新しい桶がつくれんいうことは、これから一〇〇年たたんうちに、ほんまに桶がなくなる、いうことや」

自分が生まれるずっと前からあり、先祖が守りつづけてきた商売の宝。この先もありつづけると、漠然《ばくぜん》と思っていたもの。

その木桶が、いずれなくなる。なんとなく直視せずにきたその事実をつきつけられると、④自分がこれまで生きてきて、そしてこれから生きていくための根っこが、ぐらぐらとゆさぶられるような、こころもとない感覚になりました。

二〇〇五年、初夏のできごとでした。

・「木桶」の現状

ところで、いま、日本で生産されている醤油のうち、木桶でつくられている醤油の割合はどのくらいだと思いますか？

答えは、たったの一パーセント。九九パーセントの醤油は、ステンレス製、あるいはＦＲＰ（強化繊維《せんい》入りのプラスチック）やコンクリート、ホーローなどのタンクでつくられています。

今使われている木桶は、江戸《えど》時代から戦前にかけてつくられたものです。

木桶の板は多孔質《たこうしつ》で、目に見えない小さな穴がたくさんあいています。その小さな穴に、「蔵付き」といわれる、その蔵独自の微生物がたくさんすみついています。酵母や乳酸菌といった微生物は、何十年、何百年と時を重ねるうちに、独自の進化をしていきます。

結果、その蔵、その木桶の中だけの［　Ⅱ　］ができ、そこにしかない酵母や菌が生まれます。その独自の微生物がつくりだす味や香りの

【国　語】（五〇分）〈満点：一〇〇点〉

一　次の文章は、醤油《しょうゆ》や味噌《みそ》を作るための直径二メートル、高さ二メートルの巨大《きょだい》な木桶《きおけ》について書かれたものです。これを読んで後の問いに答えなさい。なお、本文中の「コラム」や「図」は省略します。

・地獄のもろみまぜ

ヤマロク醤油の看板商品は、再仕込《さいしこ》み醤油。ふつうの醤油とどう違《ちが》うかというと、もろみを仕込むとき、ふつうは塩水を使いますが、再仕込み醤油は、塩水のかわりにできあがった醤油を使います。つまり「醤油で醤油を仕込む」ということになるので、とても濃厚《のうこう》な味わいになります（本章コラム参照）。

醤油を使って仕込んだもろみは、チョコレートのような香りも放ちます。発酵《はっこう》が進んでいくと、さらにさまざまな香りが生まれ、バナナやリンゴ、チョコレートのような香りはわからなくなっていきます。

醤油を分析《ぶんせき》すると、三〇〇種類以上もの香り成分が入っています。麹《こうじ》菌《きん》、酵母《こうぼ》、乳酸菌《にゅうさんきん》といったさまざまな微生物《びせいぶつ》がバトンタッチして働き、醤油のうまみや香りをつくっていきます。こういう調味料は、世界でもめずらしいのです。

初夏に向けて暖かくなっていくと、もろみの発酵はさらに進み、桶のフチからあふれ出しそうなほどふくらんで盛り上がり、色も少しずつ茶色く変わっていきます（図１－８）。

その姿は、まるで焼き上がってひび割れたココアマフィンのよう。初夏のゴールデンウィークにかけて発酵のピークを迎《むか》えるので、微生物が酸素を吸って元気に働けるよう、かきまぜて空気を送ってやります。たいへんな重労働なので、康夫《やすお》さんは、この作業を「地獄のもろみまぜ」と呼んでいます。

茶色いドロドロした、味噌のようにも見えるもろみは、発酵しているとき、

ブツ、ブツ、ブツ……

と音を立て、プツプツと表面に泡《あわ》がうかびます。

［　Ⅰ　］

姿が目に見えるわけではありませんが、せっせともろみを発酵させている微生物の気配を感じ、対話しているような時間が楽しくて、どんなにいそがしくても、①「地獄のもろみまぜ」がきつくても、蔵《くら》の仕事は苦になりません。

ある桶の前に来たとき、康夫さんは、

「？」

なにか、違和感《いわかん》を覚えました。昨日見たときより、四〇～五〇センチくらい、もろみが少なくなっています。

「あれ、この桶、まだしぼってなかったよな？」

次の瞬間《しゅんかん》、

「もしかして……、まさか……」

背筋が凍《こお》りつきました。それはおそろしい予感でした。階段をかけおり、木桶の下に走っていくと、床《ゆか》に、もろみの茶色い液体が大量にしみ出しています。

「いかん！」

頭の中が真っ白になりました。ご先祖のロクロベエさんが設置した一五〇年の木桶が寿命《じゅみょう》を迎えて、ついに壊《こわ》れたのでした。

2024年度

晃華学園中学校入試問題（第２回）

【算　数】（40分）　＜満点：80点＞

1　次の各問いに答えなさい。

(1)　次の計算をしなさい。

$$\left\{\left(4.8+4\frac{1}{5}\right)\times\frac{2}{3}+3.2\div1\frac{3}{5}\right\}\div0.2$$

(2)　水そうにＡ，Ｂの２本の棒を垂直に立てて，水を入れました。Ａは水面から棒全体の$\frac{2}{5}$だけ出ており，Ｂは20cmだけ出ています。ＢがＡよりも６cm長い棒であるとき，水面の高さを求めなさい。

(3)　下の図の三角形ABCは，角Ａが直角な直角三角形です。ADとBCが垂直になるように辺BC上に点Ｄをとったとき，BDの長さとDCの長さの比をもっとも簡単な整数の比で表しなさい。

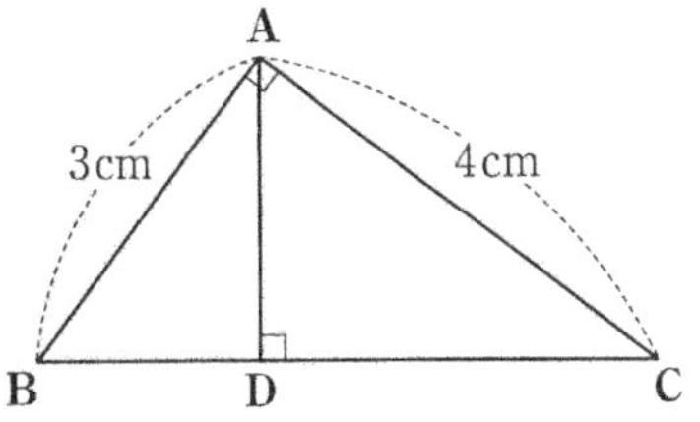

(4)　ある仕事をＡ，Ｂ，Ｃの３人ですると10日かかり，ＢとＣの２人ですると15日かかります。この仕事をＡが１人ですると何日かかるか求めなさい。

(5)　Ａ地点からＢ地点まで時速４kmで進むと予定時刻より17分遅《おく》れて到着《とうちゃく》し，時速７kmで進むと予定時刻より４分早く到着します。予定時刻ちょうどに到着するには，時速何kmで進めばよいか求めなさい。

2　２つの整数 x と y に対し，次のように計算を定めます。

$$x \# y=(x+y)\times(x-y)$$

このとき，次の各問いに答えなさい。

(1)　５＃２の値《あたい》を求めなさい。

(2)　８＃Ａ＝48となる整数Ａを求めなさい。

3　図のように，正方形の折り紙を半分に４回折ったところ，図アになりました。

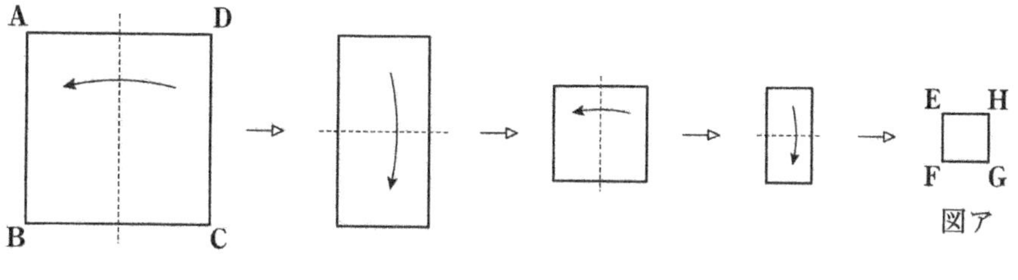

図アの一部を切った後，折り紙を４回広げてできる形について考えます。

(1)　図アにおいて，右の図のように色のついた部分を切りとった後，折り紙を広げます。このときにできる図形の面積は，もとの正方形ABCDの面積の何倍ですか。ただし，Ｉ，Ｊはそれぞれ辺の真ん中の点とします。

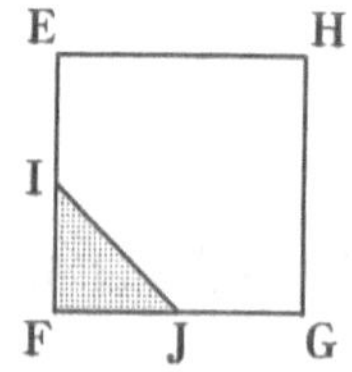

(2)　図アにおいて，右の図のように太線の部分に切《き》り込《こ》みを入れた後，折り紙を広げます。ただし，Ｋは辺EHの真ん中の点とし，切り込みの長さは辺EFの長さの半分であるとします。このとき，折り紙のどこが切れていますか。解答らんの図に線を引きなさい。また，解答らんの図の点線は，折ってできた線を表します。

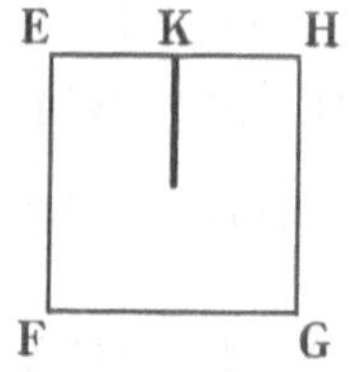

(3)　図アのある部分を切りとってから広げたところ，右の図のような図形ができました。図の点線は折ってできた線，色のついた部分は切りとられた部分を表します。このとき，図アのどの部分を切りとりましたか。解答らんの図に線を引き，切りとった部分は鉛筆《えんぴつ》かシャープペンシルでぬりなさい。

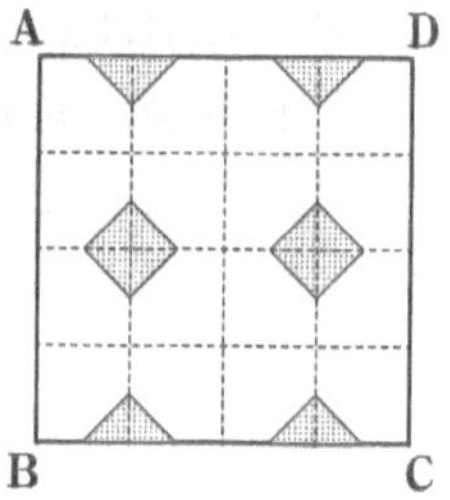

4　図のア，イ，ウの３つのうち，２つは三角すいの展開図です。のこりの１つは三角すいの展開図ではありません。このとき，次の各問いに答えなさい。

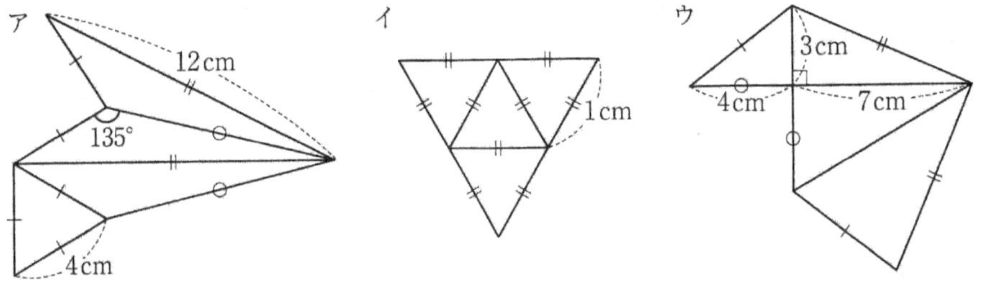

(1)　三角すいの展開図でないものはどれですか。記号で答えなさい。

(2)　三角すいの展開図を１つ選び，組み立ててできる三角すいの体積を求めなさい。

5　下の図のように，たくさんの正方形のマスの上を点が動くとします。最初は「０」と書かれたところにいて，１回目は必ず１つ下のマスに動きます。その後は上下左右いずれかの隣《となり》のマスに，１回あたり１マス動きます。ただし，一度通ったマスは通れません。このとき，点の動き方が何通りあるかを考えます。

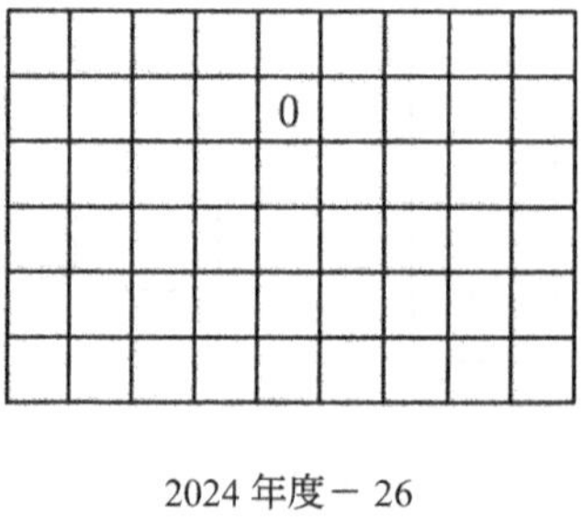

例えば，点が2回動くときの動き方は次の3通りです。

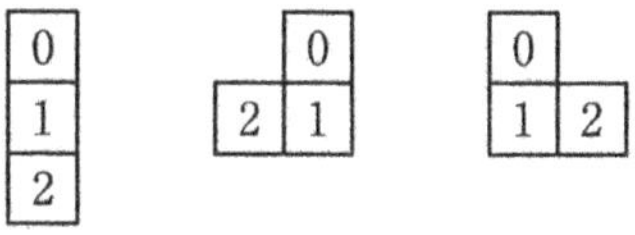

このとき，次の各問いに答えなさい。

(1)　点が3回動くときの動き方は何通りありますか。

(2)　点が4回動くときの動き方は何通りありますか。

6　図は，乗せたおもりの重さによって針が回転する機械です。目盛りには0～7まで書かれており，何も乗せていないときは0を指します。この機械に5kgのおもりを乗せると針は5を指し，12kgのおもりを乗せると針は1回転し，4を指します。針は何回転でもできるものとし，おもりの重さは整数で，単位はkgであるとします。このとき，次の各問いに答えなさい。

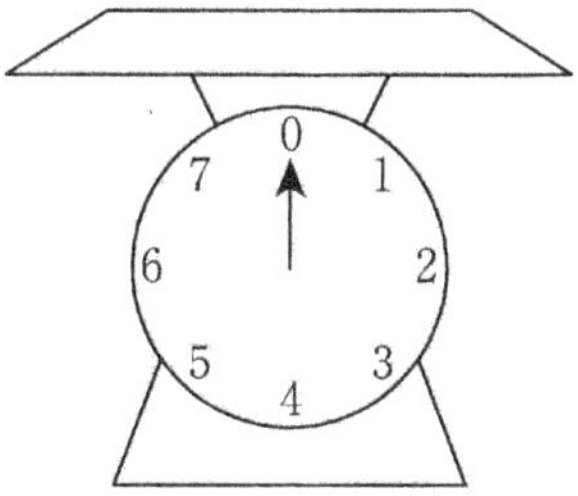

(1)　30kgのおもりを乗せると目盛りはどこを指しますか。

(2)　6kgのおもりを何個乗せても絶対に針が指さない目盛りがあります。その目盛りをすべて答えなさい。

(3)　同じ重さのおもりを5個乗せたところ，5を指しました。このとき，おもり1個の重さとして考えられるものすべて答えなさい。ただし，おもり1個の重さは1kgから25kgまでの整数とします。

ウ　空き地に遊べるだけの広さがない

エ　他の遊び方が選べない

問六　〰〰線部Ａ～Ｄの「れる」のうち、用法の異なるものが一つありますが、それはどれですか。Ａ～Ｄの記号で答えなさい。

問七　本文から、次の一文が抜《ぬ》けています。この一文を戻《もど》す最も適当な場所を［ア］～［エ］から選び、ア～エの記号で答えなさい。

【脱落文《だつらく》】そもそも存在しなければ、悪意あるデザインも批判されないだろう。

問八　次のア～オについて、本文の内容と合うものをＡ、合わないものをＢで答えなさい。ただし、すべてを同じ記号で答えてはいけません。

ア　排除ベンチや排除アートは、貧困の解消に大きな役割を果たしている。

イ　ブラジルの「グラフィティ」の中には、街の人が良く思っていないものもある。

ウ　リスボン建築トリエンナーレ２００７で、筆者は休憩《きゅうけい》場所の設営を依頼された。

エ　岡本太郎は、排除アートの流行に対抗《たいこう》して「坐ることを拒否する椅子」を制作した。

オ　筆者は、他者の立場になって見ることで、街に対する意識を変えることを勧《すす》めている。

三　**次の①～④の——線部のカタカナを漢字に直しなさい。**

①　クラスのケッソクが強まる

②　知恵《ちえ》をハイシャクしたい

③　失礼のないよう取りハカらう

④　医者のフヨウジョウ

切り株のような椅子をつくり、大衆社会に送《おく》り込《こ》んだものだ。いわば反語的なメッセージである。座るな、ではなく、それでも果敢《かかん》に座ってみろ、と訴《うった》えるものだ。一方、彼は、弱者である病人や高齢者は座りやすい椅子を使うべきだと述べたという（https://www.1101.com/tanoshimi/2017_aw/taro/2017-11-09.html）。岡本の時代に排除アートは存在しなかった。「坐ることを拒否する椅子」は、モダニズムの機能主義に対する批判でもある。一方で排除アートは「～させない」という機能を担《にな》わされた造形だ。まずはわれわれが街に出かけ、他者の視点をもって、知らないうちに増えている排除アートを発見・体験し、都市の不寛容《ふかんよう》を知ることから、意識を変えていく必要がある。

（五十嵐太郎『誰のための排除アート？――不寛容と自己責任論』）

※１　グラフィティ＝スプレーなどを用いて、公共物に絵や文字を描くこと。
※２　ヴァンダリズム＝わざと公共物に落書きをすること。
※３　キュレーション＝展示の企画や運営を行うこと。

問一　［Ⅰ］に当てはまる言葉は何ですか。左に示した「ＳＤＧｓ目標11」のアイコンを参考にして、次のア～エの中から最も適当なものを選び、記号で答えなさい。

ア　企業　イ　開発　ウ　都市　エ　環境

（「国連広報センター」HPより）

問二　――線部①「商業化されたＳＤＧｓだ」とありますが、ここで筆者はどのようなことを言おうとしていますか。次のア～エの中から最も適当なものを選び、記号で答えなさい。

ア　ＳＤＧｓの本来の目的とは異なり、利益を求める方向に利用されている
イ　ＳＤＧｓの成果を経済に応用することで、社会が豊かになっている
ウ　ＳＤＧｓの考え方は、現代の人々の暮らしぶりとは合っていない
エ　ＳＤＧｓの活動を行う場合は、商業施設《しせつ》を使うと効果的である

問三　――線部②「様変わりするベンチ」とありますが、どのようなベンチに変化していますか。次のア～エの中から最も適当なものを選び、記号で答えなさい。

ア　廃材《はいざい》をリサイクルしたベンチ
イ　仕切りが付いているベンチ
ウ　横になれる幅《はば》のベンチ
エ　木のぬくもりを生かしたベンチ

問四　――線部③「『原っぱと～空間モデル」とありますが、この二つのモデルの違いを踏《ふ》まえたとき、［Ⅱ］、［Ⅲ］には、それぞれ「原っぱ」または「遊園地」のどちらの言葉が当てはまりますか。「原っぱ」・「遊園地」のどちらかを書いて答えなさい。

問五　――線部④「余白がない」とありますが、これはどのようなことですか。次のア～エの中から最も適当なものを選び、記号で答えなさい。

ア　遊ぶだけの心の余裕がない
イ　遊びに割《さ》ける時間がない

ていない自由さを好む。本来、公共空間も、そのような場だろう。だが、排除ベンチや排除アートが導入されることによって、不測の事態が起きない「［Ⅱ］」に変貌《へんぼう》する。

ところで、文化人類学に詳《くわ》しいデザイナーの阿部《あべ》航太が制作した『街は誰のもの？』（二〇二一年）は、ブラジルの路上で活動する※1グラフィティのアーティストを記録したドキュメント映像だった。興味深いのは、三種類の様態が存在すること。まずギャラが支払《しはら》わAれる「プロジェット」は、そもそも認可されたものだ。これはパブリックアートの事業に近いだろう。次に依頼《いらい》なしに描《えが》かBれる「グラフィッチ」は違法《いほう》だが、街の人にはカラフルで良いとポジティブに黙認《もくにん》されている。そして街の人も消したいと思う落書きのようなものを「ピシャソン」と呼ぶ。スケートボードと同様、描《か》き手《て》が都市を独自にとらえ、ビルの壁《かべ》や高速道路の橋桁《はしげた》などを、彼《かれ》らのキャンバスに変えていくが、もちろん※2ヴァンダリズムと紙一重である。だが、興味深いのは、グレーゾーンにおいて描かれるグラフィティは、街を生き生きとさせ、経済に支配されず、「街を自分たちの手でつくっていく感覚」と歩調をあわせ、独自の公共性をつくりだしていることだ（阿部航太監督《かんとく》インタビュー「個として存在できる街とは？」二〇二二年二月九日／https://antenna-mag.com/post-57661/）。ブラジルでは「［Ⅲ］」としての街を肯定《こうてい》している。

他者を排除していくと、誰にもやさしくない都市になる。われわれはすでに気づかないうちに、そうした環境《かんきょう》に順応させられているかもしれない。［ア］筆者はこんな体験をしたことがある。雨の日だったので、東京駅から大手町の日本経済新聞社東京本社ビルまで、地下街を一〇分近く歩いていたが、途中《とちゅう》でベンチがひとつもないことに気がついた。［イ］もちろん、お金を払えば、座Cれるカフェは存在した。が、無料で休める場所はない。排除ベンチは、拒否のデザインである。しかし、ベンチをなくせば、寝《ね》させないことにも気づかない。［ウ］つまり、何も置かないという選択肢《せんたくし》である。が、おそらく高齢者《こうれいしゃ》や妊婦《にんぷ》、体の調子が悪い人は、なぜこれだけ広い地下街を歩いても、ベンチがないのだろうと気づくはずだ。［エ］したがって、これはホームレスだけの問題ではない。実はどんな健常者であろうとも、潜在的《せんざいてき》に排除さDれる可能性にさらされる都市空間である。だが、本当にそうした環境でよいのだろうか。

個人的な話だが、リスボン建築トリエンナーレ２００７において、筆者が日本セクションの※3キュレーションを担当し、設営の現場に立ち会ったとき、自腹でベンチを購入《こうにゅう》したことがある（**写真**56）。一九九八年のリスボン万博にも使われた広い会場を歩いてまわったところ、展示ばかりで、ほとんど座る場所がなかったからだ。そこでまだ日本のエリアは空間に余裕《よゆう》があったことから、ホームセンターで売っていた安物だが、白いベンチを置いた。会期が始まると、実際にそこで腰掛けて休む人が続出していたので、ささやかな空間への介入でも意義はあったと思う。

最後に岡本《おかもと》太郎《たろう》の「坐《すわ》ることを拒否する椅子《いす》」（一九六三年、**写真**57）をとりあげよう。彼は巨大《きょだい》な壁画《へきが》や屋外彫刻《ちょうこく》のように、公共空間に設置され、誰も所有しないアートを望んだが、これは題名通り、座面が丸かったり、ハート型だったり、顔がついているなど、座りにくい陶製《とうせい》の椅子である。もちろん、これは他者の排除を狙《ねら》ったわけではない。生ぬるく快適に生きると人間が飼いならされて、ダメになるから、山の中の

二　次の文章を読んで、後の問いに答えなさい。本文中の「写真54・56・57」は省略します。また、※1～※3の言葉は、後に注を付けてあります。

現在、あちこちでＳＤＧｓ（持続可能な開発目標）やバリアフリーの理念が高らかに謳《うた》われている。特に前者は多くの自治体や企業《きぎょう》で取り組むべきものになった。適当に都市名、もしくは企業名を入れて、「ＳＤＧｓ」の言葉とあわせて検索《けんさく》すれば、いくらでも事例を挙げられるだろう。またダイバーシティ（多様性）やインクルーシブ（包摂《ほうせつ》的）などのキーワードも流行している。国連サミットで採択《さいたく》されたＳＤＧｓの説明を読むと、一七の開発目標として以下のようなものを掲《かか》げていた。例えば、「目標1　あらゆる場所のあらゆる形態の貧困《ひんこん》を終わらせる」、「目標8　包摂的かつ持続可能な経済成長及《およ》びすべての人々の完全かつ生産的な雇用《こよう》と働きがいのある人間らしい雇用を促進《そくしん》する」、「目標10　各国内及び各国間の不平等を是正《ぜせい》する」、「目標11　包摂的で安全かつ強靱《きょうじん》で持続可能な［Ｉ］及び人間居住を実現する」などである。しかし、実際に日本の都市で進行しているのは、真逆の事態ではないか。目につくのは、①商業化されたＳＤＧｓだ。「我々は貧困を終わらせることに成功する最初の世代になり得《う》る」という宣言に向かうどころか、コロナ禍《か》において格差はさらに増大し、排除《はいじょ》ベンチや排除アートは貧困から目をそむけることに貢献《こうけん》している。そしてバリアフルな社会をめざしているかのようだ。

ホームレスが使いにくいベンチは、実は一般人《いっぱんじん》にとっても座《すわ》りにくい。大阪で派遣《はけん》切れとなって野宿生活をする男性の言葉として、次の言葉が紹介《しょうかい》されていた（田中洋史「横になれないベンチ」『読売新聞』二〇〇九年二月二〇日）。「社会どころか、公園のベンチにまで拒絶《きょぜつ》されているみたいだ」。これを書いた記者は、ひじかけタイプの仕切りがあるベンチに腰掛《こしか》けると、少し窮屈《きゅうくつ》に感じ、くつろげないことを確認《かくにん》している。そして、こう記した。「時には横になって本を広げたい。肩《かた》を寄せ合って座りたい親子、恋人《こいびと》たちだっているだろう。誰《だれ》でもゆったりとくつろげてこその、公園のベンチだと思う。②様変わりするベンチの姿にギスギスした今の社会をかいま見るようで、寂《さび》しくてならない」。ベンチやアートだけではない。二〇〇五年の愛知万博《ばんぱく》の直前、おそらく外国人に見せないために、白川公園のダンボールハウスが強制的に排除された後、同じ場所に花が植えられ、緑を大切にという看板が掲げられたが、人に対しては厳しい処置だった（**写真**54）。しかし、以前の風景を知らなければ、公園で起きたことはもうわからないだろう。

排除アートは、われわれが使えるはずだった場所を奪《うば》う。本来、広場や公園などの公共空間は、有料で入場するテーマパークと違《ちが》い、未定義の部分があり、様々な可能性に開かれている。それをあらかじめつぶすのが、排除アートなのだ。建築家の青木淳《じゅん》は、③「原っぱと遊園地」という二つの空間モデルを提示している（『原っぱと遊園地――建築にとってその場の質とは何か』王国社、二〇〇四年）。前者は『ドラえもん』の漫画《まんが》に登場するような土管が転がった空き地、後者はいわゆるテーマパークのようなものをイメージしたらよいだろう。原っぱは、特定の目的がなく出現したものなので、子どもたちはそこで自ら考えて、遊び方を工夫《くふう》する。一方、「遊園地」は何から何まで至れり尽《つ》くせりで遊び方があらかじめデザインされており、④余白がない。青木は建築のデザインにおいても前者のモデルを推奨《すいしょう》し、すべての形態と機能が一対一の関係になっ

問一　——線部①「アズに～わけではない」とありますが、この時の「唯人」はどのような気持ちですか。次のア～エの中から最も適当なものを選び、記号で答えなさい。

ア　動物園でとった家族写真はあるが、その後すぐにいなくなってしまった父のことを見捨てたので、父を家族とは思っていない

イ　動物園でとった家族写真はあるが、父は「唯人」にぼやいてばかりいて嫌《いや》な思いをしたので、楽しい思い出だとは思えない

ウ　動物園でとった家族写真はあるが、「アズ」が急いでいたので、いなくなった父のことをくわしく話す余裕《よゆう》がないと思った

エ　動物園でとった家族写真はあるが、その後父がいなくなったため父の記憶は何もなく、楽しい家族連れだったとは思えない

問二　[1]、[2] に当てはまる言葉は何ですか。次のア～オの中から最も適当なものをそれぞれ選び、記号で答えなさい。

ア　心　　イ　息　　ウ　事　　エ　足　　オ　気

問三　[A] ～ [C] に当てはまる言葉は何ですか。次のア～オの中から最も適当なものをそれぞれ選び、記号で答えなさい。ただし、同じ記号は一度しか選べません。

ア　のっそりと　　イ　堂々と　　ウ　ぽつんと　　エ　じっくりと

オ　ゆっくりと

問四　——線部②「あたし～ないんだ」とありますが、「アズ」が「バクハツする」のは、どのような気持ちの時ですか。次のア～エの中から最も適当なものを選び、記号で答えなさい。

ア　他人の目が気になり、悲しい気持ちになっている時

イ　母親の気持ちに同情できないどころか、腹立たしく思っている時

ウ　まわりに対するいらだちを感じ、それを持て余している時

エ　父親に怒《おこ》られて、くやしい気持ちになっている時

問五　——線部③「あっちで～こつん」とありますが、これは具体的にどのようなことですか。次のア～オの中から当てはまるものをすべて選び、記号で答えなさい。

ア　母親とけんかして部屋に閉じこもること

イ　母親に逆らえず大阪に連れてこられたこと

ウ　町をあてもなくあちこちとさまようこと

エ　八つ当たりをしてまわりの人と衝突《しょうとつ》すること

オ　ライオンに会うために突然走り出すこと

問六　——線部④「風が～通り過ぎていった」に関する説明として、最も適当と考えられるものはどれですか。次のア～エの中から選び、記号で答えなさい。

ア　「どこにもとどまることなく」は、よるべのない二人の不安な気持ちを表している

イ　「さらさらと」は、二人がそれぞれかかえている悩《なや》みのはかなさを強調している

ウ　「かわいた風」は、お互《たが》いの問題に関わらないようにしている二人の様子を強調している

エ　「動物園の空を通り過ぎて」は、動物園から家に早く帰りたい「唯人」の気持ちを表している

問七　——線部⑤「唯人の～重なった」とありますが、これはどのようなことですか。五十字以内でわかりやすく説明しなさい。

「そうやな。どないしたらええんやろ」
「わかんないよ」
「おれもわからんけど」
「考えてくれる？」
「おう」
　アズとおると、おれは言葉がすらすら出てくる。不思議や。
「どうしてこんなこと話したくなるんだろ。笑わないで聞いてくれる？」
「ええよ。言うてみ」
「大阪に来たばかりのころ、あたしは町をさまよってて、ふらりとここに着いたの。じっと見てたらライオンが起き上がってね、目が合ったんだよ。それだけじゃなくて、声も聞こえたの。帰る場所がないのはおまえだけじゃないぞって。本当だよ。本当に声が聞こえてきたの」
「うん」
「なあんだ、そうかって。あたしだけじゃなかったんだって。すっごく安心したの。だから彼はあたしの親友になったんだ」
「親友ってライオンのことやったんか」
「そうだよ。信じてくれる？」
「信じる」
　唯人ははっきりと言った。
「ありがとう」
　自分だけ外国におるとか、帰る場所があらへんとか、アズはそんなふうに思《おも》とったんやな。おれの父さんかて、この町に来てアズと同じような気持ちやったのかもしれん。
　ふいに、ライオンは立ち上がった。
　一歩ずつ近づいて来る。こわくなかった。それどころか、なんておだやかな、なんて温かい目を向けてくるんやろう。ほんまにアズのこと、見てるみたいや。
　彼は首を少しかたむけて、今にも何か言いだしそうな顔をしていた。
「ん？　何？」
　アズが身を乗り出したそのとき、ライオンは、小さく一つ、クシャミをした。
　フ、フォン。
　たてがみが、ばさっとゆれた。
「おれかて、ひとりぼっちやで」
　唯人がつぶやくと、アズはびくっと小さくふるえた。
　唯人を見る目になみだがもり上がっていく。
　なんちゅう顔するんや。……アホやな。
　アズはあわててコートのそでをのばすと、目元をおさえた。
　唯人の口からふっとこぼれた言葉が、アズの胸の深いところにすとんととどいたようだ。アズは何度もうなずいていた。⑤唯人のひとりぼっちと、アズのひとりぼっちが同じかどうかはわからない。でも、今、確かにそれは重なった。
「似合わないよね。雪の日のライオン」
「ほんま似合わへんな」
　あとからあとから落ちてくる白い雪。それは、唯人もアズもライオンも、やさしくあわく包みこんで降り続いた。

（志津栄子《しづえいこ》『雪の日にライオンを見に行く』）

「今度はなんや？」

「ママとけんか、かな。あたし学校休んだから、いろいろ言われちゃって……。一週間も部屋に閉じこもってたんだよ」

なんや、金沢に帰ってたんとちゃうんか。

「あのね、あたしね、ママと二人でこの町に来たんだ。ママったらね、突然《とつぜん》、パパと離婚《りこん》したいのに理由が見つからないって言い出すんだよ。それで単身《たんしん》赴任《ふにん》することになって、あたしはそのおまけ。パパと金沢に残りたかったのに、ダメだって。ママには逆らえなくってふり回されてばっかりなの」

アズはくやしそうに、スニーカーのつま先でライオンのサクをつんとけった。

しんどい話やな。アズはだれに向かっておこったらええのかわからへんのや。そやから、③あっちでこつん、こっちでこつん。ぶつかってばっかりなんや。

「ママはかわいそうなの。だってね、生きてきたすべてをやり直したいなんて、あたしに言うんだもの」

「ああ、だれかも同じようなこと言うてたわ」

「えっ？」

「おれのおっちゃん」

「そっかぁ。大人ってみんなそうなのかしら」

さあ、わからへんな。おれらまだ、やり直すほど生きてへんからな。

アズは唯人のほうに向き直った。

「おかしいの。あたし、唯人くんにアホって言われてもちっともいやじゃないよ」

「あっ、すまん」

悪気はないのに、つい言うてまうわ。

「いいよ、おこってないよ。あのね。ちゃんとお礼言ってなかった。この間、バスの中でかばってくれてありがとう」

「うん」

「すっごくうれしかった」

「ほんまか。なら、おれもよかったわ」

「なのにあたし、学校に行けなくなっちゃって、なんかはずかしい」

④風がふいて、足元にうっすらとたまっていた雪が、さらさらと飛ばされていく。粉雪は積もらない。どこにもとどまることなく、かわいた風に運ばれて動物園の空を通り過ぎていった。

「大阪の町って、ごちゃごちゃして落ち着かない。あたしは八つ当たりばかりしてるから、友達もいないし。だけどイラついてどうしようもなくて、町も学校も、ちっとも好きになれなくて。なんか、あたしだけひとりぼっちで外国にいるみたい」

アズってこんなふうに話すんやな。学校とは大ちがいや。「あすなろ園」のときも思ったけど、こっちのアズのほうがええな。バリアをはってない素《す》のまんまのアズ。

もうすぐ三学期やし、なんとかならんのかな。

「なぁ、まちがっとったらごめんやけど、ほんまはみんなと仲ようしたいんとちゃうか？」

「えっ、うん。仲よくとまでは思ってないけど……」

アズは少しの間、ライオンに目を向けた。

「こんなんじゃダメ……、だよね？」

「うそやろ」

雪国やんか。もっと寒いんちゃうの?

「本当だよ。ぼたん雪なんだもの。手のひらでつかまえられるよ。けど、大阪の雪はどうして冷たいんだろ。細かくて、目にささるような痛そうな雪しか降らないの」

ああ、聞いたことあるわ。気温が低いと粉雪になるんやな。大阪のほうが寒いんか。

そのとき、白いものがまい始めた。見上げると、暗い空から落ちてくるのは、アズの言う痛そうな雪にちがいなかった。

「わあ、やっぱり降ってきた!」

いきなりアズは走り出した。

おい、どこ行くんや。ちょ、ちょい待てよ、アズ。

唯人もあわてて追いかけた。がらんとした通路。全力で走っても、だれにもぶつかることはない。ポケットに入れていた手を出してガチで走った。

うわっ、足、速いな! こんなとこで鬼《おに》ごっこしてどないするんや。

「おい、アズ、アズ」

呼んでみたけど、止まらない。冷たい風が当たって、耳がピリッと痛くなる。

数メートルほど先で、アズはようやく立ち止まった。

「来たよ!」

静かな動物園にアズの声がひびいた。

何を見てるんや?

[2] をはずませて、唯人はアズのとなりにならんだ。

アズが見ていたのは一頭のオスのライオンだった。ライオンはねむりこけていた。横向きにねそべったお腹《なか》が、スースーと大きく上がり下がりしている。

ああ、夜行性やからな。昼間はねとるんや。

冷たい指先をこすりながら、しばらく見ていると、ライオンが [A] 体を起こした。はく息が、[B]、白いけむりのように空に上っていく。

雪の日のライオン。

それは、一枚の絵のように静かだった。

[C] すわった一頭のライオン。りっぱなたてがみだけが王様だった過去の名残《なごり》のようだ。それだって、どこか作り物のようにうそっぽく見える。ライオンは居心地《いごこち》が悪そうな顔をしていた。場ちがいなところに来ちまった。雪なんか降ってどうするんだと途方《とほう》にくれている。唯人にはそんなふうに見えた。

「またやっちゃった」

アズが口を開いた。

「バクハツか?」

「うん」

「アホやなぁ」

ぱっと、アズが唯人の顔を見た。

あっ、しまった。ついアホなんて言うてしもた。バクハツもや。また言葉がきついなんて言われそうや。

「そうだよ。②あたし、バクハツするの自分ではどうしようもないんだ」

へっ、おこらへんのか。ひょうしぬけや。というか、アズはみんながバクハツと言うてるのを知ってたんやな。

【国　語】（四〇分）〈満点：八〇点〉

一　次の文章を読んで、後の問いに答えなさい。

「唯人《ゆいと》」は母と二人暮らしである。「唯人」のクラスに転校してきた「アズ」はクラスにとけこもうとせず、老人福祉施設《ふくししせつ》「あすなろ園」を訪問した帰りのバスの中で、クラスメイトにからかわれてしまう。その時「唯人」は「アズ」をかばうが、「アズ」はその後学校を休み続けた。冬休みに二人は町で偶然《ぐうぜん》会い、「唯人」は「アズ」に誘《さそ》われて動物園に行くことになる。

天王寺《てんのうじ》動物園のゲートをくぐる。冬の動物園に来る人は少なかった。

「ここに来たことあるでしょ」

「うん」

「だれと来たの？」

アズに聞かれて、ちょっと考えた。

「覚えてるんは幼稚園《ようちえん》の遠足やな」

「それから？」

「そんだけや」

「家族でいっしょに来たりしなかったの？　肩車《かたぐるま》とかベビーカーとか、楽しそうな家族連れがよく来てるでしょ」

「うちはそんなことせぇへんかったな」

「ふうん」

①アズにうそをついたわけではない。

父さんと母さんと唯人。三人で動物園でとった写真がある。あれが楽しそうな家族連れだとは思いたくなかった。その年、春を待つことなく、父さんは唯人たちの前からいなくなってしまったのだ。だから唯人の記憶《きおく》の中に父親のことなんかひとかけらもない。

歩いていくうち、唯人はあっと気がついた。

ここであの写真をとったんやな。

売店はいくつかあったけれど、シマウマのベンチが残っていたからまちがいない。いつだったか母さんが話していたのを思い出して、心の中でそっとなぞってみる。

――めずらしく雪が積もった日でな、竜次《りゅうじ》さん、ダウンジャケット着てはるやろ。それをぬいでうちの背中にかけてくれたんや。唯人ごとすっぽり包まれてな、ほんま幸せやった。冬の動物園もええもんやったで。

けど、何も覚えてへん。そんなんは来たうちに入らへん。

唯人は自分でそう決めつけていた。

――ここにおる動物は、ほとんどが南の国から連れて来られたんや。寒そうや。かわいそうや言《ゆ》うて、いちいち立ち止まってぼやいとったな。

その話は何度か聞いたけど、ちっとも楽しそうやない。なら、動物園なんかに来なければいいのにと思った。

「あたしは、ひとりで来るんだ」

「そうなんや」

「だれもいないときね、彼《かれ》と目線が合うことがあるの。それってほとんどキセキよね。彼はあたしのこと待っててくれる気がするの」

「彼ってだれや？」

唯人が聞いても、アズはこたえない。［ 1 ］が急《せ》くのか、早足でどんどん歩く。歩きながら思いついたまま話し始める。

「ねぇ、金沢《かなざわ》の雪はすっごく温かいんだよ」

第1回

2024年度

解　答　と　解　説

《2024年度の配点は解答欄に掲載してあります。》

＜算数解答＞

1　(1)　$\frac{14}{3}\left[4\frac{2}{3}\right]$　(2)　500g　(3)　7秒　(4)　A＝5　B＝7　C＝13
　(5)　116度　(6)　12：5

2　31人　3　(1)　6cm^2　(2)　48cm^2　4　$62\frac{2}{3}$cm^3

5　(1)　$1\frac{5}{7}$秒後　(2)　4秒後　(3)　$3\frac{3}{7}$秒後

6　(1)　13　(2)　21・25・30・32・36

○配点○

1(1)～(3)，6(1)　各5点×4　2，3(2)，4　各8点×3　5(2)　7点　5(3)　9点
6(2)　10点(完答)　他　各6点×5(1(4)完答)　計100点

＜算数解説＞

重要　1　**(四則計算，割合と比，速さの三公式と比，通過算，単位の換算，和差算，平面図形)**

(1)　$\left(\frac{28}{3}\div7-\frac{1}{6}\right)\times4=\frac{16}{3}-\frac{2}{3}=\frac{14}{3}$

(2)　右図…色がついた部分の面積が等しく，求める重さは200×(10－5)÷(5－3)＝500(g)

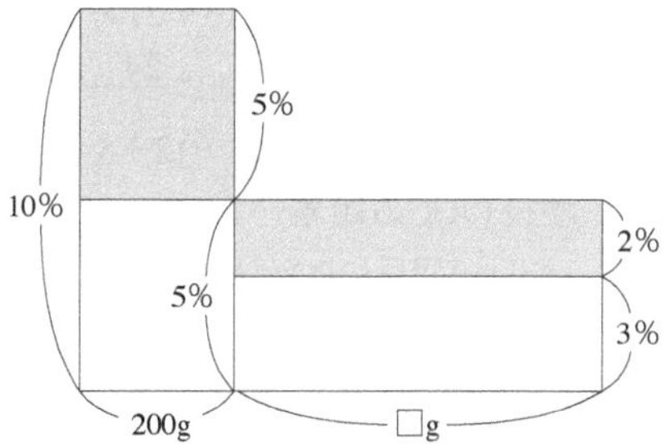

(3)　時速54km…秒速54000÷3600＝15(m)　時速90km…秒速90000÷3600＝25(m)　したがって，求める時間は(150＋130)÷(15＋25)＝7(秒)

(4)　A＋B＝12　A＋C＝18　B＋C＝20　C－B＝18－12＝6　したがって，B＝(20－6)÷2＝7，A＝12－7＝5，C＝18－5＝13

(5)　角ア…右図より，(23＋35)×2＝116(度)

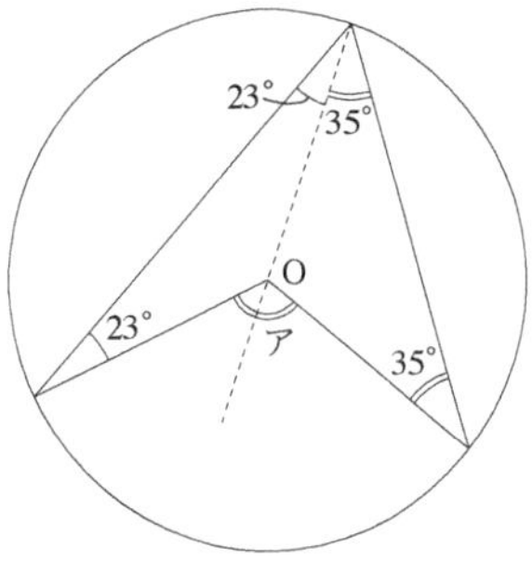

(6)　(8÷2)：(5÷3)＝12：5

重要　2　**(統計と表)**

合計点が5点でBを正解した人…右表より，25－(10＋6＋5)＝4(人)　したがって，Cを正解した人は10＋6＋7＋12－4＝31(人)

	A	B	C	
(点)	(2)	(3)	(5)	(人)
10	○	○	○	10
8	×	○	○	6
7	○	×	○	7
5	○	○	×	12
5	×	×	○	
3	×	○	×	5
2	○	×	×	6
0	×	×	×	4
			計	25

重要 **3** (平面図形)

(1) 図1…6×2÷2=6(cm^2)

(2) 図2…4×2÷2×12=48(cm^2)

図1

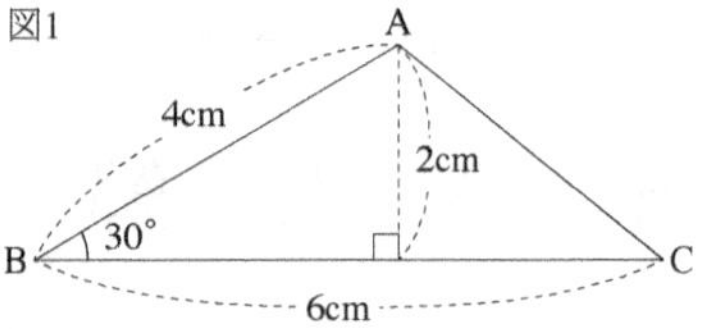

図2

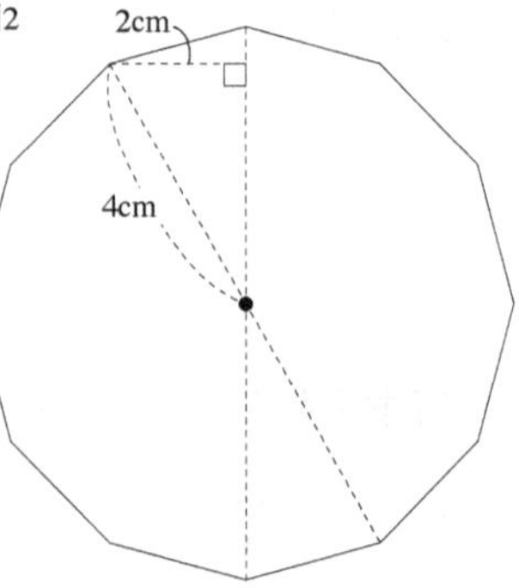

重要 **4** (平面図形，立体図形)

下図…$4\times4\times4-2\times2\div2\times2\div3=64-\frac{4}{3}=62\frac{2}{3}$(cm^3)

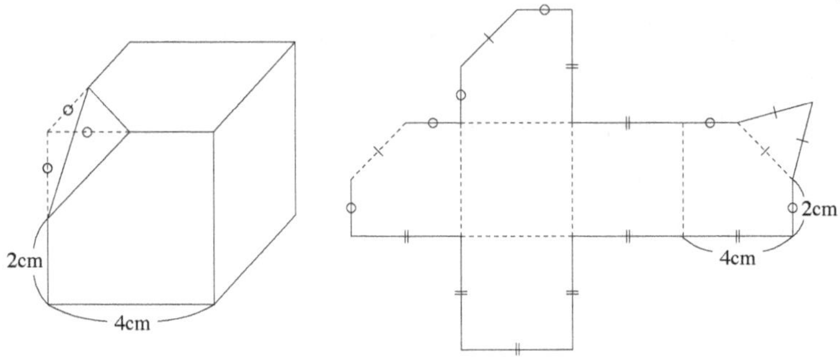

5 (速さの三公式と比，旅人算，割合と比，平面図形，図形や点の移動)

P…秒速5cmでAD間を1往復する

Q…秒速2cmでCB間を1往復する

2点…同時に出発する

重要 (1) PQがABと初めて平行になるとき　QCの距離…右図より，$12\div(5+2)\times2=\frac{24}{7}$(cm)　したがって，求める時刻は$\frac{24}{7}\div2=\frac{12}{7}$(秒後)

(2) PがDに着く時刻…12÷5=2.4(秒後)　2.4秒後のQCの距離…2×2.4=4.8(cm)　したがって，2回目にPQがABと平行になるときは2.4+4.8÷(5−2)=4(秒後)

やや難 (3) PQが長方形の面積を2等分するとき…PがDに着いた後　2.4秒後のQCの距離…(2)より，4.8cm(右下図)　②の長さ…$(12-4.8)\div(5+2)\times2=\frac{72}{35}$(cm)　したがって，求める時刻は$2.4+\frac{72}{35}\div2=\frac{24}{7}$(秒後)

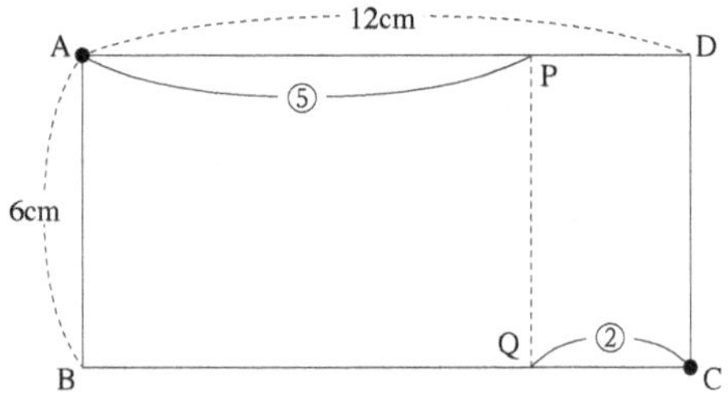

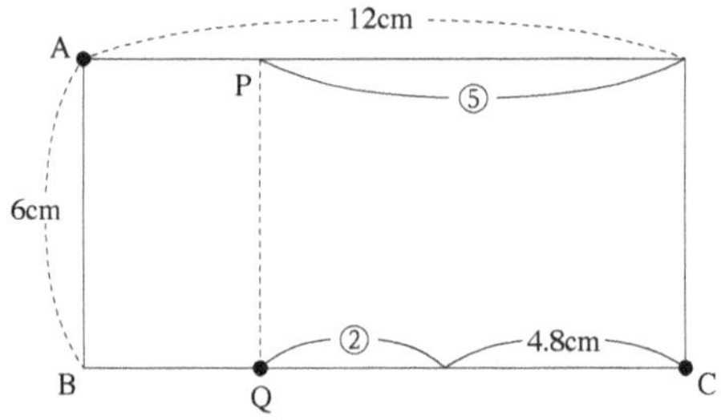

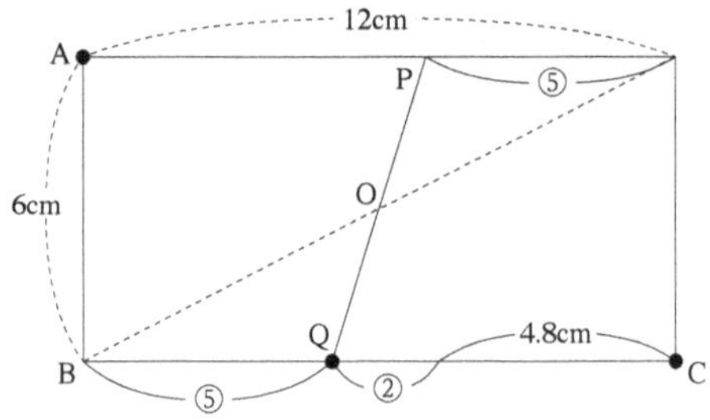

重要 **6** (数の性質)

(1) 108=2×2×3×3×3　したがって，求める数は2×2+3×3=13

(2) 10=2×5の場合…2×2×2×2×2=32　10=2×2+3×2の場合…2×2×3×3=36　10=2+3+5の場合…2×3×5=30　10=3+7の場合…3×7=21　10=5×2の場合…5×5=25

★ワンポイントアドバイス★

特に難しい問題があるわけではなく，[1]の6題でしっかりと正解に達することが第1のポイントである。[5](3)「PQが長方形を初めて2等分するとき」は，「PがDに着いた後」に気づくことがポイントである。[6]は，難しくない。

＜理科解答＞

[1] 問1 (1)

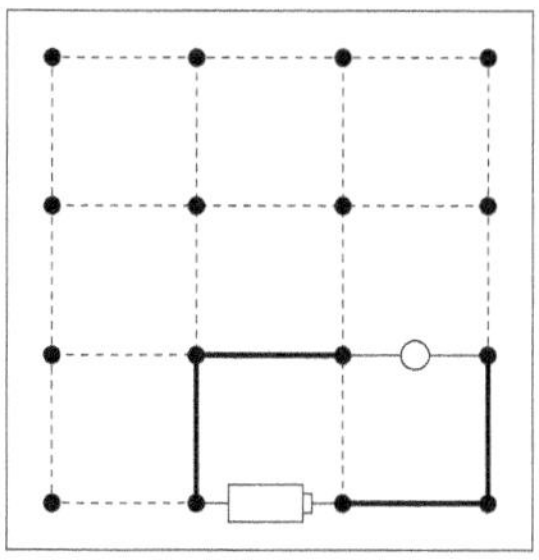

(2) 14(個)　　問2 (1)

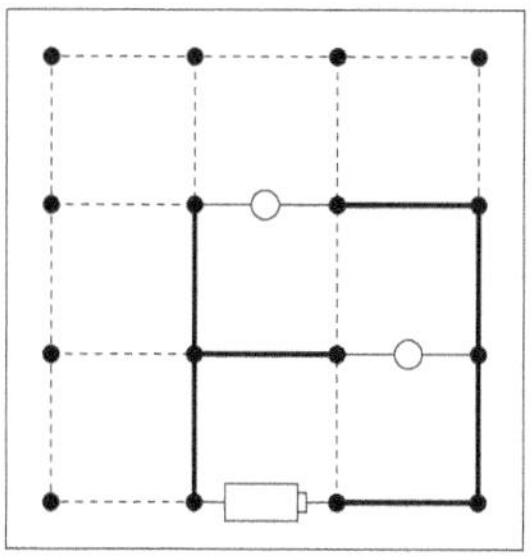

(2) (導線パーツ) 4(個)　　(かん電池パーツ) イ

(3) 直列(つなぎ)　　問3

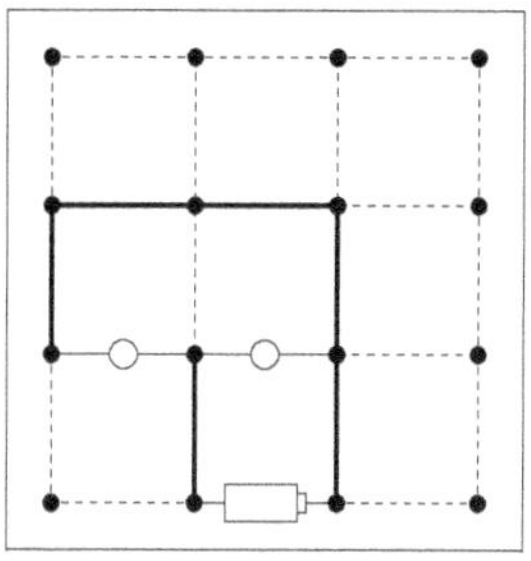

[2] 問1 (気体A) エ　(気体B) イ，ク　(気体C) エ，サ

問2 (1) 塩酸　(2) (例) 水に溶けにくい性質

(3) ② ウ　③ イ　(4) 240(cm^3)

[3] 問1 (1) A かん臓　B 小腸　C じん臓　(2) あ

(3) け　(4) き　(5) お　問2 (1) ウ　(2) カ

問3 (1) 4900(mL)　(2) 7056(L)

[4] 問1 (1) シリウス　(2) B おおぐま座　C オリオン座　(3) 40，58，88

(4) ア，アンタレス　問2 (1) 北斗七星　(2) エ　問3 ウ

○配点○

[1] 問2(1) 3点　問2(3) 1点　他 各2点×4(問2(2)完答)

[2] 問1 各1点×3　他 各2点×5　[3] 問3(2) 2点　他 各1点×10

[4] 問1(1)，(3)・問2(1)・問3 各2点×4(問1(3)完答)　他 各1点×5　計50点

＜理科解説＞

[1] (回路と電流─豆電球と回路)

問1 (1) 導線を追加して，かん電池と豆電球を辺にふくむような最も小さい長方形をつくればよい。

やや難　(2) かん電池の＋極から図の豆電球の右側，かん電池の－極から図の豆電球の左側がつながるように，最も道のりが長くなるように導線を追加する。すると，右の図のようになり，導線パーツの数は14個となる。

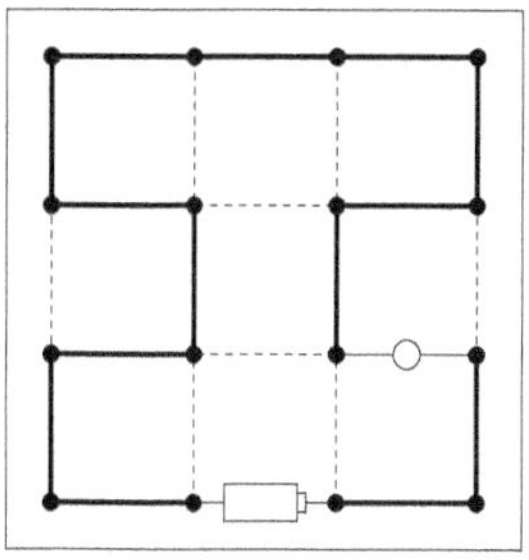

問2 (1) 図2はかん電池1個で豆電球1個を光らせている。かん電池1個で豆電球2個を図2のときと同じ明るさで光らせるためには，豆電球2個を並列につないだものがかん電池につながるようにす

ればよい。　(2), (3)　かん電池2個で豆電球2個を図2と同じ明るさで光らせるには，かん電池2個と豆電球2個が直列につながるようにすればよい。すると，右の図の㋐または㋑のようになり，いずれの場合でもかん電池は(イ)の向き，導線パーツは4個となる。

㋐

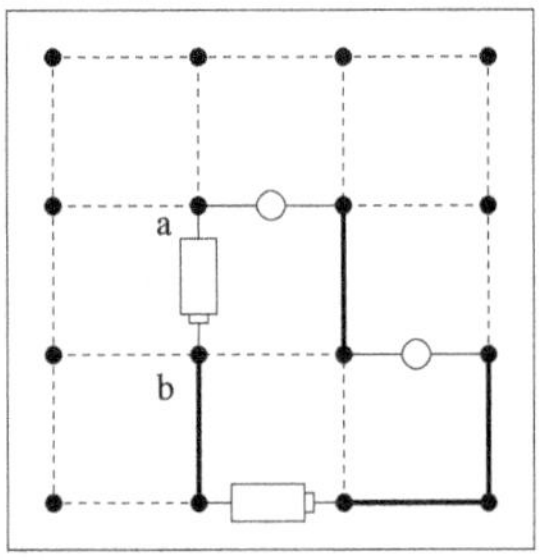

㋑

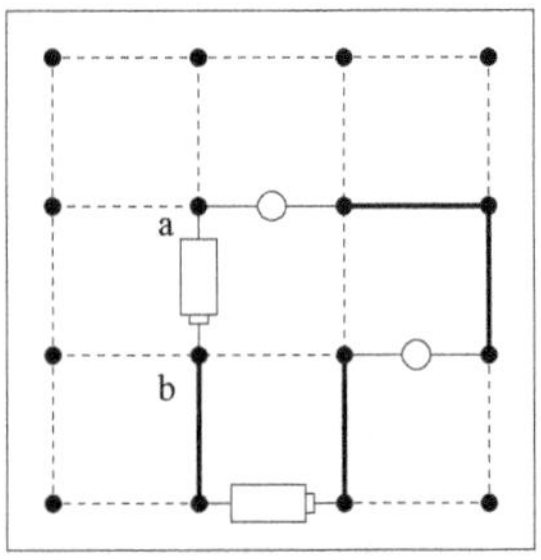

やや難　問3　豆電球2個を並列につないだものがかん電池につながるような回路にするために，2つの豆電球がつながっている点とかん電池の－極側をつなぎ，直列につながった2つの豆電球の両端とかん電池の＋極側がつながるようにすればよい。

2　(気体の発生・性質―いろいろな気体の性質・二酸化炭素の発生)

基本　問1　気体Aは塩化水素，気体Bは酸素，気体Cは水素である。　気体A…塩化水素の水溶液は塩酸で，うすい塩酸を熱すると塩化水素が発生する。　気体B…酸素は過酸化水素水に二酸化マンガンを加えると発生する。　気体C…水素はうすい塩酸にスチールウールを加えると発生する。

やや難　問2　(1)　固体がドライアイスである気体Eは二酸化炭素である。二酸化炭素は石灰石に塩酸を加

重要　えると発生する。　(2)　図1の集め方を水上置換法といい，水に溶けにくい気体を集めるのに適

やや難　している。　(3)　気体Eは水溶液Dと石灰石が反応して発生する。そのため，①～④において石灰石1gが完全にとけていることから，気体の発生に使われた石灰石の量は①～④で同じであり，発生する気体Eの体積も同じになる。④で気体Eが200cm^{3}発生したことから，①～③でも発生した気体は200cm^{3}とわかる。石灰石の粒の大きさは反応速度に関係し，粒が小さいほど反応がはやく進む。これらのことから，石灰石の粒の小さい③の結果を示したグラフはイ，石灰石の粒の

重要　大きい②の結果を示したグラフはウとなる。　(4)　水溶液に水を加えても溶けている物質の量は変わらないので，石灰石1.2gと反応した水溶液は水溶液D90cm^{3}とみなすことができる。(3)の④では，水溶液D120cm^{3}が石灰石1gと反応して気体が200cm^{3}発生している。(4)のときも(3)④のときも石灰石は完全にとけていることから，どちらの場合も発生した気体の体積は石灰石の重さに比例する。よって，(4)で発生した気体の体積は　$200(\mathrm{cm}^3)\times\dfrac{1.2(\mathrm{g})}{1(\mathrm{g})}=240(\mathrm{cm}^3)$

3　(人体―ヒトの臓器のはたらき)

重要　問1　(1)　じん臓，かん臓，小腸と心臓の間の血液の流れは，心臓→じん臓→心臓，心臓→かん臓→心臓，心臓→小腸→かん臓→心臓となる。よって，Aがかん臓，Bが小腸，Cがじん臓である。　(2)　二酸化炭素は肺で血液中から肺の中の空気に出される。よって，二酸化炭素を最も多くふくむ血液が流れるのは，心臓から肺へ向かう血液が流れる血管(あ)である。　(3)　にょう素はじん臓で血液中からこし出される。よって，にょう素などの不要物が最も少ない血液が流れるのは，じん臓を通過してすぐの血液が流れる血管(け)である。　(4)　食べものにふくまれる養分は小腸で吸収される。よって，食後に養分を最も多くふくむ血液が流れるのは，小腸を通過してすぐの血液が流れる血管(き)である。　(5)　小腸で吸収された養分はかん臓にいったんたくわえられる。よって，空腹時に養分を最も多くふくむ血液が流れるのは，かん臓を通過してすぐの血液が流れる血管(お)である。

重要　問2　(1), (2)　心臓を(1)の選択肢の向きで見たとき，左上の部屋を右心ぼう，左下の部屋を右心室，右上の部屋を左心ぼう，右下の部屋を左心室という。血液は，全身→大静脈→右心ぼう→右心室→肺動脈→肺→肺静脈→左心ぼう→左心室→大動脈→全身　と流れる。

問3　(1)　70(mL)×70(回)＝4900(mL)　(2)　1日＝60(分)×24＝1440(分)なので，(1)より，

4900(mL)×1440＝7056000(mL)＝7056(L)

4 (星と星座－星と星座)

基本 問1 (1) 地球から見える最も明るい星はおおいぬ座のシリウスである。 (2) 地球から見える星座を五十音順に並べているので，Aにはおおいぬ座，Bにはおおぐま座，Cにはオリオン座，Dにはカシオペヤ座，Eにはこいぬ座，Fにはさそり座，Gにははくちょう座，Hにはわし座があてはまる。 (3) 夏の大三角は，こと座(40)のベガ・はくちょう座(58)のデネブ・わし座(88)の
やや難 アルタイルによってつくられる。 (4) F(さそり座)は(ア)で★はアンタレスである。(イ)はしし座で★はレグルス，(ウ)はおおいぬ座で★はシリウス，(エ)はおうし座で★はアルデバランである。

重要 問2 (1) 図はおおぐま座を表していて，★の部分は北斗七星とよばれている。 (2) 北極星は北斗七星を基準に見つけることができ，図の(エ)の方向に北極星はある。

重要 問3 北の空の星は北極星(図の☆)を中心に，1時間で反時計回りに15度動いて見える。よって，3時間では反時計回りに 15(度)×3＝45(度)動いて見え，(ウ)の位置に見える。

★ワンポイントアドバイス★

基本～標準的レベルの問題が中心だが，計算問題や思考力を必要とする問題も出題されるので，いろいろな形式の問題にとり組んで慣れておこう。

＜社会解答＞

1 問1 (1) エ (2) シベリア出兵を見越して，米屋が米を買い占めたから。
問2 シラス台地 問3 ハザードマップ 問4 平将門 問5 **あ** 1192(年)
い 1183(年) **う** 1185(年) **え** 1180(年) 問6 (1) 鉄道輸送や船舶輸送の方が自動車輸送に比べ，一度に大量に輸送することができるため。 (2) 戸口から戸口への直接の輸送ができなくなり，不便になってしまう。 問7 定免法 問8 ア 問9 イ
問10 エ 問11 若狭(湾) 問12 エ 問13 (1) 10% (2) イ
問14 (1) エ (2) 少子化によって生産年齢人口が減ったため歳入が減少した。さらに，高齢化によって社会保障費が増えて歳出が増加し，結果として政府の借金が増えた。
問15 イ

○配点○

1 問1(2)・問14(2) 各4点×2 問6(1)・(2) 各3点×2 他 各2点×18 計50点

＜社会解説＞

1 総合問題－「社会科の授業内の会話」を起点とした問題

基本 問1 (1) 米の都道府県別生産量は，1位が新潟県，2位が北海道，3位が秋田県となる。
重要 (2) 「シベリア出兵」「買い占め」を踏まえた答案をまとめていきたい。
問2 シラス台地は鹿児島県の約半分と宮崎県の約20%にわたる広大な面積に広がっている。
問3 ハザードマップは災害予測地図とも称されている。
問4 平将門の乱は10世紀前半に起こった。
問5 **あ** 「将軍に任命＝征夷大将軍に任命」となる。 **い** Cさんの会話中の空欄**い**直後に「東国

で力を認められた」とあることに注目したい。 **う** 空欄**う**直前の「犯罪を取り締まる」「全国で設置」等の文言を踏まえたい。 **え** 「朝廷から何の権限も与えられていません」の部分に注目したい。

重要 問6 (1) 鉄道・船舶が大量に輸送できることを踏まえた答案をまとめていきたい。 (2) 輸送上の小回りが効きにくいことに触れたい。

問7 米の出来不出来によって年貢額が変わる方法を検見法という。

問8 ア 四万十川は高知県を流れる河川である。

問9 ア 「将軍の作った」が不適。 ウ 「藤原元命」が不適。 エ 「名主～」は江戸時代の説明となる。

基本 問10 アは太平洋側，イは北海道，ウは瀬戸内の雨温図となる。

問11 若狭湾はリアス海岸としても有名である。

問12 ア 「6歳以上」が不適。 イ 「教育勅語」が不適。 ウ 学童疎開は太平洋戦争中に実施された。

基本 問13 (1) 2019年に消費税率が現行の10%となった。 (2) 立法機関である国会が決める。

重要 問14 (1) ア 「平成に入って」が不適。 イ 「昭和の頃から」が不適。 ウ 「令和に入るまで」が不適。 (2) 「少子化→生産年齢人口減」「高齢化→社会保障費増」という観点でまとめていきたい。

問15 X 東京・大阪・名古屋はともに山地ではなく平野に位置している。 Y 「日本海側」は西回り航路である。 Z マイナンバーカードは行政の効率化・デジタル化の一環で発行されている。

★ワンポイントアドバイス★

本校は本格的な記述問題が出題されるので，日頃から答案作成のトレーニングを積んでおこう。

＜国語解答＞

一 問一 ウ 問二 イ 問三 エ 問四 イ 問五 ウ 問六 エ
問七 (例) 蔵の微生物は時を重ねるうちに独自の進化をして，その微生物がつくりだす味や香りの成分が蔵独特の風味の決め手となるから。

二 問一 Ⅰ カ Ⅱ イ Ⅲ エ 問二 イ 問三 エ 問四 ア
問五 ことばつかい 問六 ウ 問七 (例) どちらかが一方的に相手をすべて受け入れるというのではなく，お互いに支えあっているような関係。 問八 エ
問九 Ⅰ 百回め Ⅱ 胸のうちではもっとつぶやいていた Ⅲ (例) こよみさんが何か悪いことをしてしまった

三 ① 練(る) ② 展望 ③ 効能 ④ 積乱雲 ⑤ 追求 ⑥ 取捨
⑦ 快挙 ⑧ 馬耳東風

○配点○

一 問六 3点 問七 12点 他 各4点×5

二 問一 各2点×3 問七 8点 問九Ⅰ・Ⅱ 各3点×2 Ⅲ 5点 他 各4点×6

三 各2点×8 計100点

＜国語解説＞

一 (説明文－要旨・大意・細部の読み取り，空欄補充，記述力)

重要 問一　Ⅰは，「地獄のもろみまぜ」の作業をしている康夫さんが，「せっせともろみを発酵させている微生物の気配」に「対話しているような時間が楽しく」感じられる言葉なのでウが適当。Ⅰ直後の様子をふまえていない他の選択肢は不適当。

基本 問二　木桶の中の「もろみの発酵」について「その姿は……」で始まる段落で，「微生物が酸素を吸って元気に働けるよう，かきまぜて空気を送ってや」る作業は「たいへんな重労働なので，康夫さんは，この作業を『地獄のもろみまぜ』と呼んでい」ることを述べているのでイが適当。この段落内容をふまえていない他の選択肢は不適当。

問三　――線部②の「再仕込み醤油」について冒頭の段落で，「再仕込み醤油は，塩水のかわりにできあがった醤油を使い……『醤油で醤油を仕込む』……ことになるので，とても濃厚な味わいにな」ること，②直後で「四年の歳月をかけて」作られることを述べているのでエは適当だが，ウは不適当。アの「一パーセント」は「日本で生産されている醤油のうち，木桶でつくられている醤油の割合」なので不適当。イは「醤油を使って……」で始まる段落内容と合わないので不適当。

問四　「木桶でつくる醤油は……」で始まる段落で，「木桶でつくる醤油は……熟成するのに一年から二年，再仕込み醤油の場合は仕込みに使う醤油づくりから数えて四年かか」ることを述べているのでイが適当。この段落内容をふまえていない他の選択肢は不適当。

重要 問五　――線部④は直前で，「桶職人が絶滅の危機になっていること」で「『新しい桶がつくれんということは，これから一〇〇年たたんうちに，ほんまに桶がなくなる……』」と康夫さんが話していることに「この先もありつづけると……思っていた……その木桶が，いずれなくなる」という「事実をつきつけられた」ことの「感覚」なので，「木桶」ではなく「桶職人」のことを説明しているウは不適当。

問六　Ⅱは直前の2段落で述べているように，その木桶の中だけにすみついている，その蔵独自の酵母や菌といった微生物の環境のことなので，微生物が関わりあっている環境や全体のあり方という意味のエが適当。アは食うものと食われるものの関係で結びついた生物間のつながり。イは身体の異常を発見し，正常な状態に戻そうとする力。ウは外部からの影響にどれだけ長く抵抗できるかを示す性能のこと。

やや難 問七　――線部⑤直前の2段落で述べているように，⑤の「個性」はその木桶の「微生物」によって決まり，この「微生物」について「木桶の板は……」から続く2段落で，「木桶の板……の小さな穴に……その蔵独自の微生物がたくさんすみついて……時を重ねるうちに，独自の進化をして……その独自の微生物がつくりだす味や香りの成分が，蔵独自の醤油や味噌の風味の決め手にな」る，と述べているので，この部分を⑤の理由として指定字数以内でまとめる。

二 (小説－心情・情景・細部の読み取り，空欄補充，記述力)

基本 問一　Ⅰは「おちつく」ことなので，静まり返ったさまを表すカ，Ⅱは休む間もなく行うさまを表すイ，Ⅲはさっさと早くという意味のエがそれぞれ当てはまる。

問二　――線部①は，「こよみさんがつかうことばは，いつも『あっ，これがそうなんか』というそのときの様子とぴったりかさなるのだ」というように「おそわった」ということなのでイが適当。①直前の咲の心情をふまえていない他の選択肢は不適当。

問三　――線部②は「『……うれしくなるし，せつなくなるねえ』」と感じている自分の胸を抱きしめている様子なのでエが適当。②直前のこよみさんの言葉をふまえ，今感じている思いをかみしめていることを説明していない他の選択肢は不適当。

問四　――線部③の「のに」は逆接の意味を表し，「クマムシ」は「一ミリもみたないのに」「クマのように」歩く，ということなのでアが適当。小さいクマムシが大きいクマのように歩いているということを説明していない他の選択肢は不適当。

問五　Aは「そのときどきの心とぴったりのことばをつかう」ことと「魔法つかい」をかけ合わせた言葉が考えられるので，「ことばつかい」が入る。

問六　――線部④は，絵のコンテストに選ばれなかったことに，浅子がかけてくれた「『おしかったね』」と「ほほえんだように」言っているように思えて「むしょうに腹が立った」咲の様子なのでウが適当。④前の咲の心情をふまえていない他の選択肢は不適当。

やや難　問七　――線部⑤・⑥は，そーふとこよみさんは「カップ」の中身のコーヒーがこぼれても，それを全部受けとめる「ソーサー」のような関係で，どちらが「カップ」あるいは「ソーサー」であるかは決まってはいない，ということなので「どちらかが一方的に相手をすべて受け入れるというのではなく，お互いに支えあっているような関係」というような内容で，二人の関係を指定字数以内で説明する。

問八　Bはこよみさんがつけていた今年の家計簿のことで，「この間の……」から続く2行で描かれているように，咲の一月の誕生日の一カ月後にこよみさんは亡くなっていることから，今年の家計簿は咲の誕生日から一カ月経った後は，何も書かれていないことが読み取れるのでエが適当。B前後で「『……どのページにもこよみさんが出てくる。そやのに，……』『見るとつらい……』」とかあさんが話していることも参考にする。

重要　問九　Ⅰは「そうか，……」の直後でそーふが話している「百回め」が当てはまる。Ⅱは「ずっとそのことを考えていた」ことがわかる描写なので，「今度，……」直前のこよみさんのセリフから「胸のうちではもっとつぶやいていた」が当てはまる。Ⅲは直前の「『話すにはちょっと勇気のいる』さもしい話」「さもしいって……『心が汚れている』というような意味」ということを華子さんと晃子さんの会話から「こよみさんが何か悪いことをしてしまった」といった内容が当てはまる。

三　(漢字の書き取り)

①の音読みは「レン」。熟語は「訓練」など。②は見通すこと。③はよい結果をもたらすはたらきやききめ。④は発達して雨や雷を伴う雲。⑤は追い求めること。同音異義語で，追いつめる意味の「追及」，明らかにしようとする「追究」と区別する。⑥の「取捨選択」は多くのものから取るものと捨てるものを選び分けること。⑦は胸がすっとするような見事な行為。⑧は他人の意見などを気にとめず聞き流すこと。

★ワンポイントアドバイス★

説明文では，段落ごとの要旨をおさえて全体の流れをつかんでいこう。

第2回

2024年度

解　答　と　解　説

《2024年度の配点は解答欄に掲載してあります。》

＜算数解答＞

1　(1)　40　　(2)　21cm　　(3)　9：16　　(4)　30日　　(5)　時速6.125km

2　(1)　21　　(2)　4　　3　(1)　$\frac{7}{8}$倍　　(2)　解説参照　　(3)　解説参照

4　(1)　ア　　(2)　ウ，14cm^3　　5　(1)　9通り　　(2)　25通り

6　(1)　6　　(2)　1・3・5・7　　(3)　1kg・9kg・17kg・25kg

○配点○

2(1)，3(1)，5(1)，6(2)　各4点×4(6(2)完答)　　6(1)　3点　　6(3)　6点(完答)

他　各5点×11(4(2)完答)　　計80点

＜算数解説＞

重要　1　(四則計算，割合と比，相当算，平面図形，相似，速さの三公式と比)

(1)　$(6+2)\times5=40$

(2)　水面の高さ…右図より，$(20-6)\div2\times3=21$(cm)

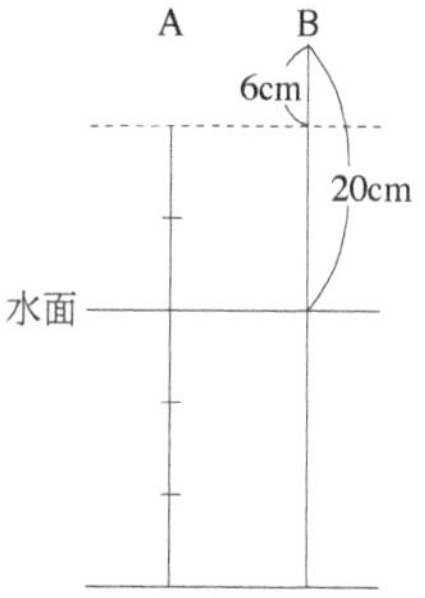

(3)　相似である三角形…直角三角形ABC，DBA，DAC　　BD＝9のとき　　AD…$9\div3\times4=12$　　DC…$12\div3\times4=16$　　したがって，求める比は9：16

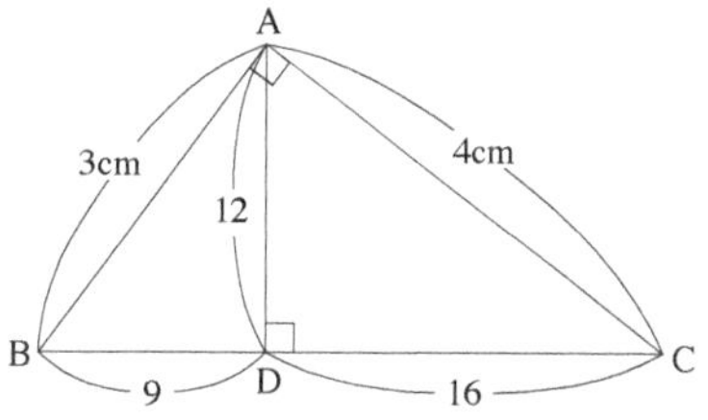

【別解】$1:\left(\frac{4}{3}\times\frac{4}{3}\right)=9:16$

(4)　仕事全体の量…10，15の最小公倍数30　　A・B・C3人でする1日の仕事量…$30\div10=3$　　B・C2人でする1日の仕事量…$30\div15=2$　　したがって，A1人でする場合の日数は$30\div(3-2)=30$(日)

(5)　時速4kmで進む場合と時速7kmで進む場合の時間の比…7：4　　時速7kmで進む場合の時間…$(17+4)\div(7-4)\times4=28$(分)　　予定時刻までの時間…$28+4=32$(分)　　したがって，求める時速は$7\times\frac{28}{32}=\frac{49}{8}=6.125$(km)

2　(演算記号)

基本　(1)　$(5+2)\times(5-2)=21$

重要　(2)　$(8+A)\times(8-A)=48=12\times4=(8+4)\times(8-4)$より，A＝4

重要　3　(割合と比，平面図形，図形や点の移動)

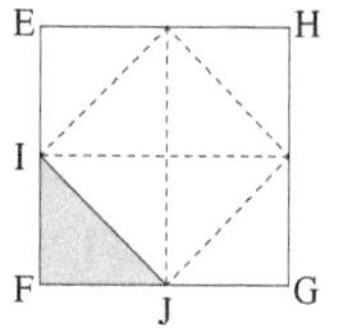

(1)　右図　　五角形IJGHEの面積…正方形EFGHの面積の$\frac{7}{8}$倍　　したがって，求める割合は$\frac{7}{8}$倍

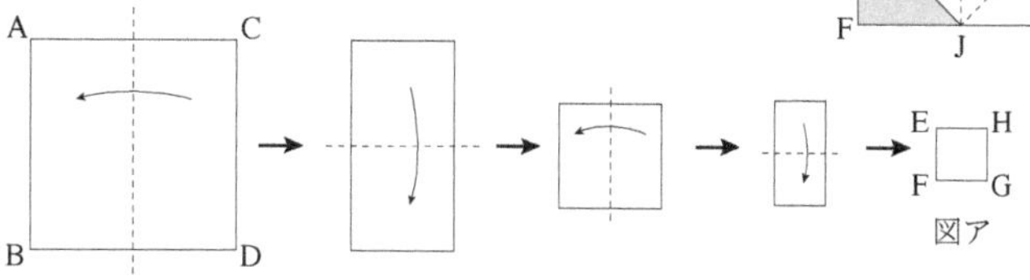

図ア

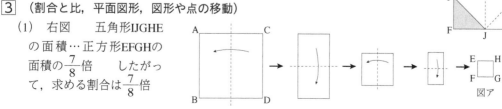

(2) 折り紙を順に広げると，下図のようになる

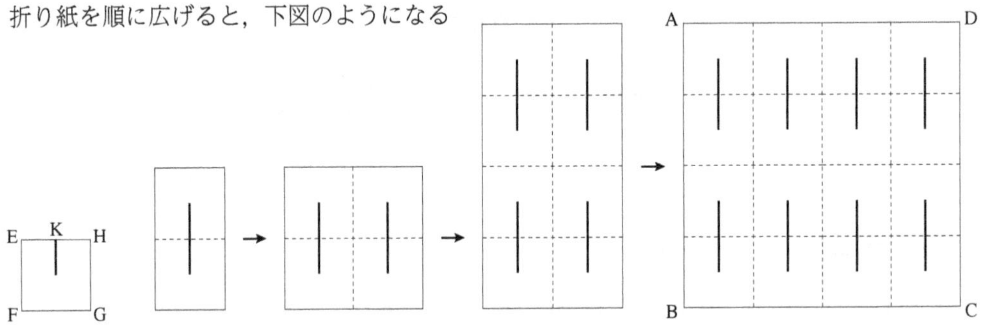

(3) 縦に広げるとき…EHの辺が折り目になっている　横に広げるとき…HGの辺が折り目になっている　したがって，右図のように切り取る

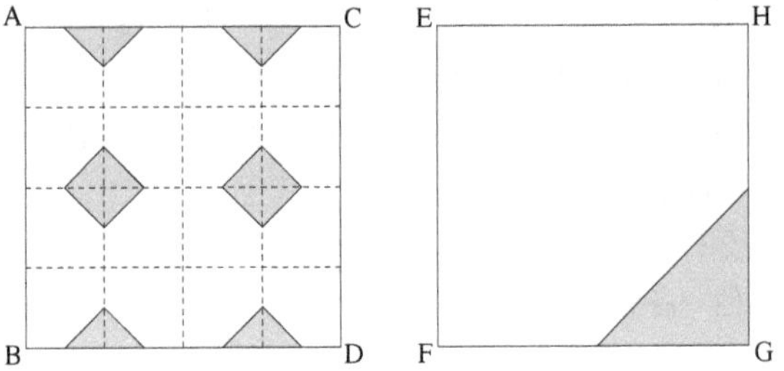

重要 4 (平面図形，立体図形)

(1) ア…下図より，ABとCBの長さが同じではないので，三角錐ができない

(2) ウの体積…4×7÷2×3÷3＝14(cm³)

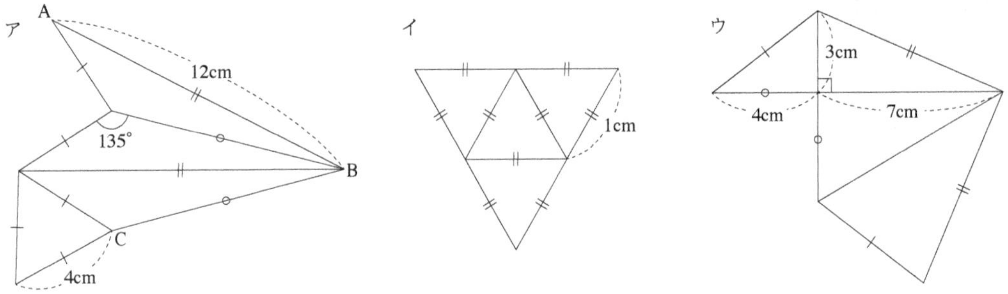

5 (平面図形，図形や点の移動，場合の数)

2回動くとき…3通り

重要 (1) 3回動くとき…3×3＝9(通り)

やや難 (2) 右図の場合…それぞれについて，4回目の位置は2通り　したがって，4回動くときは全部で3×3×3−2＝25(通り)

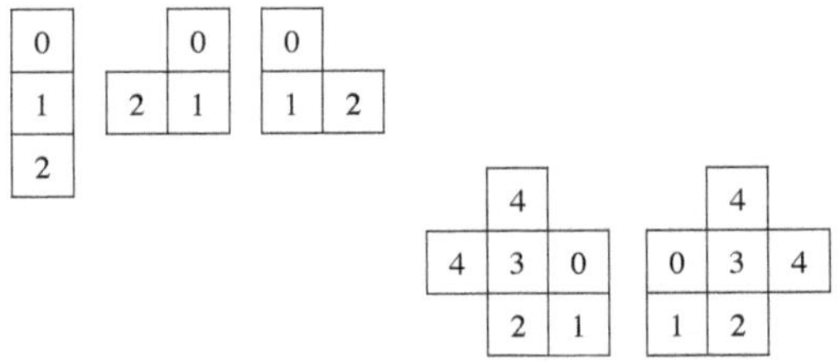

6 (数の性質，規則性)

基本 (1) 30÷8＝3…6より，6

(2) 6×1÷8の余り…6　6×2÷8の余り…4　6×3÷8の余り…2　6×4÷8の余り0　6×5÷8の余り…6　したがって，求める目盛りは1・3・5・7

(3) 1×5÷8＝0余り5　この次に余りが5になる場合…9×5÷8＝5余り5　余りが5になる周期…9−1＝8(kg)　したがって，求めるおもり1個の重さは1・9・17・25kg

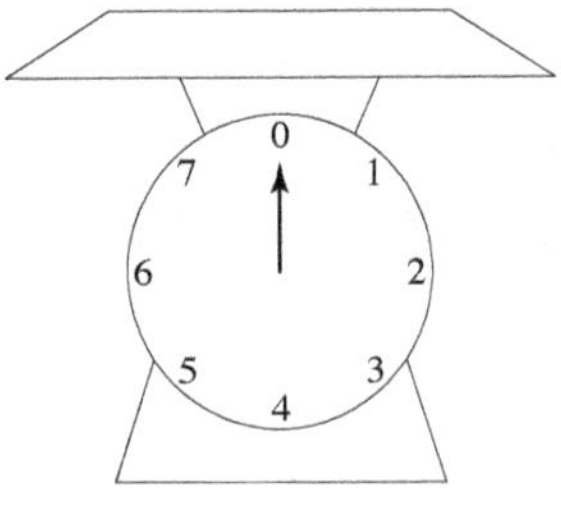

★ワンポイントアドバイス★

5「点の動き方」の問題は,「1回目は下のマス」が加わり,「2回目以後は上下左右のマス」が加わる,と考えられ,(1)・(2)・(3)の連続性が参考になる。6「はかりの目盛り」の問題は,「規則性」の問題である。

<国語解答>

一 問一 エ　問二 1 オ　2 イ　問三 A ア　B オ　C ウ　問四 ウ
問五 ア・エ　問六 ア　問七 (例) それぞれかかえている事情はちがっても,お互い同じように孤独を感じているのだと気がついた,ということ。

二 問一 ウ　問二 ア　問三 イ　問四 Ⅱ 遊園地　Ⅲ 原っぱ　問五 エ
問六 C　問七 ウ　問八 ア B　イ A　ウ B　エ B　オ A

三 ① 結束　② 拝借　③ 計(らう)　④ 不養生

○配点○

一 問二・問三 各2点×5　問五 6点(完答)　問七 8点　他 各4点×3

二 問六・問八 各2点×6　他 各4点×6(問四完答)　三 各2点×4　計80点

<国語解説>

一 (小説－心情・情景・細部の読み取り,空欄補充,慣用句,記述力)

問一 ——線部①直後で,家族で「とった写真がある」が,「あれが楽しそうな家族連れだとは思いたくなかった」「父さんは唯人たちの前からいなくなってしまった……だから唯人の記憶の中に父親のことなんかひとかけらもない」という唯人の心情が描かれているのでエが適当。①直後の唯人の心情をふまえていない他の選択肢は不適当。

基本 問二 1の「気がせく」は早くしようと気持ちがあせること。2の「息をはずませる」は運動や興奮などをして,激しい息づかいをすること。

問三 Aは生物の動作がのろいさまを表すア,Bは少しずつゆるやかな様子を表すオ,Cは一つだけ他から離れている様子を表すウがそれぞれ当てはまる。

問四 ——線部②と同様のこととして「『大阪の町って……』」で始まるセリフで,「『……あたしは八つ当たりばかりしてるから,友達もいないし。だけどイラついてどうしようもなくて……』」ということをアズが話しているのでウが適当。このセリフをふまえていない他の選択肢は不適当。

問五 アズがバクハツすることである——線部③は,③前後の唯人の心情でも描かれているように「ぶつかって」すなわち,おこっている気持ちをあちこちにぶつけている,ということである。「『またやっちゃった』」から始まる場面で,バクハツしたこととして,「『ママとけんか。……一週間も部屋に閉じこもってた……』」こと,「『大阪の町って……』」で始まるセリフで「「『……あたしは八つ当たりばかりしてる……』」ことを話しているので,ア・エが当てはまる。母親などまわりの人と衝突することではない他の選択肢は不適当。

重要 問六 ——線部④直後から,「『……八つ当たりばかりして……イラついてどうしようもなくて……』『こんなんじゃダメ……,だよね?』」と話すアズの様子と,これからどうしたらいいかわからないけれど,一緒に考えようとしている唯人の様子が描かれていることから,④の「どこにもとどまることなく」はそのような二人の不安を表していることが読み取れるのでアが適当。

「うっすらとたまっていた雪」が二人の不安や悩みを表し,「どこにもとどまることなく」がそうした不安の先が見えないことを表しているということをふまえていない他の選択肢は不適当。

やや難 問七　――線部⑤前で,「自分だけ……帰る場所があらへんとか,アズはそんなふうに思とったんやな」「『おれかて,ひとりぼっちやで』」といった唯人の心情やセリフが描かれていることもふまえ,唯人とアズそれぞれの事情はちがっても,「ひとりぼっち」すなわち,孤独を同じように感じていることに気がついた,というような内容で⑤を説明する。

二 (論説文－要旨・大意・論理展開・細部の読み取り,空欄補充)

基本 問一　Ⅰ直後でⅠの反論として「実際に日本の都市で進行しているのは,真逆の事態ではないか」と述べており,アイコンにも「まちづくり」とあるのでウが当てはまる。

問二　――線部①前後で,実際に進行しているのは,国連サミットで採択されたSDGsの目標とは真逆の事態で,格差がさらに増大していることを述べているのでアが適当。①前後の内容をふまえていない他の選択肢は不適当。

基本 問三　――線部②は「ひじかけタイプの仕切りがあるベンチ」のことなのでイが適当。②前の説明をふまえていない他の選択肢は不適当。

重要 問四　Ⅱのある段落で,「本来,広場や公園などの公共空間は……未定義の部分があり,さまざまな可能性に開かれている」が,「それをあらかじめつぶすのが,排除アート」であり,「原っぱは,特定の目的がなく出現したもの」である「一方,『遊園地』は何から何まで……遊び方があらかじめデザインされて」いることを述べている。これらの内容から,排除ベンチや排除アートが導入されることによって変貌する公共空間であるⅡには「遊園地」,「描き手が都市を独自にとらえ,……『街を自分たちの手でつくっていく感覚』と歩調を合わせ,独自の公共性をつくりだしている」ブラジルの街のことであるⅢには「原っぱ」がそれぞれ当てはまる。

問五　――線部④は「何から何まで至れり尽くせりで遊び方があらかじめデザインされて」いることに対するものなのでエが適当。④直前の内容をふまえていない他の選択肢は不適当。

問六　~~~線部Cのみ,「～できる」という可能の意味。他はいずれも受け身の意味。

問七　ア～エの内容を整理すると,筆者が地下街を歩いているとき,ベンチがひとつもないことに気がついた→お金を払えば座れるカフェは存在したが,無料で休める場所はない→排除ベンチは拒否のデザインであるが,ベンチをなくせば寝させないことにも気づかない→脱落文→つまり何も置かないという選択肢だが,高齢者や妊婦などはベンチがないことに気づくはずだ→したがって,これはホームレスだけの問題ではない,という流れになるのでウに戻すのが適当。

やや難 問八　アは冒頭の段落最後の内容と合わないのでB。イは「ところで……」で始まる段落の「ピシャソン」のことなのでA。「個人的な話だが……」で始まる段落で,筆者が担当したのは「日本セクションのキュレーション」であることを述べているので,ウはB。エの「排除アートの流行に対抗して」は最後の段落内容と合わないのでB。オは最後の段落で述べているのでA。

三 (漢字の書き取り)

①は目的や目標を同じくする者が団結すること。②は借りることをへりくだって言う語。③の「取り計らう」は物事がうまく運ぶように考えて処理をすること。④の「医者の不養生」は,人に養生を勧める医者が,自分は健康に注意しないことから,正しいとわかっていながら自分では実行しないことのたとえ。

★ワンポイントアドバイス★

会話が中心の小説では,セリフや表情などから心情を的確に読み取っていこう。

2023年度

★★★★★★★★★★★★★★★★★★★★★★★★

入　試　問　題

2023年度

晃華学園中学校入試問題（第１回）

【算　数】（50分）　＜満点：100点＞

1　次の各問いに答えなさい。

(1)　次の計算をしなさい。

$$\left\{\left(5\frac{1}{2}\times0.5+6\right)\div5-\frac{1}{4}\right\}\div0.75$$

(2)　ある学校の生徒160人に通学方法についてのアンケートをとったところ，バスを使っている生徒は全体の70%，自転車を使っている生徒は全体の25%，どちらも使っていない生徒は全体の10%でした。バスと自転車の両方を使っている生徒の人数を求めなさい。

(3)　晃子さんは，毎朝同じ時刻に学校に着くように登校しています。８時ちょうどに家を出たときは，分速60mで歩き，８時５分に家を出たときは，分速90mで歩きます。晃子さんが，学校に着く時刻を求めなさい。

(4)　0，1，2，3の４個の数字から３個選んで１列に並べて，３けたの偶数《ぐうすう》を作ります。全部で何個できるか求めなさい。

(5)　下の図において，ABとEFとCDがすべて平行であるとき，x，y の値《あたい》を求めなさい。

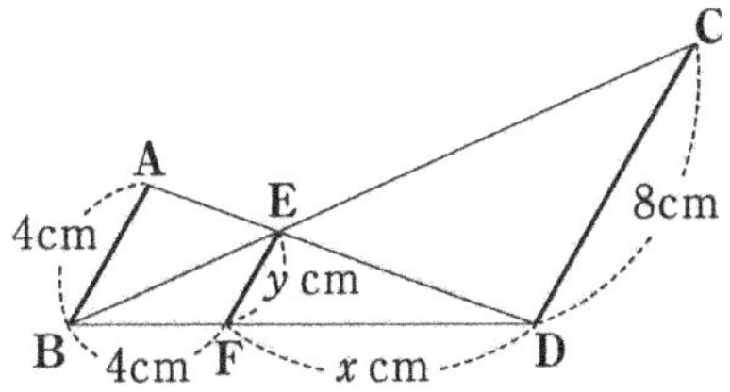

(6)　右の図のような，１辺が４㎝の正方形の厚紙があります。点M，Nはそれぞれ辺AB，ADの真ん中の点です。この厚紙を点線で折って立体を作るとき，その立体の体積を求めなさい。

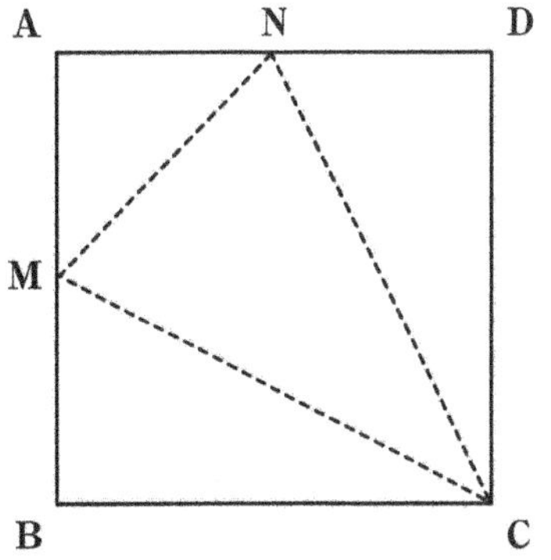

2　Ａ村の川下にＢ村があります。ボートでＡ村からＢ村までこいでいくのに30分かかりました。また，Ｂ村からＡ村までこいでいくのに２時間30分かかりました。静水時のボートの速さを時速６㎞として，あとの各問いに答えなさい。

(1)　川の流れの速さは時速何㎞か求めなさい。

⑵　Ａ村からＢ村までの距離《きょり》は何㎞か求めなさい。

3　１辺の長さが12㎝の正方形があります。図１は，正方形の１辺の長さを直径とする半円を，正方形の外側につけたものです。図２は，正方形の１辺の$\frac{1}{2}$の長さを直径とする半円を，正方形の外側にすき間なくつけたものです。

図１

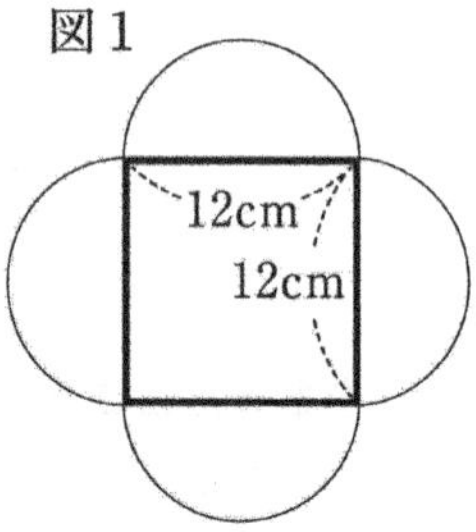

図２

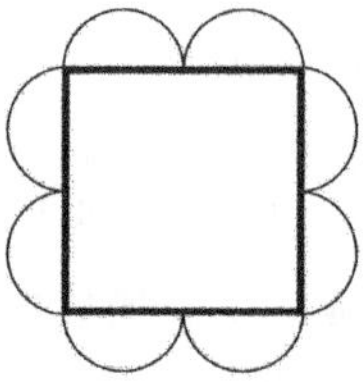

このように，正方形の１辺の$\frac{1}{3}$，$\frac{1}{4}$，$\frac{1}{5}$長さを直径とする半円を正方形の外側にすき間なくつけたものを，それぞれ図３，図４，図５とします。このとき，次の各問いに答えなさい。ただし，円周率は3.14とします。

⑴　図３における半円の弧《こ》の長さの和を求めなさい。

⑵　図１における半円の面積の和と図５における半円の面積の和の比を，最も簡単な整数の比で表しなさい。

4　下の図は，ある立体を真正面，真横，真上の３方向から見た図です。この立体の体積と表面積をそれぞれ求めなさい。

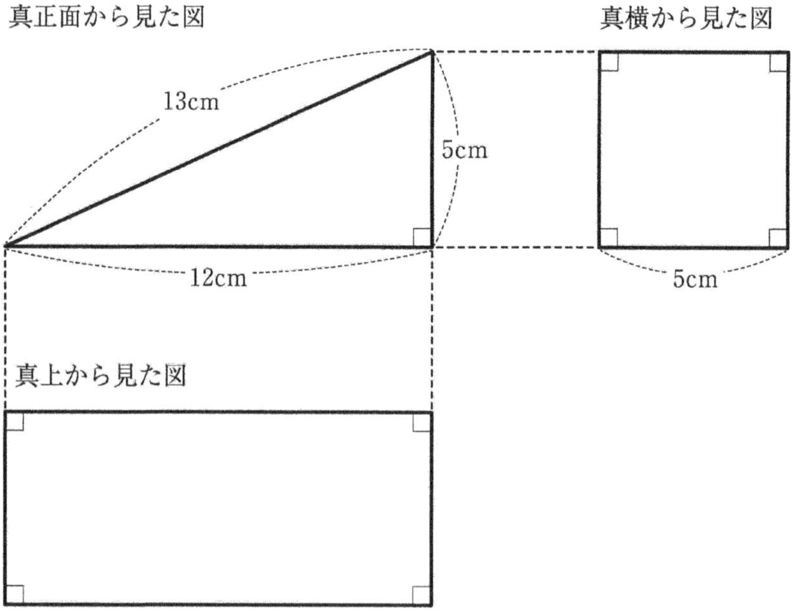

5　下の図は，あるホールの座席表です。１列に37座席があり，以下のように座席番号がふられています。

１列目	1 － 1	1 － 2	1 － 3	…	1 － 37
２列目	2 － 1	2 － 2	2 － 3	…	2 － 37
３列目	3 － 1	3 － 2	3 － 3	…	3 － 37
⋮	…	…	…	…	…

⋮

このとき，次の各問いに答えなさい。

［１］ ホールに入場した人は先着順で，１列目の左の座席から詰《つ》めて順番に座《すわ》ります。例えば，５番目の人は１－５に，38番目の人は２－１に座ります。

⑴　14－６の座席に座るのは，何番目の人ですか。

⑵　1100番目の人が座る座席番号は何ですか。

［２］ ある日，このホールは感染症《かんせんしょう》対策で，座る人の前後左右の席は空席にすることになりました。１－１に１番目の人が座り，１－２は空席になり，１－３に２番目の人が座ります。２－１や２－３は空席となります。

⑴　14－６の座席に座るのは，何番目の人ですか。

⑵　1100番目の人が座る座席番号は何ですか。

6　以下の会話文を読んで，次の各問いに答えなさい。　　（図１，図２は次のページにあります。）

華子「21×19の計算かぁ。20×20の計算なら簡単なのに……。」

晃子「そうだね。工夫《くふう》して計算する方法はないかなぁ。例えば，面積図を使ったりして。」

華子「それはいい考えかもしれないよ！　やってみよう。」

晃子「図１は１辺の長さが20cmの正方形だよ。これを使って，21×19の計算をしてみよう。」

華子「21×19ということは，もとの正方形の縦の長さを１cm伸《の》ばして，横の長さを１cm短くした長方形の面積ってことだよね。この長方形ともとの正方形を重ねた図が図２だね。」

晃子「そうすると，長方形の面積を求めるには，もとの正方形の面積から［①］の面積を引いて，［②］の面積を加えればいいね。」

華子「つまり，［③］cm^2－［④］cm^2＋［⑤］cm^2＝［⑥］cm^2が長方形の面積だね。」

晃子「そうだね。同じように考えると，101×99＝［⑦］－［⑧］＋［⑨］＝［⑩］になるね。」

⑴　空らん①，②にあてはまる記号を，図２のア～ウから選んで答えなさい。

⑵　空らん③～⑩にあてはまる数を答えなさい。

⑶　20232023×20232023－20232022×20232024 を計算しなさい。

図１

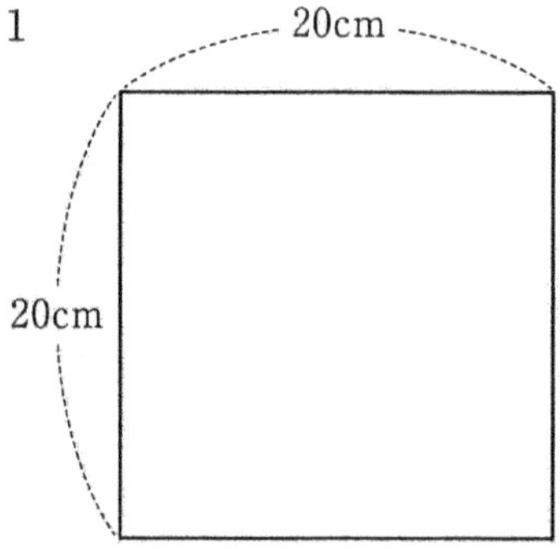

図２

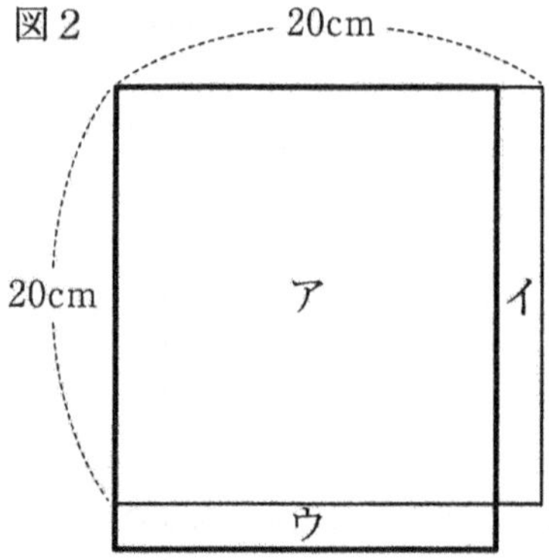

【理　科】（25分）　＜満点：50点＞

1　細くて軽い棒と糸を使って，おもりをつるすモビールを作った。次の各問いに答えなさい。ただし，棒と糸の重さは考えなくてよいものとする。

問1　図1のように，10gのおもりを2個つるした。棒を水平に支えていた手を静かにはなしたところ，棒は水平に保たれた。

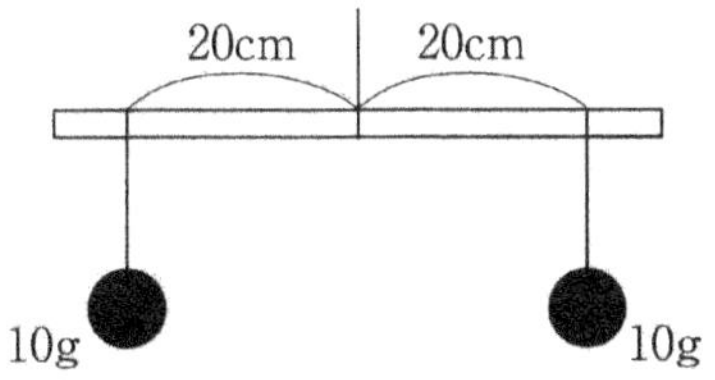

図1

⑴　図2のように，右側のおもりをつるす糸を長くした。棒を水平に支えていた手を静かにはなすと，棒はどのようになるか。次の（ア）～（ウ）の中から選び，記号で答えなさい。

（ア）　右側が下がる
（イ）　左側が下がる
（ウ）　水平のままである

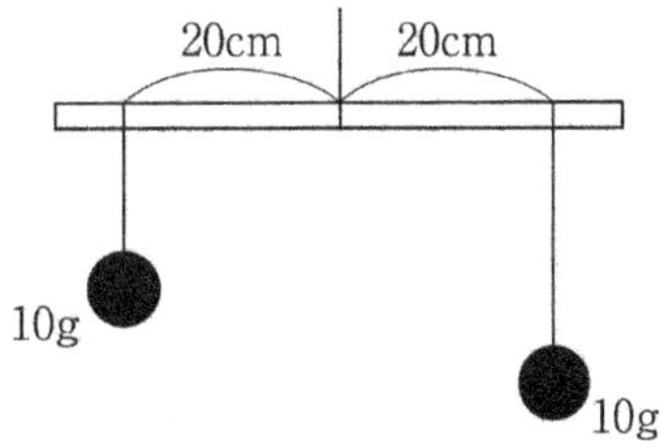

図2

⑵　図3のようにおもりをつるしたとき，棒を水平に保つには，おもりAを何gにすればよいか，答えなさい。

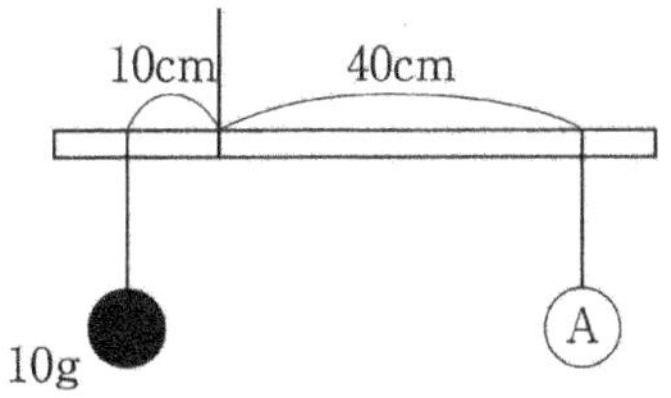

図3

⑶　図4のようなモビールを作りたい。すべての棒を水平に保つには，おもりBを何gにすればよいか，答えなさい。

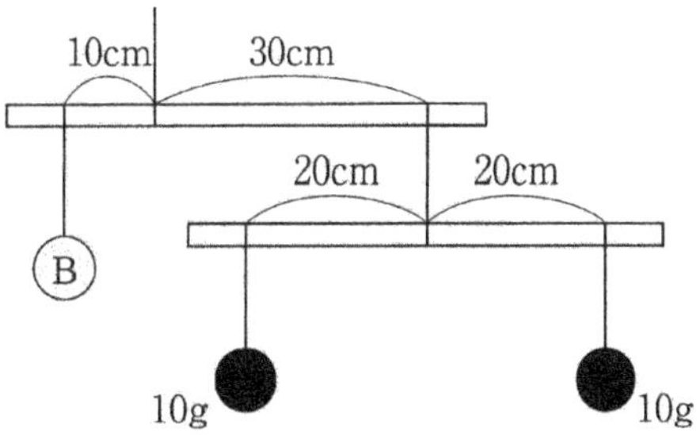

図4

問2　いろいろな種類のおもりを使ってモビールを作りたい。白いチョウのおもりは2g，黒いチョウのおもりは3gである。

⑴　図5（次のページ）のモビールですべての棒を水平に保つには，矢印の部分の長さを何㎝にすればよいか，答えなさい。

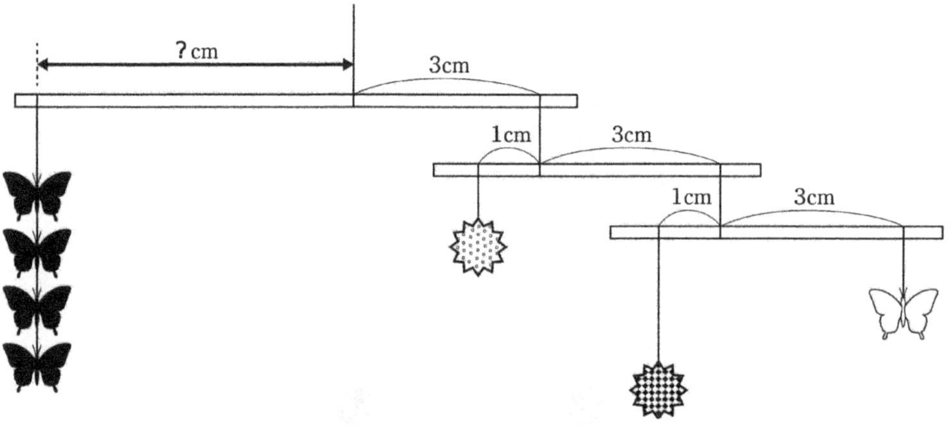

図５

⑵　図６のモビールで，Ｃ～Ｆに黒いチョウのおもりをつるして，すべての棒を水平に保ちたい。Ｄには何ｇのおもりをつるせばよいか，答えなさい。また，このモビール全体で，黒いチョウのおもりは何個必要か，答えなさい。

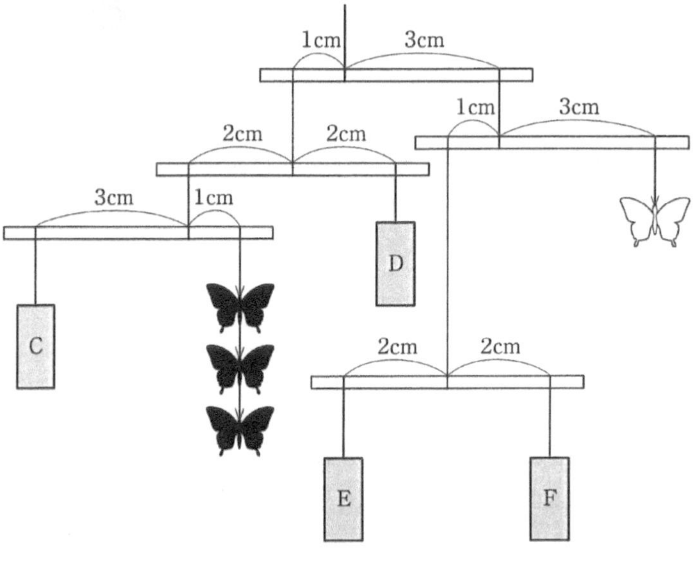

図６

2　あとの各問いに答えなさい。

問１　スーパーマーケットで炭酸水が入った500mLのペットボトルを買ってきた。

⑴　ペットボトルのふたを開けるとプシュッという音がした。ふたを開けたときにどのようなことが起こったのか，簡単に説明しなさい。

⑵　炭酸水をコップに注いでみると，図１のように泡《あわ》が見えた。この泡は主に何の気体でできているか，答えなさい。

図１

問２　気体は目に見えないことも多いが，重さがあることがわかっている。500mLのペットボトルに入った炭酸水に，どれだけの重さの気体が溶《と》けているかを調べるために，実験をすることにした。開封《かいふう》していない常温の炭酸水のペットボトルの重さは，530.1ｇであった。

⑴　炭酸水のペットボトルを開封し，なるべく短時間で溶けている気体を追い出そうと考えた。どのような操作をするのが良いか。次の（ア）～（エ）の中から２つ選び，記号で答えなさい。

（ア）　ふたを外したまま冷蔵庫に入れて冷やす。

（イ）　ふたを外したままお湯に入れて温める。

（ウ）　ふたをしてペットボトルを振《ふ》った後，ふたを開けるという操作をくり返す。

（エ）　ふたを外したまま，ペットボトルにアルミホイルを巻いて，光が当たらないようにする。

⑵　⑴の操作の後に次の（ア）～（カ）の重さをそれぞれ電子天びんで量った。これらのうち２つを使って，開封前のペットボトルの中の炭酸水に溶けていた気体の重さを計算したい。次の（ア）～（カ）の中から計算に必要なものを２つ選び，記号で答えなさい。

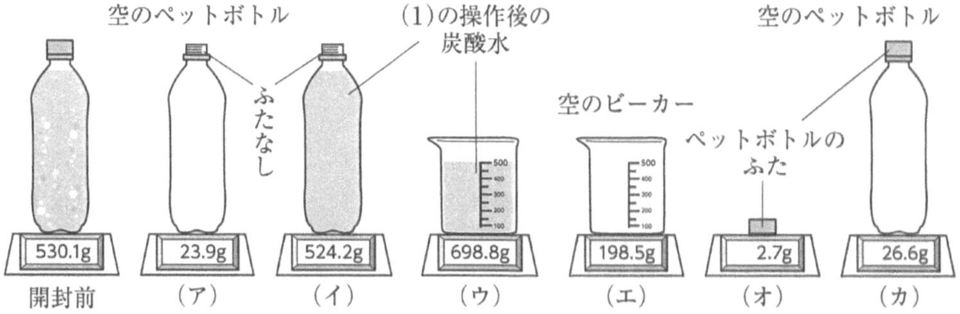

⑶　500mLのペットボトルに入った炭酸水に溶けていた気体は何ｇか，答えなさい。

問３　４本の空のペットボトル①～④を用意し，以下の実験を行った。

手順１　ペットボトル①～④それぞれに同じ濃度《のうど》，同じ体積の塩酸を入れた。

手順２　①～④のそれぞれに，表１の重さのチョークを入れてすぐにふたを閉め，ペットボトルの中で変化が見られなくなった後に，①～④の重さを量った。

手順３　それぞれのペットボトルのふたを一度開けた後に閉め，①～④の重さを量った。

表１は，手順２で量った重さと，手順３で量った重さとの差を示している。

表１

	①	②	③	④
入れたチョークの重さ〔g〕	3	4.5	7	14
重さの差〔g〕	1.02	1.53	2.38	2.95

⑴　チョークを５ｇ入れて同様の実験を行った場合，手順２で量った重さと，手順３で量った重さの差は何ｇになるか，答えなさい。

⑵　チョークを10ｇ入れて同様の実験を行った場合，手順２で量った重さと，手順３で量った重さの差は何ｇになるか，答えなさい。

3　華子さんは家族でおすしを食べに行き，店内でおすすめメニューを見つけた。華子さんはそのメニューの中で，玉子焼き以外は水の中の生き物に関係があることに気づき，これらを仲間分けすることにした。次の各問いに答えなさい。

おすすめメニュー

玉子焼き　マグロ　イカ　アジ　タラコ　ホタテ　アナゴ　カズノコ　エビ

問１　華子さんは最初に玉子焼きを食べた。玉子焼きにはタンパク質と脂肪《しぼう》が多くふくまれている。

⑴　タンパク質が消化されると何になるか，答えなさい。

⑵　人体で脂肪を消化するときにはたらく消化液はどれか。次の（ア）～（ウ）の中から選び，記号で答えなさい。

（ア）　だ液　　（イ）　胃液　　（ウ）　すい液

問２　おすすめメニューに書かれているものを仲間分けしたい。次の①～③にあてはまるものを，下の（ア）～（ク）の中からそれぞれ選び，記号で答えなさい。ただし，複数ある場合はすべて答えなさい。また，同じ記号をくり返し使ってもよい。

①　魚の卵を使っているもの

②　無セキツイ動物に仲間分けされるもの

③　節足動物に仲間分けされるもの

（ア）　マグロ　　（イ）　イカ　　（ウ）　アジ　　（エ）　タラコ

（オ）　ホタテ　　（カ）　アナゴ　　（キ）　カズノコ　　（ク）　エビ

問３　次の（ア）～（カ）の生き物を，からだのつくりで仲間分けしたとき，ホタテに最も近いものと，エビに最も近いものはどれか。（ア）～（カ）の中からそれぞれ選び，記号で答えなさい。

（ア）　ヒトデ　　（イ）　タコ　　（ウ）　ハマグリ

（エ）　タニシ　　（オ）　セミ　　（カ）　カニ

問４　華子さんは魚の卵に興味を持ち，イクラについて調べることにした。

⑴　イクラは何の卵か。次の（ア）～（エ）の中から選び，記号で答えなさい。

（ア）　タラ　　（イ）　トビウオ　　（ウ）　サケ　　（エ）　ニシン

⑵　華子さんは魚屋で筋子《すじこ》を買った。筋子は，イクラがかたまりになっているものである。華子さんが筋子をほぐしてイクラにして，イクラ全体の重さを量ると300ｇであった。イクラをスプーン１杯《ぱい》分すくいとると148粒《つぶ》あり，重さは16ｇであった。イクラは筋子全体で何粒あったと考えられるか，整数で答えなさい。

⑶　華子さんは，ニワトリの卵とイクラでは構造にちがいがあることに気づいた。ニワトリの卵にはあり，イクラにはない構造は何か，答えなさい。またその構造があると，陸上においてはどのような利点があるか，簡単に答えなさい。

4　月と火星について，あとの各問いに答えなさい。

問１　2022年７月21日から22日にかけて，月が火星の前を横切る「火星食」という現象が起きた。図１は，火星食が終わった直後の月，火星，星座の位置関係を示している。また，図２は，図１の月と火星を拡大したものである。

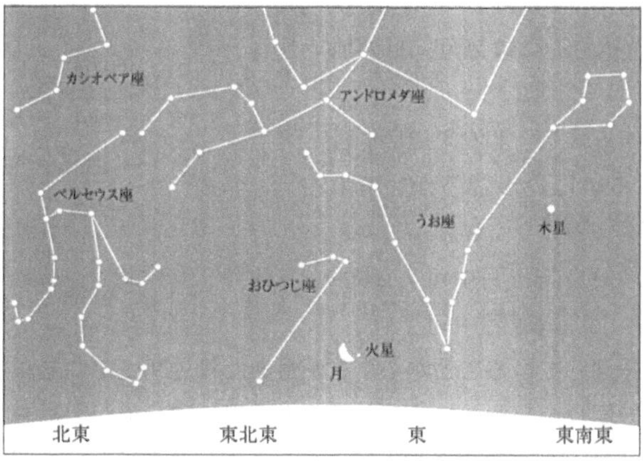

図１　東京で見た、火星食直後の様子

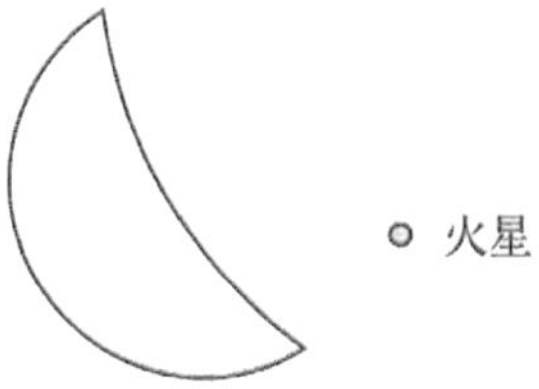

図２

⑴　図２の形の月が見えるとき，月はどの位置にあるか。次の（ア）～（エ）の中から選び，記号で答えなさい。

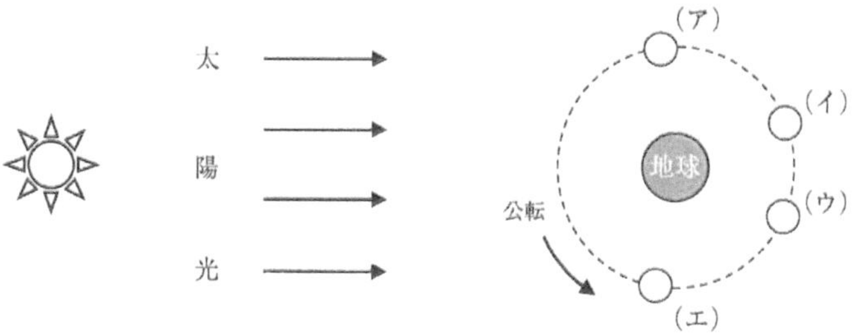

⑵　図２の10分後には，火星はどの位置に見えるか。月と火星の位置関係として最も適切なものを，次の（ア）～（エ）の中から選び，記号で答えなさい。

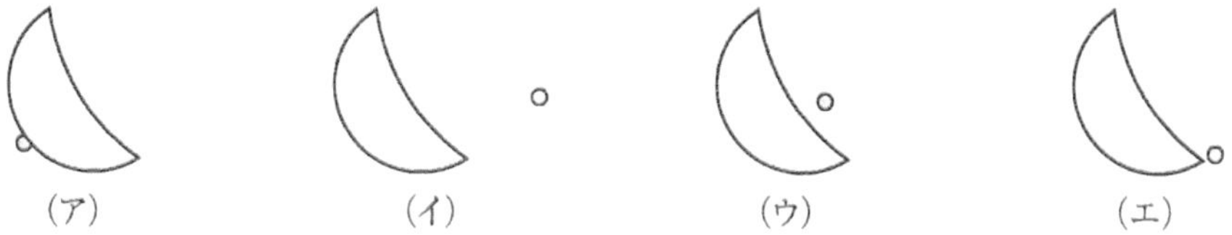

⑶　火星食という現象からわかることとして最も適切なものを，次の（ア）～（エ）の中から選び，記号で答えなさい。

（ア）　月よりも火星の方が小さい天体である。

（イ）　火星は月よりも地球からはなれたところにある。

（ウ）　地球と火星では地球の方が重い。

（エ）　月よりも火星の方が表面が熱い。

問２　地球や火星は，太陽の周りをまわる惑星《わくせい》である。図３は，地球と火星が太陽の周りを反時計回りに公転する様子を表している。地球の通り道は半径1.5億㎞の円に近い形で，中心に太陽があるとみなしてよい。火星の通り道は円ではなくわずかにゆがんでいる。

図３の●は１月１日の地球の位置で，○は毎月１日の地球の位置である。

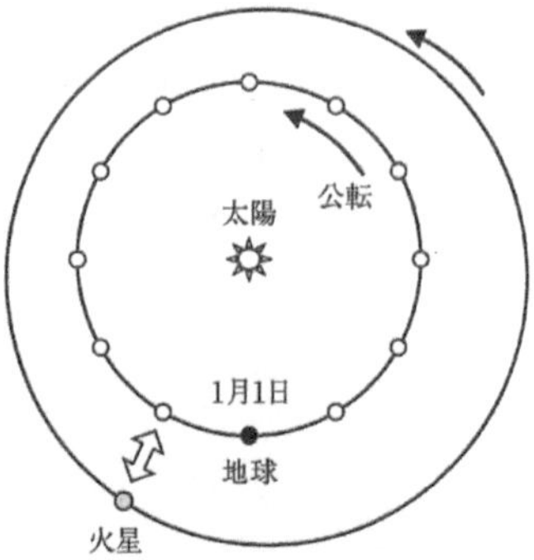

図３

⑴　地球と火星は約780日ごとに接近する。2022年12月１日に接近したあと，次に接近するのはいつごろか。次の（ア）～（オ）の中から選び，記号で答えなさい。

（ア）　2024年１月中旬《ちゅうじゅん》　　（イ）　2024年２月中旬　　（ウ）　2024年12月中旬

（エ）　2025年１月中旬　　（オ）　2025年２月中旬

⑵　地球は365日で太陽の周りを一周していることから，１ヶ月あたり約30度ずつ進んでいることになる。火星は687日で太陽の周りを一周している。図４の火星の通り道が太陽を中心とする円だとみなすと，１ヶ月あたり何度ずつ進んでいることになるか，小数第一位を四捨五入して整数で答えなさい。ただし，１ヶ月を30日としてよい。

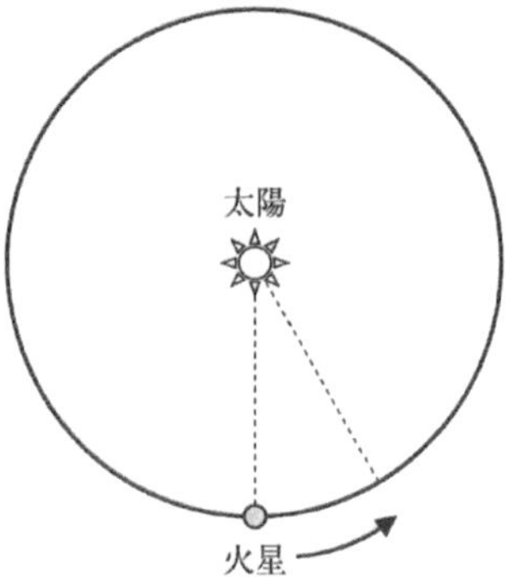

図４

⑶　図３の◎は2022年12月１日に地球と火星が接近したときの火星の位置である。このとき，⇔で示した地球と火星の距離《きょり》は8145万㎞であった。１年後の地球と火星の距離として最も近いものを，次の（ア）～（エ）の中から選び，記号で答えなさい。

（ア）　8100万㎞　　（イ）　２億3000万㎞　　（ウ）　３億1000万㎞　　（エ）　３億8000万㎞

【社　会】（25分）　＜満点：50点＞

1　中学生が調布市について調べ，その魅力《みりょく》を伝える「かるた」を作成しました。次の「かるた」を見て，後の各問いに答えなさい。

私たちの
周りにあるよ
①遺跡《いせき》群

お隣《となり》の　②狛江《こまえ》市と
手を組んで
街の魅力をＰＲ

参拝に
行ったら食べよう
③深大寺《じんだいじ》そば

作り手と買い手
の距離《きょり》が近い
④地元の農業

⑤京王線
開通してから
一一〇年

戦争の
記憶《きおく》を伝える
⑥掩体壕《えんたいごう》

⑦鬼太郎《きたろう》と
仲間に会える
布多《ふだ》天神

風情《ふぜい》ある
大輪花咲《さ》く
⑧花火大会

東西を
行きかう人々
⑨甲州街道

⑩人権を尊重し
互《たが》いを認め合う
⑪調布っ子

ひろげよう
私たちから
⑫平和の輪

⑬子育てしやすい
緑豊かな
⑭まちづくり

調布の⑮人口
子どもから大人まで
ますます増加

問１　傍《ぼう》線①に関して，調布市には旧石器，縄文，古墳時代の遺跡が多く残されています。これらの時代について，あとの各設問に答えなさい。

⑴　旧石器時代の説明として誤っているものをあとから１つ選び，記号で答えなさい。

（ア）簡単な小屋や岩かげに住み，移動しながら生活していた。

（イ）現在よりも気温が低い氷河時代であった。

（ウ）マンモスやナウマンゾウなどの大型動物を狩《か》っていた。

（エ）食べた貝の殻《から》が積もり，貝塚が作られた。

⑵　縄文時代の人びとが食べた「トチノミ」という木の実には，苦み・渋《しぶ》みを持つ物質が多く含《ふく》まれています。これらを取り除くためには，水につけたり煮《に》たりする必要があります。このために使っていた道具は何ですか，答えなさい。

⑶　古墳の上や周りに並べられた土製の焼き物で，人物や動物などの形をしていて，当時の生活や風習を知る手がかりとなるものは何ですか，ひらがなで答えなさい。

問２　傍線②に関して，次の各設問に答えなさい。

⑴「狛江」という言葉の由来は，朝鮮半島出身者のいるところを意味する「高麗居《こまい》」であったと考えられています。７世紀，百済と高句麗が滅亡し，朝鮮半島から多くの人々が日本列島に移り住みました。百済が滅亡したとき，倭は百済を助けるために唐・新羅の連合軍と戦い，敗れました。この戦いは何ですか，答えなさい。

⑵　現在，晃華学園がある場所には「狛江入道」という鎌倉時代の武士の館があったといわれています。以下の文学作品Ａ～Ｄのうち，鎌倉時代の作品の組み合わせとして正しいものを（ア）～（エ）から１つ選び，記号で答えなさい。

Ａ　源氏物語　　Ｂ　平家物語　　Ｃ　万葉集　　Ｄ　新古今和歌集

（ア）Ａ・Ｃ　　（イ）Ａ・Ｄ　　（ウ）Ｂ・Ｃ　　（エ）Ｂ・Ｄ

問３　傍線③は，江戸幕府三代将軍も絶賛したといわれています。江戸幕府三代将軍は誰ですか，答えなさい。

問４　傍線④に関して，明治時代になると調布市では桑畑《くわばたけ》が増えました。この背景には，幕末に結んだ条約により始まった外国との貿易があります。桑畑が増えた理由を，条約名を挙げて説明しなさい。

問５　傍線⑤が1913年に笹塚《ささづか》から調布間で開通したことをきっかけとして，調布市は別荘《べっそう》地になりました。現在，晃華学園がある場所には，幕末に大老を務めた井伊直弼の孫の別荘がありました。次の幕末の出来事《できごと》を年代順に並べ，記号で答えなさい。

（ア）薩摩藩と長州藩が同盟を結んだ。　　（イ）徳川慶喜が朝廷に政権を返上した。

（ウ）水野忠邦が天保の改革を行った。　　（エ）井伊直弼が吉田松陰や橋本左内らを処罰《しょばつ》した。

問６　傍線⑥は，戦闘機《せんとうき》を空襲《くうしゅう》から守るために太平洋戦争のときに造られた施設《しせつ》です。太平洋戦争末期には，連合国が日本に対して降伏《こうふく》を求める宣言を行いました。この宣言は何ですか，答えなさい。

問７　傍線⑦に関して，漫画《まんが》「ゲゲゲの鬼太郎」などで知られる水木しげるさんは，調布市の名誉《めいよ》市民ですが，幼少期を鳥取県で過ごしました。鳥取県を含む中国地方について，あとの各設問に答えなさい。

⑴　鳥取県に隣接《りんせつ》していない県を次から１つ選び，記号で答えなさい。

（ア）島根県　　（イ）岡山県　　（ウ）兵庫県　　（エ）山口県

⑵　中国地方の地形・気候の説明として誤っているものをあとから１つ選び，記号で答えなさい。

（ア）中国山地には，2000ｍを超《こ》える山はなく，なだらかな山が連なっている。

（イ）西部には，カルスト地形で有名な秋吉台がある。

（ウ）山陰地方は，南東の季節風によって冬に降水量が多い。

（エ）瀬戸内海沿岸部は，温暖で一年中降水量が少ない。

問８　傍線⑦に関して，水木しげるさんは漫画家であると同時に妖怪《ようかい》研究家でもありました。以下のＡ～Ｃの文章は，ある妖怪と関係の深い県について説明したものです。それぞれの文章が示している県の組み合わせとして正しいものを次の（ア）～（カ）の中から１つ選び，記号で答えなさい。

Ａ	宮古や大船渡などの良港で知られるこの県では，三陸沖に船をおどかす妖怪「海座頭《うみざとう》」が出没《しゅつぼつ》したと伝えられています。
Ｂ	阿蘇山で知られるこの県は，かつて肥後国とよばれ，疫病《えきびょう》を予言した妖怪「アマビエ」が現れたという記録が残されています。
Ｃ	日光の社寺で知られるこの県には，妖怪「九尾《きゅうび》の狐《きつね》」が姿を変えたとされる「殺生石《せっしょうせき》」があり，この付近一帯には火山ガスが絶えず噴出《ふんしゅつ》しています。

（ア）Ａ－三重県　　Ｂ－山形県　　Ｃ－岐阜県

（イ）Ａ－岩手県　　Ｂ－熊本県　　Ｃ－栃木県

（ウ）Ａ－福井県　　Ｂ－鹿児島県　Ｃ－奈良県

（エ）Ａ－三重県　　Ｂ－鹿児島県　Ｃ－栃木県

（オ）Ａ－福井県　　Ｂ－熊本県　　Ｃ－岐阜県

（カ）Ａ－岩手県　　Ｂ－山形県　　Ｃ－奈良県

問９　傍線⑧について，秋田県と新潟県では日本を代表する花火大会が開かれています。両県では米作りがさかんです。ブランド米の品種とその主な産地の組み合わせとして誤っているものを次から１つ選び，記号で答えなさい。

（ア）ゆめぴりか－北海道　　（イ）あきたこまち－秋田県

（ウ）はえぬき－愛媛県　　（エ）こしひかり－新潟県

問10　傍線⑨は甲斐《かい》国，現在の山梨県のことを指します。山梨県の説明として誤っているものを次から１つ選び，記号で答えなさい。

（ア）甲府盆地の扇状地は，水はけが良く，傾斜《けいしゃ》しているため，稲作には不向きであるが，桃やぶどうの生産には適している。

（イ）山がちな県土で水田が少なく，米が貴重だったため，小麦を材料とする「ほうとう」が郷土料理である。

（ウ）高速道路により東京までのアクセスが良いため，先端《せんたん》技術産業が多く進出しているほか，水《すい》晶《しょう》などの宝飾《ほうしょく》業もさかんである。

（エ）現在，県内を走行している東海道新幹線に加え，東京と大阪を結ぶリニア中央新幹線が開通する予定である。

問11　傍線⑩について，日本国憲法で保障されている基本的人権のうち，社会権に当てはまるものを次から１つ選び，記号で答えなさい。

（ア）学問の自由　　（イ）教育を受ける権利　　（ウ）選挙権　　（エ）裁判を受ける権利

問12　傍線⑪について，あとの各設問に答えなさい。

⑴　次の資料は，晃華学園付近の地形を標高ごとに色分けした図です。Ａは「京王多摩川駅」，Ｂは「晃華学園」の位置をそれぞれ示しています。京王多摩川駅から晃華学園までの断面図として正しいものをあとのア～エから１つ選び，記号で答えなさい。

図

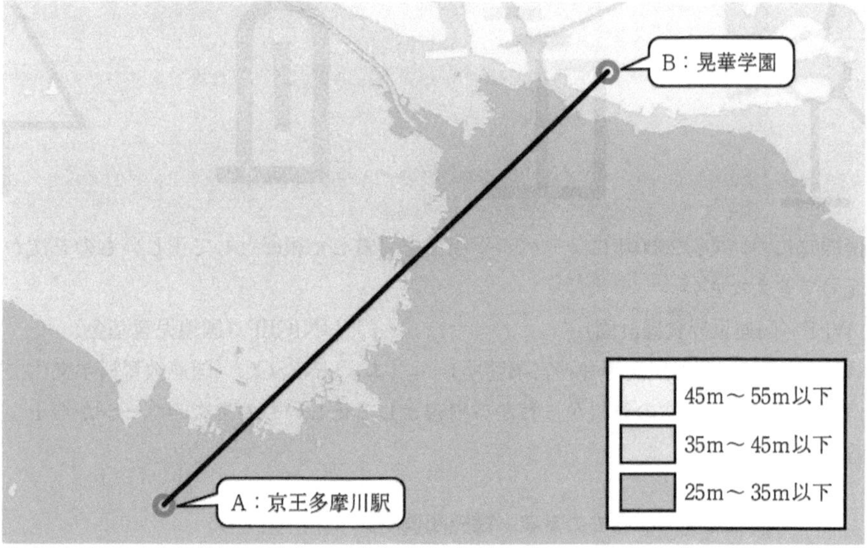

（国土地理院「地理院地図　電子国土Web」より作成）

ア

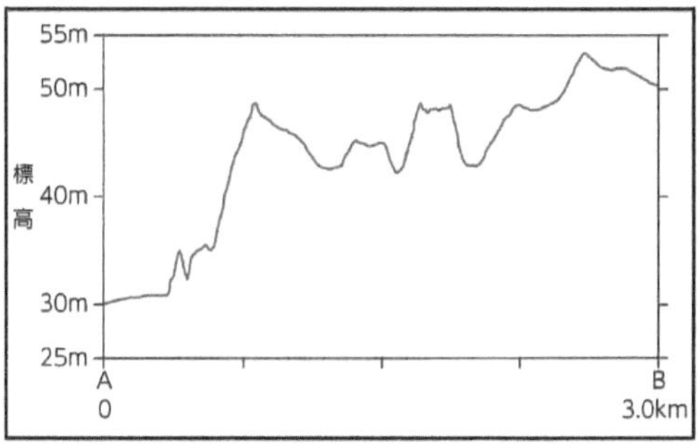

イ

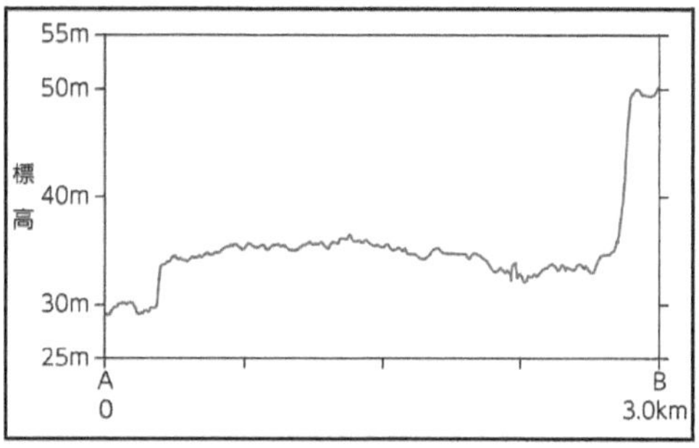

ウ

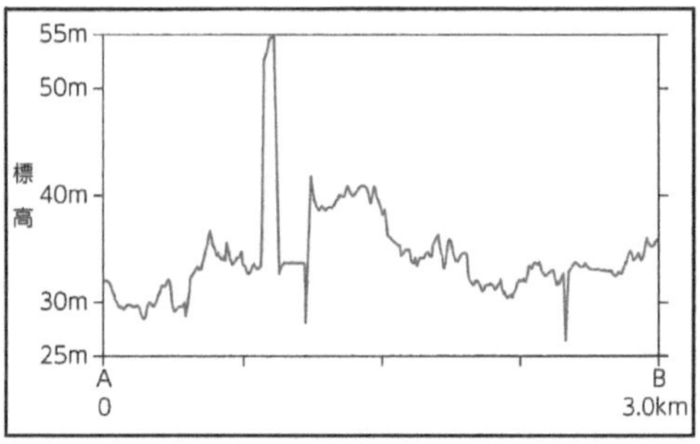

エ

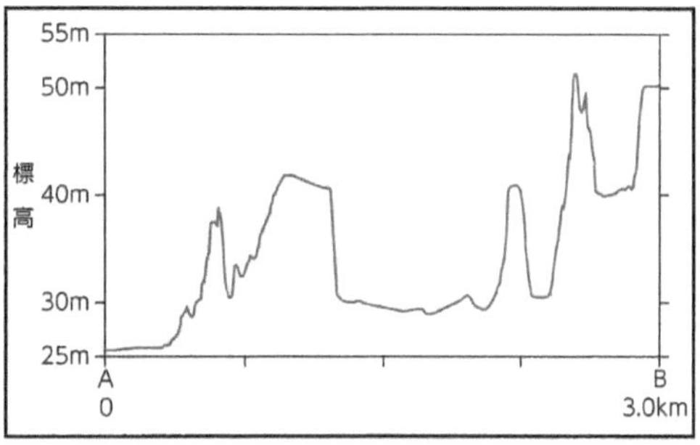

（谷謙二研究室「Web地形断面メーカー」より作成）

⑵　調布市をはじめとする多摩川周辺は，台風などの自然災害にあうことがあります。国土地理院は，自然災害を伝える石碑《せきひ》やモニュメントを示す新たな地図記号を，2019年に制定しました。この地図記号を次から１つ選び，記号で答えなさい。

ア
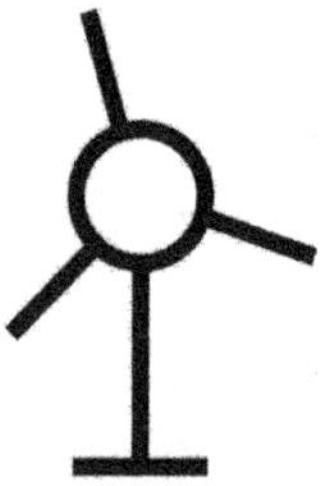
イ

ウ

エ

問13　傍線⑫について，2020年にノーベル平和賞を受賞した組織として正しいものを次から１つ選び，記号で答えなさい。

（ア）WFP（国連世界食糧《しょくりょう》計画）　　（イ）UNICEF（国連児童基金）
（ウ）UNHCR（国連難民高等弁務官事務所）　　（エ）UNESCO（国連教育科学文化機関）

問14　傍線⑬について，次の資料からわかる内容として正しいものを次のページから１つ選び，記号で答えなさい。

６歳《さい》未満児のいる夫の家事・育児関連時間（１日当たり）

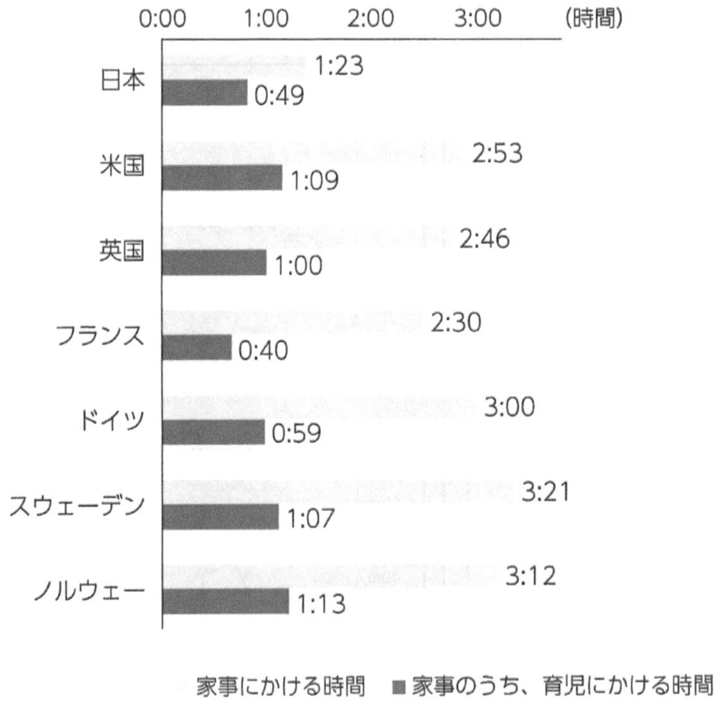

（厚生労働省「男性の育児休業取得促進等について」より作成）

（ア）欧米《おうべい》と比較《ひかく》して，６歳未満児のいる夫が育児にかける時間は，日本が一番短い。

（イ）すべての国において，家事のうち，育児にかける時間の割合が50％以下となっている。

（ウ）日本では，６歳未満児のいる夫が家事にかける時間は，妻よりも短い。

（エ）日本以外の国は，６歳未満児のいる夫が家事にかける時間は２時間を超える。

問15　傍線⑭では，さまざまな価値観をもった市民が共に助け合い，取り残されるような人がでないように気をつけることが大切です。次の会話を読み，こうしたまちづくりの発想に沿っていない発言を１つ選び，記号で答えなさい。

晃じい：これからは君たちのような若者が街を活性化するんじゃ。どんなまちづくりが理想かのう。

華　子：(ア)私はおじいちゃんみたいな高齢者《こうれいしゃ》も利用しやすい建物や設備をたくさん作るべきだと思うわ。

まなぶ：(イ)利用者が少ない駅を廃止して，都心への通勤・通学時間を短縮してほしいな。

園　子：(ウ)あとは商店街も買い物をするだけじゃなくて，地域の人たちが交流しやすい場になるといいよね。

華　子：(エ)歴史的な街並みや住んでいる人たちから見た景観を守ることも大切よね。

問16　傍線⑮について，次の各設問に答えなさい。

⑴　次のページの資料は2020年と比較して，2021年に１都３県で人口が増加した地域と減少した地域を色分けした図です。図の中心から20㎞圏内《けんない》について，図から読み取れる人口の増減の傾《けい》向《こう》と，そのような傾向がみられた理由を説明しなさい。

１都３県／増加・減少の「勢い」

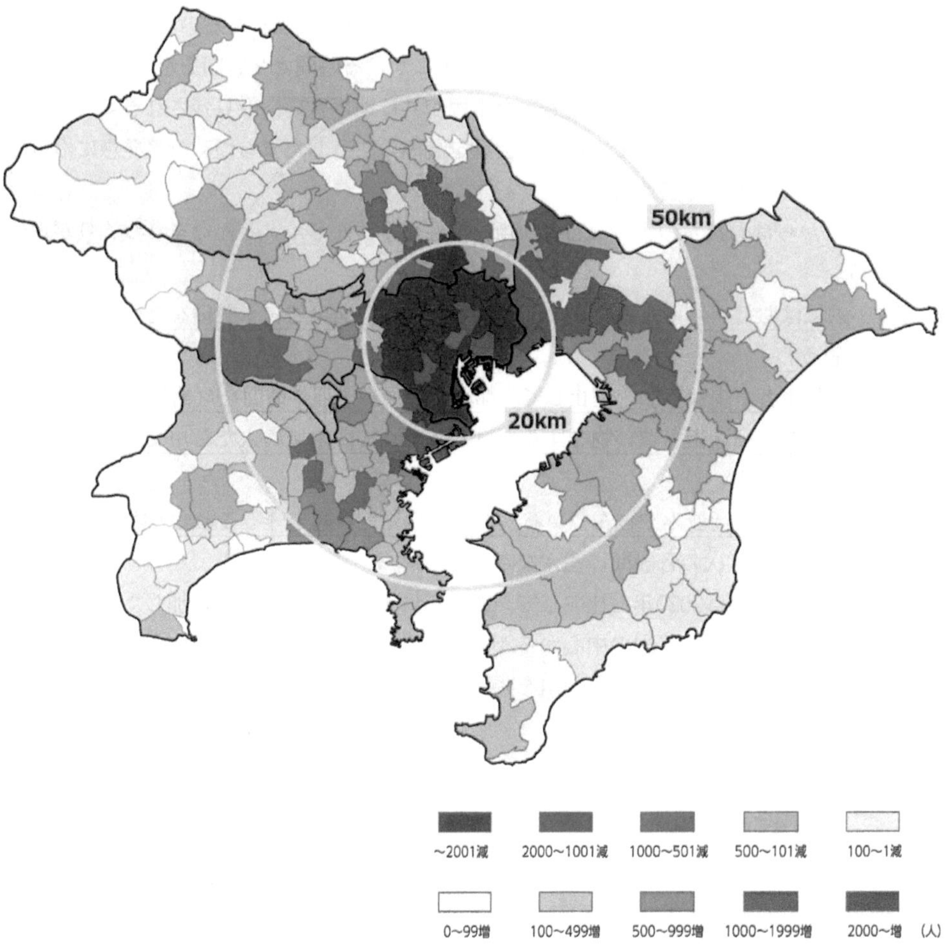

（日経BP総合研究所「新・公民連携最前線」より作成）

⑵　世界の人口は長期的に増加傾向となっており，全世界の食料生産量が追い付かず，近い将来，世界中で食料が不足すること（食料危機）が心配されています。次のページの「持続可能な開発目標」（SDGs）から，食料危機の改善に結びつく目標を１つ選び，その目標を実現することで，なぜ食料危機が改善されるのか，具体的に説明しなさい。

（「国連広報センター」HPより）

ア　なぜなら　イ　つまり　ウ　さて　エ　しかし
オ　たとえば

問五　[i] ～ [iii] にあてはまるものを次のア～エの中からそれぞれ一つ選び、記号で答えなさい。

ア　過去に例がないほどのCO_2が蓄積《ちくせき》していて、それが原因だと思われ
イ　けれどもそのCO_2の増加を防ぐことは非常に困難だと思われ
ウ　しかもそのCO_2の増加は人間活動のせいだ
エ　過去に例がないほどの極端《きょくたん》な気候の変化が見られ

問六　[A] にあてはまる見出しは何ですか。次のア～エの中から最も適当なものを選び、記号で答えなさい。

ア　**日本の絶滅危惧種**
イ　**大量絶滅の歴史**
ウ　**生物種の絶滅を防ぐのは将来世代のためでもある**
エ　**大量絶滅は人間が防がなければならない**

問七　――線部（４）「私は～思っています」とありますが、それはなぜですか。その理由にあたる部分を、「～から。」につながる形でぬき出しなさい。ただし、「～」の部分は二十字以内とします。また、句読点や記号なども一字に数えます。

問八　――線部（５）「動物倫理が～対立する」とありますが、これはどのようなことですか。次のア～エの中から最も適当なものを選び、記号で答えなさい。

ア　絶滅危惧種に害を与える生きものを殺処分することは、その害を与える生きものの命を尊重しないことになるということ
イ　ゴルフ場開発などは、人間活動が原因となる自然破壊《はかい》となり、生きものの生息地を奪《うば》うことにつながるということ
ウ　絶滅危惧種にとって暮らしやすい環境と、人間にとって便利な生活を維持できる環境は異なるということ
エ　もともとはペットであった生きものが、人間の都合で害を与える生きものに変わっていったということ

三　次の①～⑧の――線部のカタカナを漢字に直しなさい。

① 活気をオびた街
② ヒカク製品を手入れする
③ エンドウから選手を応援《おうえん》する
④ タンサン入りの飲料
⑤ ザッカをあつかう店
⑥ 月のタンサ機が打ち上げられる
⑦ キンセイのとれた体型
⑧ 注文された商品をノウヒンする

を「自然の権利訴訟《そしょう》」といいます。裁判は敗訴しましたが、裁判の途中《とちゅう》で開発計画がなくなり、アマミノクロウサギは救われました。

次の脅威《きょうい》となったのが、マングースでした。ハブを駆除《くじょ》するために一九七九年に放たれた三〇匹のマングースが大繁殖《だいはんしょく》し、二〇〇〇年には一万匹にまで増えたと言われています。そのマングースがアマミノクロウサギを捕食《ほしょく》するとともに、農作物にも被害《ひがい》を与《あた》えることを理由に、防除事業が進み、現在は五〇匹以下にまで減ったとされています。

そして現在の一番の脅威とされているのが、ノネコ（飼い猫《ねこ》でも野良猫《のらねこ》でもない、野生化した猫）による捕食です。あまり知られていませんが、ノネコとノイヌは何でも食べてしまうため、それまでいなかった地域に持ち込《こ》まれると最悪の外来種になってしまいます。そのノネコが奄美大島で繁殖してしまったのです。

世界遺産登録を目指して、生態系と生物多様性の保全を目指す人たちは、アマミノクロウサギの絶滅を食い止めるべく、ノネコの大量捕獲《ほかく》に乗り出しました。それに対して、動物愛護団体から捕獲に反対する運動が起こり、二〇一八年には反対署名が五万筆に達しました。

近年、飼い猫や飼い犬を殺処分することは、非難の対象になっています。ドキュメンタリー映画『犬と猫と人間と』を見ると、殺処分の現状にやりきれない思いがします。同じイヌとネコなのに、飼い犬・飼い猫の場合は殺処分が非難され、ノイヌとノネコの場合は殺処分が是認《ぜにん》されるのは、おかしな気もします。「外来種」になったとたんに殺処分が認められてしまうことに対しては、違和感《いわかん》を覚える人も多いでしょう。

（吉永明弘『はじめて学ぶ環境倫理　未来のために「しくみ」を問う』）

問一　――線部（１）「生きものの賑わい」とありますが、これはどのような状態ですか。次のア～エの中から最も適当なものを選び、記号で答えなさい。

ア　生きものの種類が多様であり、鳴き声や羽音などで活気づいている状態

イ　生きものにとって暮らしやすいすみかに、生きものが密集する状態

ウ　いろいろな場所に様々な生きものが豊かに暮らしている状態

エ　より住みやすい所を求めて、生きものが常に移動する状態

問二　――線部（２）「飛行機がバラバラになる」とありますが、これはどのようなことをたとえていますか。次のア～エの中から最も適当なものを選び、記号で答えなさい。

ア　生きものの間で遺伝子の病気が流行して、生きもの全体の数が少なくなること

イ　生きもののすみかがあちこちに散らばり、それぞれの群れの規模が小さくなること

ウ　生きもの全体の秩序が失われ、生きもの同士の争いが絶えないようになること

エ　生きもの全体に悪影響《えいきょう》が及《およ》び、生きもの同士のつながりが失われるようになること

問三　――線部（３）「長い期間を～止めなければならない」とありますが、このように考えられるのはなぜですか。その理由を五十字以内でわかりやすく説明しなさい。

問四　Ⅰ～Ⅲにあてはまる言葉は何ですか。次のページのア～オの中から最も適当なものをそれぞれ一つ選び、記号で答えなさい。

来、食卓《しょくたく》にウナギがのぼらなくなる恐《おそ》れがあります。

これは第2章で取り上げた世代間倫理の話に関わってきます。このままウナギが絶滅したならば、世代間に大きな不公平が生じることになります。つまり、現在の我々は「ウナギって美味《おい》しいね」と言ってたくさん食べることができていますが、将来の世代はその楽しみを享受《きょうじゅ》することができないことになります。そして将来の世代は、時間をさかのぼって過去の世代（つまり私たち）に文句を言うことができないのです。

さらに二〇二〇年にはマツタケが絶滅危惧種に指定されました。ウナギやマツタケのように食文化に関わるものについては、次のような論点もあります。商店街を調べていて、「江戸時代にはここにはウナギ屋があった」ということを知ったとき、私たちは過去とのつながりを感じることができます。ウナギ屋がどういうものかを私たちは知っていますし、ウナギ屋が江戸時代から存在することも知っているからです。マツタケを食べたことがある人はもちろん、仮にマツタケを食べたことがなくても、マツタケが何かはご存じでしょう。ドラマやマンガなどで「高級食材の代名詞」として使われるからです。しかし将来の人々はウナギもウナギ屋の風景も、マツタケが喚起《かんき》する高級なイメージも、実感できなくなっているかもしれません。種の絶滅は文化や歴史の断絶にもつながるのです。

動物倫理との対立

ここまで、生物種の絶滅を防がなければならない理由として、人間非中心主義のなかの「生態系中心主義」による理由と、「人間中心主義」的な理由を挙げてきました。これらの立場から、生物の「種」を守る責任が人間（現在世代）にある、ということが議論されてきました。

それに対して、人間非中心主義にはもう一つ、「**生命中心主義**」という立場があります。この立場の人々は生物の「種」ではなく「個々の命」を守ることを主張します。「生きとし生けるものすべての命を尊重する」という立場から、「感覚を有する動物の福祉《ふくし》や権利を尊重する」という立場までありますが、特に後者は、近年「**動物倫理**」として関心を集めています。

動物倫理の立場から先のウナギの例を見るならば、生物種の絶滅を防ぐ以前に、ウナギを「食べる」行為《こうい》自体がウナギへの加害行為だとして批判されることでしょう。この例では、理由や程度は違えど、解決へ向けての方向性は同じもの（ウナギの販売《はんばい》を抑制《よくせい》する／禁止する）になります。他方で、動物倫理は環境倫理と対立することも多いのです。ここでは(5)動物倫理が「生物種の絶滅を防ぐ」運動や政策と対立するという点にしぼって見ていきます。

二〇二一年七月に、「奄美大島《あまみおおしま》、徳之島《とくのしま》、沖縄島北部及び西表島《いりおもてじま》」が世界自然遺産に登録されました。奄美大島には、アマミノクロウサギという絶滅危惧種がいます。アマミノクロウサギという種と、それが住む生態系を守ることは、世界遺産登録により必須《ひっす》の義務となりました。

過去をさかのぼると、アマミノクロウサギは何度も絶滅の危機にさらされてきたことが分かります。一九九五年、奄美大島にゴルフ場開発の計画が持ちあがったときには、アマミノクロウサギやたくさんの野生生物の生息地が失われることが懸念《けねん》されました。そこで地元の人たちが、アマミノクロウサギ他四種を共同原告にして裁判を起こしました。これ

う疑問です。

種の絶滅は、自然にたくさん起こっている。このことは生物多様性の保全に関わっている人たちも承知しています。問題は、①これまでにないスピードで大量の種が絶滅していること、そして、②それが人間活動のせいだということ、この二点にあります。

一つ目の、絶滅のスピードが速いという点について見ていきましょう。過去を振《ふ》り返《かえ》れば、恐竜《きょうりゅう》の絶滅期のように、種が大量に絶滅した時期が五回ありました。現在はそれらに匹敵《ひってき》する六回目の大量絶滅が起こっていると言われています。つまり今問題となっている絶滅は、長い目で見て自然に生じている絶滅ではなく、急速に大量に起こっている絶滅なのです。

そして二つ目ですが、現在の大量絶滅と過去の五回の大量絶滅には違《ちが》いがあり、現在の大量絶滅は人間の経済活動（森林伐採《ばっさい》など）によって引き起こされたものです。

一般に、自然界で起こることには人間の責任はないと考えられています。責任というのは、自由な選択《せんたく》ができる主体に属するものです。［ Ⅰ ］この本の内容については、私に責任が生じています。私は自分の判断で過去の学説を引用し、自由に意見を書いているからです。間違ったことや人を傷つけることを書いたら、非難の対象になります。

［ Ⅱ ］、台風が直撃《ちょくげき》して家が壊《こわ》れた場合には、台風に責任を問うことはできません。台風は自然現象であって、台風が家を壊すか壊さないかについての自由な選択の結果、家を壊したわけではないからです。

［ Ⅲ ］、自然に起こった過去の大量絶滅については、人間に責任はないけれども、今回の大量絶滅は人間活動が原因であるため、人間に責任が生じているのです。

同じことは地球温暖化問題にも言えます。地球の気候が変化したことは過去にいくらでもあります。それらに対して人間に責任はありません。この場合も、ポイントは気候が変化していることにあるのではなく、

［ A ］

①［ ⅰ ］、②［ ⅱ ］、③［ ⅲ ］、

という三つの点がそろって初めて、人間の責任が問われてくるのです。

以上の話から、生物種の絶滅を防ぐべき理由は生態系の健全さを維持すべきだからであり、しかも現在の生物種の絶滅はスピードが速く人間活動が原因となっているので、生物種の絶滅を防ぐ責任が人間にある、ということが理解されたかと思います。

これらの説明は、第1章でふれた「人間非中心主義」のなかの「**生態系中心主義**」という立場に立ったものです。つまり、人間のためというよりは、生態系のために生態系を守ろう、そのために種の絶滅を防ごう、という主張です。

それとは別に、生物種の絶滅は人間にとっても残念なことだろう、という考え方もあります。これを「**人間中心主義**」（自然ではなく人間本位にものを考える立場）として嫌《きら》う人もいますが、（４）私は重要な論点だと思っています。

二〇一四年にＩＵＣＮ（国際自然保護連合）はウナギを絶滅危惧種《きぐしゅ》に指定しました。ウナギは今も普通に売られているので意外だと感じる人も多いでしょう。しかしこのままの状態で生産と消費が続けば、近い将

あってbiodiversityという言葉は普及《ふきゅう》したのだ、といいます。これは面白い見解だと思います。

それに対して、日本語の「生物多様性」はいかにも学術用語ふうで堅苦《かたくる》しく、このままではこの言葉は普及しないとして、岸は「(1)**生きものの賑《にぎ》わい**」という言葉を用いることを提案しています。

確かに「生きものの賑わい」のほうが、イメージがつかめそうです。周りに多種多様な生きものがたくさんいることが「生きものの賑わい」の姿といえるでしょう。岸はまた、生きものの種類が多様なだけでなく、生きもののすみかが多様であることを重視します。種の多様性だけでなく、「すみ場所」の多様性が大切で、いろいろな場所に、いろいろな生きものが住んでいることが「生きものの賑わい」のポイントなのです。岸は、「流域」に焦点《しょうてん》を合わせて、大地の凸凹《でこぼこ》にあわせて多種多様な生きものとともに暮らしていく、というビジョンを発信し続けています。

diversity《ダイバーシティ》はなぜ大事なのか

ところで、ここまでの話では、diversityがあったほうがよい、賑わいがあったほうがよい、ということが前提とされてきました。そのため、多様性や賑わいはなぜ必要なのか、という疑問をもった人もいるかもしれません。この点については環境倫理学《かんきょうりんりがく》や生態学のなかからいくつかの説明がなされています。

そのうちの有名なものは、それぞれの種を飛行機のリベット（留め金具）になぞらえる説明です。生態系を飛行機に見立てれば、それぞれの種は全体を支える留め金具なのであり、種が絶滅《ぜつめつ》することは一つの留め金具が外れることで、全体の健全性を損なう（下手をすれば(2)飛行機がバラバラになる）というものです。また、何らかの病気が蔓延《まんえん》したときに、いろいろな遺伝子をもった生きものがいれば、全部が病気にかからなくて済《す》む可能性が高まる、という説明があります。これも生態系全体の健全さに価値を置いた説明です。

このように、個体、種、遺伝子のすべてのレベルで多様性が確保されているほうが、全体の生態系システムが維持《いじ》される、というのが、生物多様性を重視する人たちの標準的な説明となっています（「賑わい」という言葉には、それに加えて地域社会の豊かさの要素が含《ふく》まれているといえます）。

六回目の大量絶滅

以上から、種の絶滅を防ぐべきだという主張の最終的な根拠《こんきょ》は、全体としての生態系の健全さを維持するため、ということになるかと思います。

しかし、どのような生態系が健全なのかに関しては意見が分かれています。どういう状態が健全なのか、あるいはどの時代の生態系が理想形なのか、に関しては明確な答えは出ないと思われます。というのも近年の生態学の研究から、生態系はダイナミックに変化するものだということが分かってきているからです。

そのことに関連して、最初にふれたような疑問が発せられることになります。(3)長い期間をとれば種の絶滅は自然にたくさん起こっていることであり、それをあえて止めなければならないのはなぜなのか、とい

ア～エの中から最も適当なものを選び、記号で答えなさい。

ア 「ぼく」の曲を聴いた感想を、知らない相手に、直接言葉で伝えるのはためらわれたから

イ 「ぼく」の曲を聴いて、自分も詩を発信すれば他の誰かとつながれると思ったから

ウ 「ぼく」の曲を聴いてわき上がってきた思いを、詩という形式で伝えたかったから

エ 「ぼく」の曲のイメージに合わせて自分も詩を作り、共同で発表したいと思ったから

問五 ――線部⑤「母さんぎつねの～浮かんできた」とありますが、「ぼく」が新美南吉の童話の一節を思い浮かべたのはなぜだと考えられますか。次のア～エの中から最も適当なものを選び、記号で答えなさい。

ア 人間はきらいだという「女の子」の言葉には、動物に危害を加える人間への嫌悪《けんお》感が込《こ》められていたから

イ 人間はきらいだという「女の子」の言葉から、自分をおびやかす相手への警戒《けいかい》心が伝わってきたから

ウ 人間はきらいだという「女の子」の言葉から、辛《つら》くても一人で生きていこうとする強い意志が感じられたから

エ 人間はきらいだという「女の子」の言葉には、どうあがいても助からないというあきらめがにじみ出ていたから

問六 ――線部⑥「曲がやってきたんだ」とありますが、これはどのようなことを表していますか。四十字以内でわかりやすく説明しなさい。

問七 [1] にあてはまる言葉は何ですか。次のア～エの中から最も適当なものを選び、記号で答えなさい。

ア ほんのりと　イ はらりと

ウ さらさらと　エ ふらりと

問八 ――線部⑦「花を～あなたに」とありますが、これと同じ表現技法が用いられているものはどれですか。次のア～エの中から最も適当なものを選び、記号で答えなさい。

ア 刃物《はもの》のような冬が来た

イ かもめかもめ　去りゆくかもめ

ウ とんでいこう　どこまでも

エ あなたの手のぬくみ

問九 [2] にあてはまる言葉を、「花をあげたい」の詩の中から五字でそのままぬき出しなさい。なお、句読点や記号なども一字に数えます。

問十 ――線部⑧「地球通信」とありますが、これはどのようなものですか。文中の言葉を使って四十字以内でわかりやすく説明しなさい。

二 次の文章を読んで、後の問いに答えなさい。

biodiversity《バイオダイバーシティ》と「生物多様性」の違い

海外の研究ではbiodiversityという言葉が普通《ふつう》に使われています。この言葉は英語として定着したと言ってよいでしょう。生物学者の岸由二《ゆうじ》さんによれば、英語圏《けん》の人々はbとvとdの入った言葉が大好きで、それも

だ。

木の葉と風の通信だ。

木の葉は風に詩を、風は木の葉に音楽を送る。メールというつばさに乗せて。

地球のこっち側から音楽を送ると、反対側から詩が返ってくる。

その詩を読んで、新しい音楽を送ると、また新しい詩が返ってくる。

ことばが音楽に変換《へんかん》され、音楽がことばに変換される。毎回、驚《おどろ》きと喜びに満ちている。それが「⑧地球通信」だ。

（小手鞠《こでまり》るい『きみの声をきかせて』）

※注　新美南吉の童話「小さい太郎の悲しみ」の一節

「しかし或《あ》る悲しみは泣くことができません。泣いたって、どうしたって消すことはできないのです。いま、小さい太郎の胸にひろがった悲しみは泣くことのできない悲しみでした。」という文章が添《そ》えられている。

問一　――線部①「作曲というのは、～連鎖だ」とありますが、これはどのようなことを表していますか。次のア～エの中から最も適当なものを選び、記号で答えなさい。

ア　メロディとリズムが「ぼく」の中で自然と調和して、生命力にあふれた曲が次々にできあがるということ

イ　メロディやリズムが勢いよく「ぼく」の体中をかけめぐり、音の洪水《こうずい》に圧倒《あっとう》されそうになるということ

ウ　絶え間なくわき起こるメロディとリズムを利用して、「ぼく」が新しい曲を作り上げるということ

エ　メロディやリズムが「ぼく」の中に流れこんでつながり、新しい曲が生まれて幸福感で満たされるということ

問二　――線部②「ぼくの～舞いおりてきた」とありますが、これは具体的にどのようなことを表していますか。次のア～エの中から最も適当なものを選び、記号で答えなさい。

ア　「ぼく」がネットサイトに投稿した曲に対して、「いちまいのこのは」と名乗る「女の子」がさり気なく感想を寄せたこと

イ　ネットサイトで「ぼく」の曲を聴いた「女の子」から返信が届き、音楽について語り合える相手に出会えたこと

ウ　ネットサイトに投稿した「ぼく」の曲は、舞い落ちる木の葉のような、はかない印象を「女の子」に与《あた》えたこと

エ　ネットサイトに投稿した「ぼく」の曲へ、「女の子」から一編の詩が送られてきて、「文通」が始まるきっかけになったこと

問三　――線部③「ことばは～ままです」とありますが、これはどのような様子を表していますか。次のア～エの中から最も適当なものを選び、記号で答えなさい。

ア　「落ち葉」にたとえられた「ことば」が、行き場を失い、誰《だれ》にもかえりみられない様子

イ　「ことば」が「落ち葉」のように力を失ってしまい、他の人に伝わらない様子

ウ　「ことば」が「落ち葉」と重ね合わされて、たくさんの言葉の中に埋《う》もれている様子

エ　「落ち葉」と重ねられた「ことば」が、他の言葉と切り離《はな》されて、意味を持たない様子

問四　――線部④「メッセージは、～書かれていた」とありますが、「女の子」がこのようにしたのはなぜだと考えられますか。次のページの

みのことが好きだよ。

そんな思いをこめて、曲をつくった。

いや、そうじゃない。⑥曲がやってきたんだ。この詩が、日本語のことばたちが、音楽を連れてきてくれたんだ。

たったひとりの人にむかって、一枚の木の葉さんのために、ぼくはピアノを弾いた。そして、送った。特定の人だけに送ることのできる「パーソナルメッセージ」の機能を使って。ことばのメッセージは、つけなかった。ただ、音楽だけを送った。

返事はすぐには来なかった。

一週間が過ぎて、十日が過ぎて、めいわくだったかな、と、反省しはじめたころ、[1]返事が届いた。

そこにはやっぱり、詩だけが書かれていた。

一作目よりも、ずいぶん明るくなっていた。

それがぼくから送った音楽のせいだったのだとしたら、ぼくはとても幸せだし、光栄だと思った。

　　花をあげたい

路地を走って
角のお菓子屋《かしや》さんで
花屋さんの場所をたずねて
ばらの花束はたしかにすてきだし
スイートピーもかわいい
かすみ草が大好きだけど
涙《なみだ》の結晶《けっしょう》みたいに見えるから

きょうは
赤いカーネーションで
大きな花束をつくります

リボンは明るい黄色をむすんで

⑦花をあげたい
あなたに
心をつたえたい
走っていって

「[2]をありがとう」の気持ちをこめて、またピアノを弾いて、彼女に音楽を送った。

文章のメッセージは、ちょっと迷ったけれど、やっぱりなしにした。音楽が、ぼくのメッセージだからだ。

ぼくのことばは、ピアノが語ってくれる。

二日後、彼女からの返事が届いた。短い詩が一編。短いけれど、軽快なリズム。受けとるとすぐに、ぼくからも短い音楽を送った。すぐに返事が届いた。俳句みたいな短い詩。

それから、ぼくらの「文通」が始まった。

ぼくはアメリカから、彼女は日本から「手紙」を送りあう。音楽と詩。それがぼくらの手紙だ。

日本とアメリカは地球の反対側にあるから、「パーソナルメッセージ」の欄に「地球通信」と、ぼくは名前をつけた。ふたりだけのメール通信

③ことばは
うずくまったままです

好きな曲を紹介《しょうかい》したり、発表したり、送りあったりできる「ベストフレンド」というネットサイト。そこに、※注新美南吉《にいみなんきち》の童話「小さい太郎の悲しみ」の一節をそえて投稿《とうこう》しておいた、ぼくのオリジナル曲に対する感想として、その人は、自分の書いた詩を送ってきてくれた。

④メッセージは、何もそえられていなかった。

ただ、この詩だけが書かれていた。

もしかしたら、ぼくの曲に、詩をつけてくれたのだろうか。

「すばらしい」とか「大好き」とか「感動した」とか「うっとり」とか、一語か二語のコメントなら、今までに何度かもらったことがあるけれど、こんなふうに一編の詩を送ってもらったのは、はじめてのことだった。

ぼくのパソコンには、和訳・英訳機能と音声機能の両方がついているので、この詩を「音」におきかえて、日本語と英語の両方で、くりかえし、聴いてみた。

なんだかさびしそうな詩だ。

それが第一印象だった。

しずまりかえっている森が見えた。

あたりには、音もなく、落ち葉の雨が降っている。

やがて落ち葉は小雪に変わる。

森の奥《おく》で、うずくまったままふるえている、小さな女の子のすがたが見えた。

この子の胸のなかにも、小さい太郎の感じていた「悲しみ」が広がっているのだろうか。ぼくがいつも、朝から晩まで、笑っているときでさえ感じているあの「かなしみ」が。

いったい、どんな人がこの詩を書いて、送ってきてくれたのだろう。

名前の欄《らん》をクリックすると、「いちまいのこのは」という音が聞こえてきた。

美しい名前だと思った。

まるで美しい物語のタイトルみたいだ。

自己紹介は「京都で生まれて、東京の郊外《こうがい》で育ちました。本を読むのが好きです。女子中学生です。ひとりで過ごすのが好きです。友だちは、動物と植物と小鳥と音楽。人間はきらいです——」

「にんげんはきらいです」

そのことばが心臓に突《つ》きささって、ぬけなくなった。

新美南吉の童話「手袋《てぶくろ》を買いに」に出てくる、⑤母さんぎつねのことばが浮《う》かんできた。

——人間はね、相手が狐《きつね》だとわかると、手袋を売ってくれないんだよ、それどころか、つかまえて檻《おり》の中へ入れちゃうんだよ、人間ってほんとにこわいものなんだよ。

ぼくはその日、日本に住んでいる中学生の女の子に、新しい音楽を送った。

彼女《かのじょ》を元気づけたかった。はげましたかった。なぐさめたかった。

きみはひとりで過ごすのが好きかもしれないけれど、きみはひとりぼっちじゃないよ。きみは人間がきらいかもしれないけれど、ぼくはき

【国　語】〈五〇分〉　〈満点：一〇〇点〉

一　「ぼく」（大崎海渡《おおさきかいと》）は日本で生まれ、養父母と共にアメリカで暮らす十六歳《さい》の少年です。ピアノを演奏し、作曲やバンド活動を行っています。次の文章を読んで、後の問いに答えなさい。

ぼくが音楽をつくっているのではなくて、音楽がぼくをつくっている。

こうして、ピアノにむかって作曲をしているとき、ふいに、そんなふうに思える瞬間《しゅんかん》がやってくる。

どこかで——たぶん、銀河系のかなたで——生まれた新しい星のようなメロディが、まるで流星の光みたいにぼくのからだのなかに流れこんできて、ぼくを占領《せんりょう》してしまい、発熱し、からだからあふれそうになったその音楽が、指先から鍵盤《けんばん》の上にこぼれ落ちて、しずくがつながって、新しい曲ができあがる。

ぼくの心は、喜びでいっぱいになる。

その喜びがまた、新しいメロディを、リズムを連れてくる。

①作曲というのは、感動的かつ創造的な、喜びの光の連鎖《れんさ》だ。

ぼくのバンド仲間で、チェロ奏者のリンのことばを借りれば、雨つぶの連鎖か。いつだったか、リンはこう言っていた。

「私の音楽は、空から降ってくるの。雨つぶみたいにね。私はそれらをひとつぶ、ひとつぶ、拾いあつめて、川の流れになるようにして、演奏するの」

ぼくの場合には、空から降ってくるのは、木の葉かもしれない。

何か大きなものにみちびかれるようにして、ピアノを弾《ひ》きながら、ぼくは思い出している。あの日、降ってきた小さなものを。

たしかにあの日、あの春の日、②ぼくの手のひらのなかに一枚、木の葉がはらりと舞《ま》いおりてきた。

言の葉　落ち葉

いそがしく過ぎていく
一日と一日の
わずかなすきまに
満員バスのいちばんうしろの
ポツンと空いた
ひとつの座席に

立ち止まって見つめる
風のふきだまりに
落ちていることばがあります
忘れられて
行くところのないことば

ことばは落ち葉のように
大地に
舞いおりていきたいのです

けれどもさびしさのためか
みずからの重さのためか

MEMO

大切なことはメモしておこうネ！

2023年度

晃華学園中学校入試問題（第２回）

【算　数】（40分）　＜満点：80点＞

1　次の各問いに答えなさい。

⑴　次の計算をしなさい。

$$\left\{\frac{25}{9}\div\left(1\frac{47}{57}-1\frac{3}{19}\right)-1.2\right\}\times30$$

⑵　２つのコップA，Bのそれぞれに水が入っています。Aに入っている水の$\frac{1}{4}$をBに移したところ，A，Bに入っている水の量は等しくなりました。最初にA，Bに入っていた水の量の比を，最も簡単な整数の比で表しなさい。

⑶　華子さんは，スタート地点から10㎞先の目的地まで移動しました。はじめの３分は走り，次の３分は歩き，その後は３分ごとに走ることと歩くことを交互《こうご》に繰《く》り返《かえ》しました。走る速さが時速８㎞，歩く速さが時速３㎞のとき，目的地に着くまでに走った時間の合計を求めなさい。

⑷　右の図の①，②，③，④，⑤，⑥の部分を，赤，青，黄の３色でぬり分けます。ぬり分ける方法は全部で何通りあるか求めなさい。ただし，となりあう部分は異なる色とします。

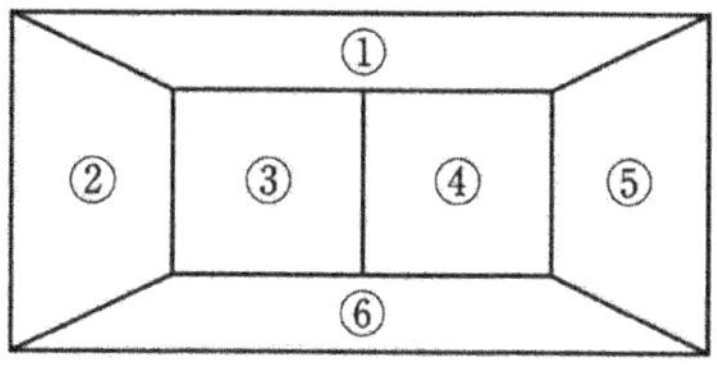

⑸　右の図は，円柱の一部を切り取ったものです。この図形の体積を求めなさい。ただし，円周率は3.14とします。

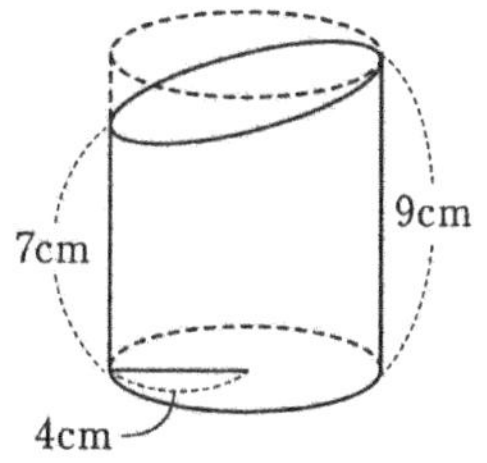

2　てんびんの左側におもりを置き，右側に３ｇと７ｇの分銅をいくつか置いて，てんびんがつりあうようにします。ただし，分銅は３ｇと７ｇの両方を用いても，３ｇのみ用いても，７ｇのみ用いてもよいものとします。このとき，次の各問いに答えなさい。

⑴　てんびんの左側に17ｇのおもりを置きました。このとき，てんびんの右側に３ｇと７ｇの分銅をそれぞれ何個置けばよいか，求めなさい。

⑵　例えば，てんびんの左側に８ｇのおもりを置くと，てんびんの右側に３ｇと７ｇの分銅をどのように組み合わせて置いても，つりあうことはありません。

　このようなつりあわないおもりの中で，最も重いものは何ｇですか。ただし，おもりの重さは整数とします。

３　右の図は１辺が６㎝の立方体で，図の●は立方体の各辺の真ん中の点です。このとき，次の各問いに答えなさい。

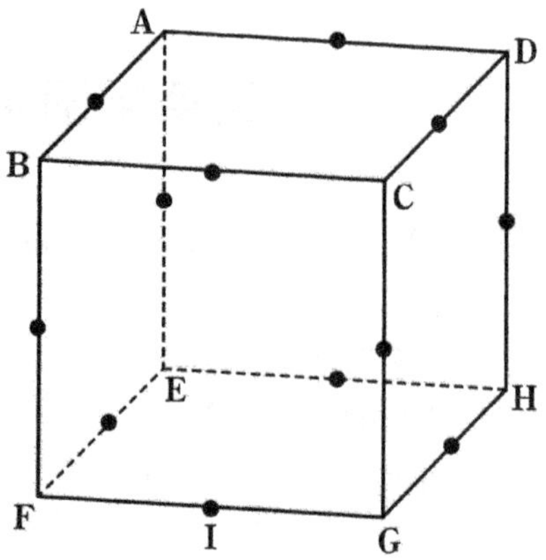

⑴　この立方体を３点Ｂ，Ｄ，Ｉを通る平面で切ったときにできる切り口は，どのような図形になりますか。解答らんの立方体の図にかきこみなさい。

⑵　この立方体を３点Ｂ，Ｄ，Ｉを通る平面で切ってできる２つの立体のうち，小さい方の体積を求めなさい。

４　下の図のような正方形と直角三角形があります。正方形は，右の方向に毎秒３㎝の速さで直線上を移動します。このとき，次の各問いに答えなさい。

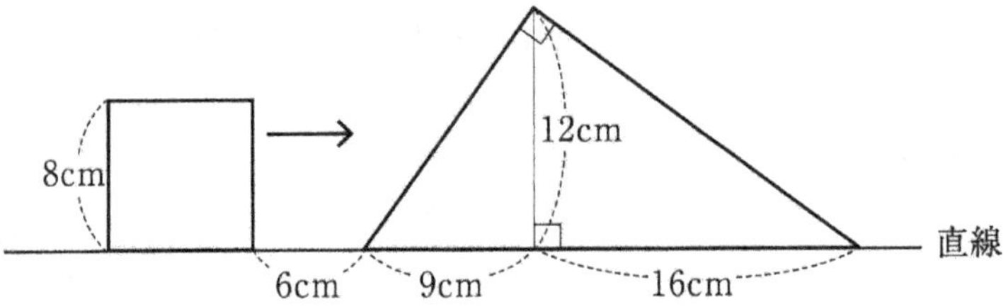

⑴　２つの図形が重なっている部分があるのは何秒間か求めなさい。

⑵　動き始めてから３秒後の，２つの図形が重なっている部分の面積を求めなさい。

⑶　２つの図形が重なっている部分の面積が58㎠になるのは２回あります。動き始めてから何秒後と何秒後か求めなさい。

５　１から100までのある整数を，連続するいくつかの整数の和で表すことを考えます。ただし，０は使いません。

例えば，６は連続する３つの整数の和で表すことができて，

$6 = 1 + 2 + 3$

となります。このとき，次の各問いに答えなさい。

⑴　１から100までの整数のうち，連続する３つの整数の和で表すことができる数は何個あるか答えなさい。

⑵　⑴の数のうち，連続する４つの整数の和で表すことができる数は何個あるか答えなさい。

⑶　⑵の数のうち，連続する５つの整数の和で表すことができる数をすべて答えなさい。

用いてはいけません。

ア　人間は社会を形成することによって生きられるので、よりよい社会のために必要なケアについて考えなければならない

イ　共感するということは人間特有の感情であるので、共感を必要とする感情労働は今後も人間にしか行うことができない

ウ　コミュニケーションが苦手な人も、それを補うデジタルツールなどを活用し、他者を理解することに努める必要がある

エ　人と人とがデジタルツールを通じてつながることで、遠くで暮らしている人に対してもよりよいケアを行うことができる

オ　ケアを共にする社会では、社会の歩みは遅くなるかもしれないが、一人一人の人間がよりよく生きることの方が重視される

三　次の①～③の――線部のカタカナを漢字に直しなさい。

①　ヨウサン農家を継《つ》ぐ

②　羊のムれ

③　チャクガン点がするどい

エ　他者と一対一で感情や行動を共有する段階

問三　――線部⑵「無私」、⑶「円滑」の意味として最も適当なものを次のア～エからそれぞれ選び、記号で答えなさい。

⑵「無私」
ア　自分の意思をもたない　イ　望みをあきらめる
ウ　自分の利益を求めない　エ　我をわすれる

⑶「円滑」
ア　誰にも邪魔《じゃま》されない　イ　何も妨《さまた》げるものがない
ウ　他に影響を与《あた》えない　エ　物事の進度が速い

問四　――線部⑷「コミュニケーション～広げる」とありますが、これにあてはまらないものを、次のア～エの中から一つ選び、記号で答えなさい。

ア　過去の音声を文字で再現することで、より正確なコミュニケーションにつなげられる
イ　違う言語を用いる人同士のコミュニケーションがスムーズに行えるようになる
ウ　会話を表示した文字を拡大することで、目の悪い人もコミュニケーションがしやすくなる
エ　音声による理解を苦手とする人が、コミュニケーションに参加しやすくなる

問五　――線部⑸「ＡＩに～組み込んでいく」とはどういうことですか。次のア～エの中から最も適当なものを選び、記号で答えなさい。

ア　人間の認知活動のメカニズムを明らかにし、それを元にした機能をＡＩに搭載《とうさい》することで、社会性や共感を持っているかのようにすること
イ　ＡＩを開発する際、人間同士のコミュニケーションを支援するような機能を組み込むことで、ＡＩが社会の中で共感をもって受け入れられるようにすること
ウ　ＡＩが人間の表情や言語を分かりやすく翻訳することで、人間の社会性や共感する力を育むための有益なツールとなっていくということ
エ　人間の認知活動のメカニズムをモデル化する機能をもったＡＩには、その過程で人間と同様の社会性や共感が備わっていくはずであるということ

問六　[Ⅳ]に当てはまると考えられる言葉は何ですか。次のア～エから最も適当なものを選び、記号で答えなさい。

ア　歴史や文化など、目に見えないもの
イ　思想や概念と呼ばれているもの
ウ　絶滅危惧《きぐ》種や環境破壊《はかい》の進む地域の自然
エ　動物、生態系といった環境

問七　――線部⑹「ケアを共にする」とはどういうことですか。次のア～エの中から最も適当なものを選び、記号で答えなさい。

ア　すべての人に対してケアを行う
イ　誰もがケアに関わる
ウ　同時にケアが始まる
エ　みなが同じケアを受けられる

問八　次のページのア～オのうち、本文の内容と合っているものにはＡ、そうでないものにはＢと答えなさい。ただし、すべて同じ記号を

「もっとも一般的な意味において、ケアは人類的な活動 a species activityであり、わたしたちがこの世界で、できるかぎりより善く生きるために、この世界を維持《いじ》し、継続《けいぞく》させ、そして修復するためになす、すべての活動を含《ふく》んでいる。世界とは、わたしたちの身体、わたしたち自身、そして環境のことであり、生命を維持するための複雑な網《あみ》の目へと、わたしたちが編みこもうとする、あらゆるものを含んでいる。」

（ジョアン・C・トロント著、岡野八代訳・著『ケアするのは誰か？』白澤社）

人間はそもそも社会的な生き物です。一人では生きていけませんし、お互いになんらかの形で依存《いそん》して生きています。このケアの考え方を前提に世界を見ていくと、いろいろなもの、問題が見えてきます。よりよいケアの活動に向け、トロントらは、「①関心を向けること　caring about」「②配慮《はいりょ》すること　caring for」「③ケアを提供すること　care-giving」「④ケアを受け取ること　care-receiving」の四つの切り口を示しました。

この四つが互いにうまく組み合わさることによって、よりよい社会になると考えました。逆にいずれか一つが欠けても、私たちが暮らす社会に問題が出てくるということです。ケアの対象は人だけでなく、［Ⅳ］も含みます。誰にケアが必要かだけでなく、ここで「誰がケアしていないのか」を考えてみるのも良いでしょう。

トロントらは、誰もがみな生涯《しょうがい》を通じてケアに関わっていく、利益を受けるだけ、提供するだけというところから、①から④の次に⑤として「ケアを共にする　caring with」ことを提唱します。(6)ケアを共にする社会においては、社会全体としては歩みは遅くなるかもしれませんが、誰も取りこぼすことなく、互いに支え合いつつ、ゆっくりと進んでいくことができるでしょう。網目状の織物であれば、どこかの糸が切れても、全体としてはつながっている。自分の糸が切れても誰かが補ってくれる、そんな強い社会にしていくために、新しいテクノロジーやＡＩの活用方法を考えていくこともできるはずです。

（美馬のゆり『ＡＩの時代を生きる　未来をデザインする創造力と共感力』）

問一　――線部(1)「それはなぜでしょうか」とありますが、この理由として適当ではないものを次のア～エの中から一つ選び、記号で答えなさい。

ア　共同注意という行動は、まだ言葉も話せないような時期から赤ちゃんが他者の心を知ろうとすることだから

イ　人間が言語を獲得したことによって、他者との注意と意図の共有が可能になったのだと証明されたから

ウ　共同注意は、他者と意図を共有することにつながり、社会に文化をもたらす力になったと考えられるから

エ　注意や意図を共有することで、生後一四カ月頃にはすでに他者と協力するという心が生まれていると見られるから

問二　［Ⅰ］～［Ⅲ］に当てはまる最も適当なものをあとのア～エの中からそれぞれ選び、記号で答えなさい。

ア　他者と目標物と自分という三者の関係を含んだ三項関係

イ　他者と協力的に関わろうとする段階

ウ　他者の集合である社会と自分という対立関係

すし、コミュニケーションが得意な人もいればそうでない人もいます。できないこと、足りないことが悪いのではありません。大切なことは、各々《おのおの》の違いを互《たが》いに尊重し、認め合い、足りない部分を互いに理解して、補い合うことです、現在では、社会性（対人関係）やコミュニケーションを行えるよう支援《しえん》するデジタルツールも開発されてきています。一つ例を紹介しましょう。

ＵＤトークは、コミュニケーション支援のアプリです。人の話し言葉をリアルタイムでテキストに変換《へんかん》し、会話を文字で表示することにより可視化します。私が仲間と毎年実施《じっし》しているはこだて国際科学祭のイベントで、ＵＤトークを使って登壇《とうだん》者の話した言葉を、その場で字幕として背景に投影したり、参加者の手元のスマホ等の端末《たんまつ》に配信しました。そのイベントには、聴覚《ちょうかく》に障害《しょうがい》がある人が参加し、ＵＤトークの機能を活用して質問をしていました。また、音声を聞いて理解をすることを苦手とされている人からは、字幕により内容が理解しやすくなったというコメントをいただきました。

このアプリを使うと、音声から変換されたテキストデータは過去にさかのぼって画面で見ることができるので、登壇者がいくつか質問された際に、何分か前の質問の内容を確認して答えるということもありました。また参加者も、講演内容を確認しながら質問していた場面もありました。これを自動翻訳《ほんやく》機能と連動させれば、話すそばからいろいろな言語に翻訳することができます。難聴者など音を聞き取りにくい人がイベントに参加しやすくなることを意識して導入しましたが、他にもいろいろな活用の仕方があることを発見しました。このように、話し言葉を文字化する技術は難聴者のためだけでなく、(4)コミュニケーションのあり方の可能性を広げることになるのです。

これは話し言葉のコミュニケーション支援の例でしたが、このほかにも画像認識技術を利用して人の表情を読み取り、喜怒哀楽《きどあいらく》の気分を単純なアイコンでわかりやすく示したり、その反対に、感情を表情に表すことが難しい人に対しては、アイコンで自分の感情を伝えるなどのコミュニケーションを支援するツールも開発されています。

人間の知的活動を支援するツールを開発するためには、人間の認知活動のメカニズムをモデル化する必要が出てきます。このモデルを作っていく過程に、ＡＩの新しい機能開発の重要なヒントを得られる可能性があります。社会性やコミュニケーションを支援するツールの開発は、(5)ＡＩに「社会性」「共感」といった概念《がいねん》を組み込んでいく際に参考になっていくでしょう。

ケアを共にする社会のＡＩへ

人と人のつながりを意識することで成り立っている職業の多くが感情労働と呼ばれ、それは人間の強みである共感が必要な、いわゆる「ケア」を与える側の仕事でした。感情労働の大変さを軽減するために、ＡＩを活用できる可能性もあります。その可能性を探るため、ケアの概念について考えてみようと思います。

そもそもケアとはどのような概念なのでしょうか。ケアをする人（care-giver）、ケアされる人（care-receiver）というと、子どもや高齢《こうれい》者の世話の風景を思い浮かべるのではないでしょうか。政治学者のジョアン・トロントとベレニス・フィッシャーは、もう少し広い意味で、ケアを以下のように定義しました。

ア　和久井くんが、荒《あ》れているクラスを立て直すことに成功したこと
イ　和久井くんが、クラスメイトの関心を「私」や文乃からそらしたこと
ウ　和久井くんが、自分こそがクラスのまとめ役であると認めさせたこと
エ　和久井くんが、冗談の言い合いを通して笑いをクラスにもたらしたこと

二　次の文章を読んで後の問いに答えなさい。ただし文中の図は省略してあります。

共感の生まれるところに発見がある

「共感する」ということは、家庭や学校で特に教わってくるわけではないとさきにも書きました。でもいつの頃《ころ》からか、多くの人がそうした感情を持つようになりますし、誰《だれ》かの状況《じょうきょう》に涙《なみだ》を流したり、怒《おこ》ったりできるようになってきます。不思議ですね。人間が赤ちゃんから大人へと発達してくる中で、共感はいつ現れてくるのでしょうか。その糸口になるのが、米国の認知《にんち》心理学者のマイケル・トマセロの研究です。トマセロは認知心理学の中でも、霊長《れいちょう》類学、発達心理学を専門としています。

生後九カ月以降の赤ちゃんには、「共同注意」（joint attention）と呼ばれる行動が出現することがわかっています。共同注意とは、そばにいる誰かがあるものを見ると、それを見るようになるということです。え、なんでそれが不思議なの？　と思う読者もいるでしょう。でもこれ、すごいことなんです。(1)それはなぜでしょうか。

赤ちゃんは最初の頃は、ミルクをくれる人など、世話をしてくれる人だけを見ています。ところが九カ月を過ぎる頃になると、その人が自分以外の何かを見ていると、「何を見ているのかなぁ」と不思議に思って、その「何か」に目を向けるようになるのです。まだまだ言葉も話せない時期ですが、赤ちゃんはその人の興味を、心を知ろうとしているということです（図４・１）。

共同注意に注目した人間の発達の研究は複数ありますが、中でもトマセロはこの活動を、他者を理解するというところに重きを置いた発達の段階としてとらえています。

生後三カ月頃に、［　Ⅰ　］があり、それが生後九カ月頃になると、他者が目的を持っているものとして理解し、目標や知覚を共有し、［　Ⅱ　］に変わってきます。そして、生後一四カ月頃からは、他者は意図を持っているものとして理解し、意図や注意を共有し、［　Ⅲ　］に発達してくるとしています。

この過程で、他者が必要としていることに気づき、それがさらに、人のため、社会のために(2)無私の心で行う行為《こうい》が出てくるとしています。何らかの共通課題達成のために他者と協力するという活動をするようになってくるのです。これが興味深いのは、注意と意図の共有は、人間の進化の過程においても、個人の一生においても、言語の獲得《かくとく》、すなわち言葉を話すようになる前に起こってくることです。このことからトマセロは、意図共有が人間社会における文化の進化をもたらす推進力となったと主張しています。

他方で知っておきたいのは、こうした発達には、先天的なものも含め個人差があることです。一人ひとり異なるから違《ちが》いが生じるのです。対人関係をいとも簡単に(3)円滑《えんかつ》に結べる人もいれば、そうでない人もいま

の様子の説明として最も適当なものはどれですか。次のア～エの中から選び、記号で答えなさい。

ア　テストで0点をとったことを早く忘れて、気を取り直して次のテストのために努力しようとしている

イ　クラスメイトが同情してくれて申し訳ないので、この場の雰囲気《ふんいき》をなごませようとしている

ウ　無理して明るくふるまうことで、つらい気持ちをクラスメイトにさとられないようにしている

エ　0点をとった恥ずかしさを隠して失敗談として紹介《しょうかい》することで、クラスの注目を集めようとしている

問四　――線部④「ドアに～眺める」とありますが、このときの「私」の様子の説明として最も適当なものはどれですか。次のア～エの中から選び、記号で答えなさい。

ア　クラスメイトにからかわれている文乃がいつ怒《おこ》り出すか分からず、はらはらしながら様子を見ている

イ　先生に告げ口をしに行くとクラスメイトに思われるかもしれないので、教室から出られないでいる

ウ　体調がひどくなってきて保健室に一人で行けそうもないので、誰かに助けを求めようとしている

エ　文乃へのからかいも、それに対する文乃の対応も納得《なっとく》いかないが、何をすればいいかわからないでいる

問五　――線部⑤「笑顔の～悪い」に関する説明として最も適当と考えられるものはどれですか。次のア～エの中から選び、記号で答えなさい。

ア　ここでの「笑顔」は、喜びや楽しさからくる一般的《いっぱんてき》な笑顔とは異なるものを表している

イ　「あふれる」という言葉は、笑い声が教室の外まで鳴りひびくほど大きいことを表している

ウ　ここでの「教室」は、普段《ふだん》の明るいクラスの雰囲気を、比喩《ひゆ》を用いて表した言葉である

エ　「気持ちが悪い」は、「私」の体調が悪化していることを強調している表現である

問六　――線部⑥「片眉を上げて」とありますが、これは「かえちゃん」のどのような気持ちを表していますか。次のア～エの中から最も適当なものを選び、記号で答えなさい。

ア　自分の行動を非難するように聞こえる「私」の言葉にいら立つ気持ち

イ　体調の悪い「私」が保健室に行かないでいることを責める気持ち

ウ　クラスメイトと一緒《いっしょ》に笑っていない「私」のことを不思議に思う気持ち

エ　教室が笑いに包まれている理由がわかっていない「私」に驚《おどろ》く気持ち

問七　――線部⑦「ぐっと～向けた」とありますが、この動作には「私」のどのような意志が込《こ》められていますか。「～意志。」に続く形でわかりやすく答えなさい。ただし、「～」の部分は五十字以内とします。

問八　――線部⑧「教室の～なった」とありますが、これはどのようなことを言おうとしているのですか。最も適当なものを次のページのア～エの中から選び、記号で答えなさい。

る。

「……和久井《わくい》くん」

振《ふ》り仰《あお》ぐと、和久井くんと、阪城《さかしろ》くんと多久《たく》くんが立っていた。いつから私の背後にいたのか。と思ったところでそういえば誰かが近づいてきた気配を感じていたことを思い出す。

彼《かれ》は名前を口にした私をちらっと見てから、誰にもバレないように背中にそっと触《ふ》れてきた。

もう大丈夫、とでも言うように。

「いじりが長い長い、お前らまだまだ未熟者だわ。そんなんじゃ不合格って感じ？」

「ぶはは、なんだそれ。なんの試験だよ」

和久井くんは、さっき文乃ちゃんの答案用紙を取り上げようとしていた男子に「そんなんだからだめなんだよ」とにやりと笑いながら指差して、自分の席に向かっていく。いつも和久井くんといる男子ふたりも「センスがねえよな」と同じようにクラスメイトにダメ出ししていた。けれど、けっして場の空気を重くさせるような、真剣《しんけん》な口調ではなかった。

冗談《じょうだん》と本気の、ちょうど中間、という感じだ。

だからなのか、誰ももう、文乃ちゃんを笑うひとはいなかった。

そして、和久井くんは文乃ちゃんの答案用紙を見て、

「オレの字のほうが汚《きた》えな。オレに敵《かな》うわけないっつーの。なあ？」

と阪城くんたちに同意を求める。

「なんのマウントだよ。自慢になんねえだろ」

「なんでも一番は誇《ほこ》れるんだよ」

大声でじゃれ合う和久井くんたちに、かえちゃんも美緒ちゃんも「くだらないことでケンカしてー」と表情をやわらげる。

⑧教室の空気は、一気に和久井くんのものになった。

和久井くんの笑顔に、頭痛が少しだけ引いた気がした。

（櫻いいよ『世界は「　」で沈んでいく』）

問一　――線部①「ちらりと」と同じ性質を持つ言葉は、後のア～エの――線部のどれですか。最も適当なものを一つ選び、記号で答えなさい。

ア　雷《かみなり》がごろごろと鳴っていた。

イ　会場ががやがやと騒がしい。

ウ　私たちは街をぶらぶらと歩いた。

エ　肉がじゅうじゅうと焼ける。

問二　――線部②「うん、ありがとう」とありますが、「私」はこのとき、どのようなことを思っていたと考えられますか。次のア～エの中から最も適当なものを選び、記号で答えなさい。

ア　すぐに頭痛を治したいから、美緒ちゃんにお礼を言って早く教室を離《はな》れよう

イ　美緒ちゃんが体調を心配してくれるのはうれしいけれど、今は一人にしてほしい

ウ　本当は付き添ってほしいけれど、保健室まで行くと昼休みがなくなるから、美緒ちゃんに悪い

エ　美緒ちゃんとは最近仲が良くなかったから、保健室まで二人っきりで行くのは気まずい

問三　――線部③「自ら～している」とありますが、このときの「文乃」

会話がどんどん進んでいく。

今までの失敗をひとつひとつネタにして、そこから別の失敗を嘲《あざけ》る。

仕方ないなあと文乃ちゃんは気持ちを切《き》り替《か》えるためか食事を再開しようとした。けれどタイミング悪く、文乃ちゃんはその場でお箸を逆さに持ち、指摘《してき》されたことでそれを落とす。

教室が高笑いに包まれる。

文乃ちゃんは徐々《じょじょ》に言葉数を減らし、ただ、笑っているだけになっていた。

⑤笑顔《えがお》のあふれる教室が、気持ちが悪い。

「なんで、笑ってるの」

気がついたら、口が動いていた。

その一瞬《いっしゅん》で、教室の空気が一掃《いっそう》されたかのように静かになった。

私の声はけっして大きくなかったはずなのに、隅々《すみずみ》まで聞こえてしまったのか、クラスメイトの視線が私に集中する。

「どうしたの、凛子《りんこ》」

と⑥片眉《かたまゆ》を上げてかえちゃんが噴《ふ》き出《だ》す。けれど、その言葉にはどこかトゲが含《ふく》まれているように感じた。

鋭《するど》い視線から咄嗟《とっさ》に目をそらす。

「あ、いや……」

独り言のつもりだった。

思ってもみなかったクラス中の反応に、たじろぎつつ、ぐっと足を踏《ふ》ん張《ば》る。すると、今度は眉間のあたりが痛んだ。

ああ、頭が痛い。イライラする。

でも、このいらだちは頭痛によるものだけではない。

「そんなに、からかわなくてもいいんじゃないかな、って」

拳《こぶし》を作り、かえちゃんに言葉を返す。かえちゃんは目をくりっと大きく見開いてから「大丈夫だし」と言って文乃ちゃんのほうを見た。

「ちょっといじってるだけじゃん。ねえ、文乃」

「あ、うん、はは」

なにが大丈夫なのか。

安易に頷《うなず》く文乃ちゃんにもイライラする。

なんで笑っているのかさっぱりわからない。さっきまで、明らかにつらそうな、居心地《いごこち》の悪そうな顔をしていたじゃない。

ふたりの仲が悪いわけじゃないのは知っている。

私だって、文乃ちゃんのことも、かえちゃんのことも、きらいなわけじゃない。

でも本当に、さっきの会話は、空気は、間違っていないのだろうか。

なにもおかしなことじゃないと、みんなは思っているのだろうか。

私だけが気にしているのだろうか。

「凛子、ちょっと気にしすぎなんじゃない？　ノリ悪いよお」

かえちゃんが、呟《つぶ》いた。

私に聞かせるつもりはなかっただろうと思うくらい小さな声だったけれど、それでも、しっかりと私の耳に届く。

⑦ぐっと唇《くちびる》に歯を立てて、体ごとかえちゃんのほうに向けた。

「でも、――」

「おいおい、いじりの回数は三回までって言っただろー」

私のうしろから明るい声が聞こえてきて、一気に視線がそちらに集ま

して答案用紙を見つめている。

「でも0点って。逆にすごくない?」

「回答欄《かいとうらん》を間違《まちが》えちゃったんだよねえ。もう、恥《は》ずかしいからやめてー」

「えー、本当にー?」

「本当だって。ね、もういいでしょー、やめようよー」

かえちゃんは楽しげに笑っていた。文乃ちゃんも笑《え》みを浮《う》かべている、けれど。

その様子を見た男子が「すげえな」「漫画《まんが》みたいなミスしてんじゃん」とゲラゲラ笑う。他の女子たちは会話にまざることはないものの、嘲笑《あざわら》うような表情を浮かべて文乃ちゃんを見ていた。

なんでかえちゃんは、みんなに聞こえるように文乃ちゃんの点数を言ったんだろう。文乃ちゃんが隠していたのは、誰にも知られたくなかったからだ。友だちなら、いや、友だちでなくたって想像がつくことなのに。

バカにするためにわざとやったとしか、思えない。

体がざわりと震《ふる》える。

「滅多《めった》にこんなのないから、自慢《じまん》できるよ文乃」

「あはは、そうかなあ。自慢になるかなあ」

文乃ちゃんが自虐的《じぎゃくてき》に声を上げた。自らの意思でみんなの注意を惹《ひ》くかのように言うと、まわりはさっきよりも騒《さわ》がしくなる。

「ほんと文乃はどんくさいっていうか抜《ぬ》けてるっていうか」

「まあ、たしかに今どきそんなことで0点取るなんてすごいよ」

「美緒ちゃんにすごいって言われるってことは褒《ほ》められてるの?」

「そんなわけないでしょー、文乃、調子のりすぎ」

③自ら笑い話にしている文乃ちゃんの表情は、一見楽しそうに見える。けれど、顔は真っ赤で、頬《ほお》が引きつっている。

それは、どう見ても無理をしている、表情だ。

頭痛がひどくなる。どくんどくんと、こめかみが脈打っている感じがする。痛い、重い、揺《ゆ》れる。振動《しんどう》で、鼓動《こどう》もはやくなる。

④ドアに手をかけたまま、廊下《ろうか》に足を踏《ふ》み出《だ》すことができず、教室の様子を眺《なが》める。

教室に入ろうとした誰かが正面にやってきた気配がした。顔はずっと教室の中に向けられているので、誰かはわからない。はやくどいてあげないといけないのに、動けない。

「なあなあ、その答案用紙おれにも見せてよ、写真撮《と》りたい!」とひとりの男子が文乃ちゃんに近づいた。

「え、や、やだよ」と文乃ちゃんは当然断り、かえちゃんが「いいじゃん減るものじゃないし」と文乃ちゃんの肩《かた》に手をのせる。

「でも、字も、汚《きたな》いし恥ずかしいよー」

明るく拒否《きょひ》する文乃ちゃんに、今度は「たしかに文乃の字はクセがすごいよね」と美緒ちゃんが言った。「クセって言うか、雑だよね!」きゃはは、とかえちゃんが笑ったからか、男子たちは余計に興味をそそられたらしく「見てえ」と文乃ちゃんに詰《つ》め寄《よ》る。

「文乃の字、ほんと、たまに読めないの、雑で」

「この前テストでも『解読不可』って先生に赤字入れられてたよね」

「ふはは、やべえなそれ」

「次の中間までに字の勉強しないとね」

【国　語】（四〇分）〈満点：八〇点〉

一　次の文章を読んで後の問いに答えなさい。

　――頭が、痛い。
　こめかみをぎゅうっと誰《だれ》かに押《お》さえつけられているような痛みが朝から取れない。そのせいで、食欲がなく、目の前にあるお弁当に箸《はし》がつけられないでいた。
「大丈夫《だいじょうぶ》？　保健室で痛み止めの薬もらってきたら？」
　眉間《みけん》にシワを寄せてお箸を持ったり置いたりを繰《く》り返《かえ》している私に、和《かず》ちゃんが言った。
「そう、しようかな」
　これまではこんなふうに頭が痛くなることなんてなかったのに、ここ最近は頻繁《ひんぱん》に頭痛に襲《おそ》われる。今日はとくにひどい。低気圧だとしんどくなる、と前に美緒《みお》ちゃんが言っていたっけ。まあ、今日は雲ひとつない青空が広がっているから、関係ないのだけれど。
　頭痛の原因は、おそらく寝不足《ねぶそく》だ。
　最近寝付《ねつ》きが悪いうえに、熟睡《じゅくすい》できずに夜中に何度も目が覚める。
　寝《ね》る前に文乃《ふみの》ちゃんのことを考えているからだろうか。
　はじめは小さなシミのようなものだったのに、それはいつの間にかどんどんと私の体の中を黒色に塗《ぬ》りつぶしていく。体が、頭が、重い。
　①ちらりと目の前にいる文乃ちゃんとかえちゃんを見ると、楽しそうに笑っていた。
　ふうーっと息を吐《は》き出《だ》して立ち上がる。
「ひとりで大丈夫？」
「②うん、ありがとう」
　付《つ》き添《そ》ってくれようとした美緒ちゃんの言葉を断り、ゆっくりドアに向かって歩く。
　頭が痛いのは困ったけれど、昼休み中、みんなと話をしないですむのはありがたい。体調が悪ければ無言でいてもいいし、愛想笑《あいそわら》いもしなくていいのは、楽だ。
　――ひとりで過ごしていたときのように。
　そんなことを考えてしまう自分がいやだ。心配をしてくれた美緒ちゃんたちの気持ちを踏《ふ》みにじっているような気がして、後ろめたい。
　とにかく、今日の昼休みは保健室で時間を潰《つぶ》そう、と教室のドアに手をかけた、そのとき。
「え！　文乃、今日の小テスト0点だったの？」
　かえちゃんの大きな声が教室に響《ひび》いた。
　教室内がざわめく。
「小テストって、今日の国語のやつ？　マジで？」
「めっちゃ簡単だったよな」
　クラスの男子も文乃ちゃんに聞こえるような音量で話しはじめる。
「ち、ちょっとかえちゃん、見ないでよー」
　振《ふ》り返《かえ》ると、かえちゃんの手にしていた答案用紙を文乃ちゃんが必死になって取り返そうとしていた。
「頑《かたく》なに点数言わないからどうしたのかと思ったら、そういうことかあ」
「隠《かく》したいならちゃんと落とさないようにしないとダメだよねえ」
　美緒ちゃんが呆《あき》れたように言って、かえちゃんは文乃ちゃんの手を躱《かわ》

第1回

2023年度

解 答 と 解 説

《2023年度の配点は解答欄に掲載してあります。》

＜算数解答＞

1 (1) 2 (2) 8人 (3) 8時15分 (4) 10個 (5) $x=8$, $y=2\frac{2}{3}$

(6) $2\frac{2}{3}$cm^3

2 (1) 時速4km (2) 5km 3 (1) 75.36cm (2) 5：1

4 体積 150cm^3 表面積 210cm^2

5 [1] (1) 487番目 (2) 30－27 [2] (1) 244番目 (2) 60－16

6 (1) ① イ ② ウ (2) ③ 400 ④ 20 ⑤ 19 ⑥ 399

⑦ 10000 ⑧ 100 ⑨ 99 ⑩ 9999 (3) 1

○配点○

6(1)・(2)③～⑥ 各1点×6 (2)⑦～⑩ 各2点×4 (3) 6点 他 各5点×16

計100点(1(5)完答)

＜算数解説＞

1 (四則計算，割合と比，集合，速さの三公式と比，数の性質，場合の数，平面図形，相似，立体図形)

(1) $(5.5\times0.1+1.2-0.25)\times\frac{4}{3}=(1.75-0.25)\times4\div3=2$

基本 (2) バス・自転車の両方を使って通学する生徒…$70+25+10-100=5$(%)

したがって，これらの生徒は$160\times0.05=16\times0.5=8$(人)

重要 (3) 分速60m，分速90mで等しい距離を歩くときの時間の比…90：60＝3：2

3：2…3－2＝1が5分に相当する。

したがって，学校に着く時刻は8時台の$5\times3=15$(分)

重要 (4) 3ケタの整数…$3\times3\times2=18$(個)

3ケタの奇数…$2\times2\times2=8$(個)

したがって，3ケタの偶数は$18-8=10$(個)

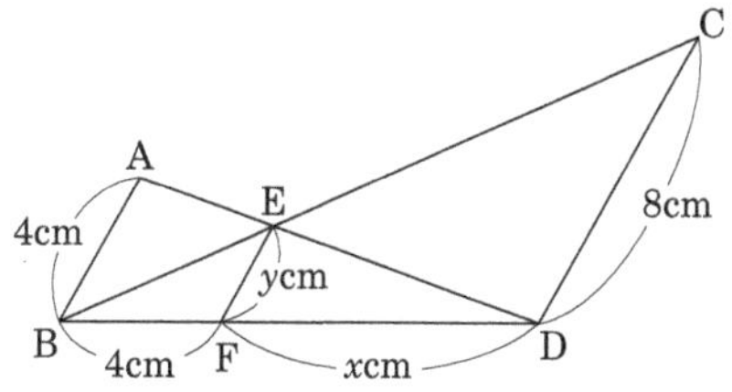

重要 (5) 三角形ABEとDCE

…右図より，相似比は4：8＝1：2

x…$4\times2=8$(cm)

三角形ABDとEFD

…相似比は(4＋8)：8＝3：2

y…$4\div3\times2=\frac{8}{3}$(cm)

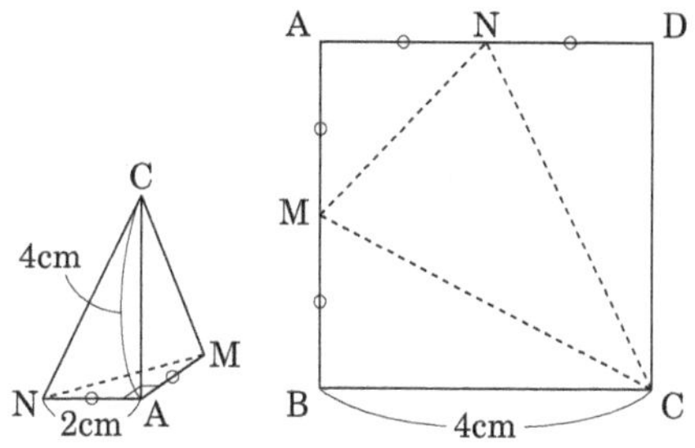

重要 (6) 三角錐の体積

…右図より，$2\times2\div2\times4\div3=\frac{8}{3}$(cm^3)

重要 2 **（速さの三公式と比，流水算，単位の換算）**

下りの時間…0.5時間　上りの時間…2.5時間　静水時のボート…時速6km

(1)　下りと上りの速さの比…2.5：0.5＝5：1　流れの速さ…上りの速さが1のとき，(5−1)÷2＝2　したがって，流れの時速は6÷(1＋2)×2＝4(km)

(2)　下りの時速…(1)より，6＋4＝10(km)　したがって，求める距離は10×0.5＝5(km)

3 **（平面図形，割合と比）**

基本 (1)　弧の長さの和…図アより，12÷3×3.14÷2×3×4＝75.36(cm)

重要 (2)　直径の比…5：1　面積の比…25：1

半円の個数の比…1：5

したがって，半円の面積の和の比は25：(1×5)＝5：1

図ア　図1　図2

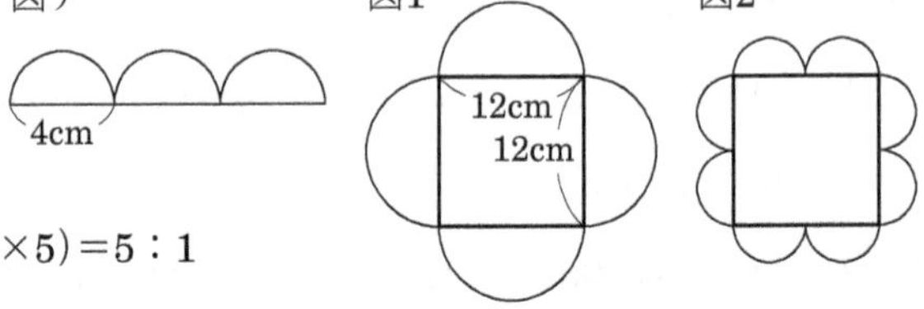

重要 4 **（平面図形，立体図形）**

体積…5×12÷2×5＝150(cm^3)

表面積…(13＋12＋5)×5＋12×5＝42×5＝210(cm^2)

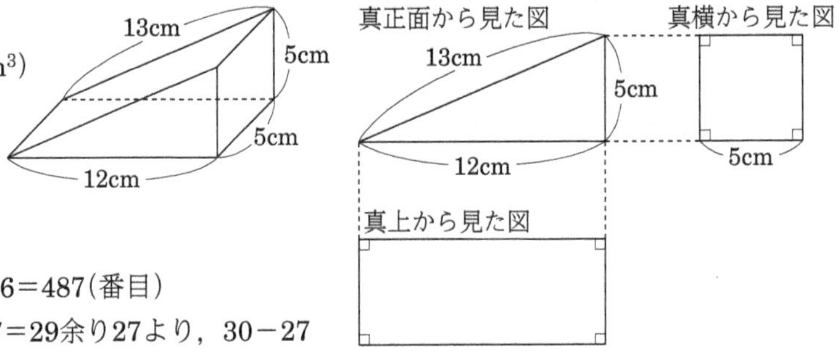

5 **（規則性，数の性質）**

重要 [1]　(1)　14−6…37×13＋6＝487(番目)

(2)　1100番目…1100÷37＝29余り27より，30−27

やや難 [2]　(1)　1列目の人数…(37−1)÷2＋1＝19(人)

2列目の人数…36÷2＝18(人)

13列目までの人数…(19＋18)×(12÷2)＋19＝37×6＋19＝241(人)

したがって，14−6は241＋6÷2＝244(番目)

1列目	1−1	1−2	1−3	…	1−37
2列目	2−1	2−2	2−3	…	2−37
3列目	3−1	3−2	3−3	…	3−37
⋮	…	…	…	…	…

⋮

(2)　(1)より，1100÷37＝29余り27，27−19＝8

したがって，2×29＋1＋1＝60(列目)の2×8＝16(番目)すなわち60−16

重要 6 **（論理，平面図形）**

(1)　①　イ…19＝20−1

②　ウ…21＝20＋1

(2)　③　20×20＝400(cm^2)

④　20×1＝20(cm^2)

⑤　1×19＝19(cm^2)

⑥　400−20＋19＝399(cm^2)

⑦　100×100＝10000(cm^2)

⑧　100×1＝100(cm^2)　⑨　1×99＝99(cm^2)　⑩　10000−100＋99＝9999(cm^2)

図1　図2

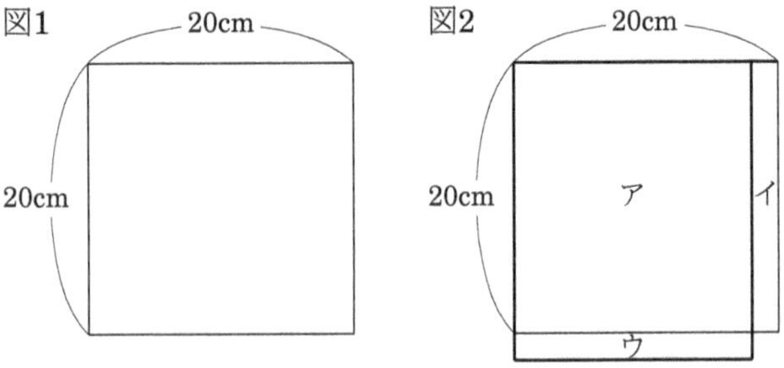

(3)　20232022＝20232023−1，20232024＝20232023＋1

(20232023−1)×(20232023＋1)＝20232023×20232023−20232023＋20232023−1
＝20232023×20232023−1

したがって，20232023×20232023−20232022×20232024＝1

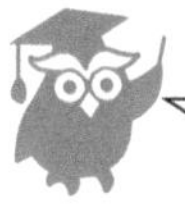

★ワンポイントアドバイス★

特に難しい問題があるわけではないが，1の6題でしっかりと正解に達することが第1のポイントである。5[2]「間の席を空けて座る」場合は，奇数列・偶数列の違いを利用すると計算しやすい。問題文をよく読んで取り組もう。

<理科解答>

1　問1　(1)　ウ　(2)　2.5(g)　(3)　60(g)
　問2　(1)　8(cm)　(2)　D　12(g)　黒いチョウ　10(個)

2　問1　(1)　(例)　ペットボトル内の気体が外に出た。　(2)　二酸化炭素
　問2　(1)　イ，ウ　(2)　イ，オ　(3)　3.2(g)
　問3　(1)　1.7(g)　(2)　2.95(g)

3　問1　(1)　アミノ酸　(2)　ウ　問2　①　エ，キ　②　イ，オ，ク　③　ク
　問3　(ホタテ)　ウ　(エビ)　カ
　問4　(1)　ウ　(2)　2775(粒)　(3)　(構造)　固い殻　(利点)　(例)　乾燥に耐えられる。

4　問1　(1)　ア　(2)　イ　(3)　イ　問2　(1)　エ　(2)　16(度)　(3)　エ

○配点○

1　問1(1)　1点　問2(1)　3点　他　各2点×4
2　問1(2)　1点　他　各2点×6(問2(1)・(2)各完答)
3　問4(2)・(3)利点　各2点×2　他　各1点×9(問2①・②各完答)
4　各2点×6　計50点

<理科解説>

1　(てこ・てんびん―てんびん，モビール)

基本　問1　(1)　図2で，棒の左側を下げようとするはたらきの大きさは10(g)×20(cm)＝200，右側を下げようとするはたらきの大きさは10(g)×20(cm)＝200である。支点の左側と右側で，棒を下げようとするはたらきの大きさが等しいので，棒は水平のままとなる。なお，糸の長さは，棒を下げようとするはたらきの大きさには関係しない。

重要　(2)　おもりAの重さをxgとすると，棒が水平につり合うとき，10(g)×10(cm)＝x(g)×40(cm)が成り立つので，x＝2.5(g)

(3)　上の棒の右側には，10＋10＝20(g)のおもりがつるされていると考えることができる。おもりBの重さをygとすると，棒が水平につり合うとき，y(g)×10(cm)＝20(g)×30(cm)が成り立つので，y＝60(g)

やや難　問2　(1)　一番下の棒の左側につるしているおもりの重さをxgとすると，一番下の棒はつり合っているので，x(g)×1(cm)＝2(g)×3(cm)　x＝6(g)となる。真ん中の棒の左側につるしているおもりの重さをygとすると，真ん中の棒はつり合っているので，y(g)×1(cm)＝(6＋2)(g)×3(cm)　y＝24(g)となる。一番上の棒はつり合っているので，{3(g)×4}×？(cm)＝(24＋6＋2)(g)×3(cm)　？＝8(cm)

やや難 (2)　右の図で，㋐～㋔の棒はどれもつり合っているので，それぞれの棒についてのつり合いについて考える。

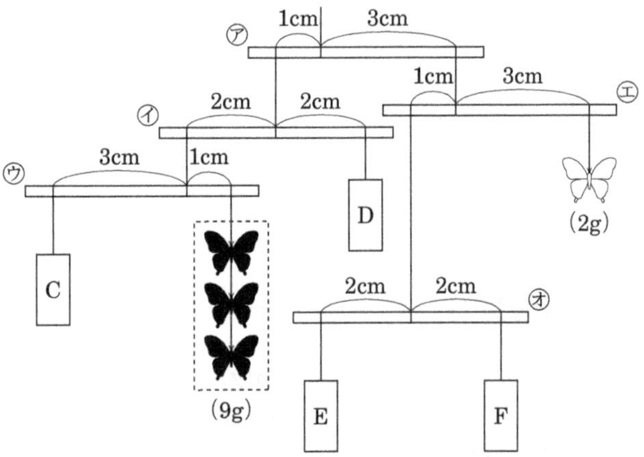

㋒の棒について，Cのおもりの重さをcgとすると，c(g)×3(cm)＝9(g)×1(cm)　c＝3(g)

㋑の棒について，Dのおもりの重さをdgとすると，(3＋9)(g)×2(cm)＝d(g)×2(cm)　d＝12(g)

㋐の棒について，右側につるされているおもりの合計をxgとすると，(3＋9＋12)(g)×1(cm)＝3(cm)×x(g)　x＝8(g)

㋓の棒について，つるされているおもりの合計は8gで，右側に2gのおもりがつるされているので，左側には8－2＝6(g)のおもりがつるされている。

㋔の棒について，つるされているおもりの合計は6gで，糸からEとFのおもりまでの距離が同じ2cmなので，おもりE，Fの重さは等しく，どちらも6(g)÷2＝3(g)である。

よって，Dのおもりの重さは12gである。また，モビール全体で必要な黒いチョウのおもり(3g)の個数は，㋒の棒の左に1個，右に3個，㋑の棒に12(g)÷3(g)＝4(個)，㋔の棒の左右にそれぞれ1個ずつで，1＋3＋4＋1＋1＝10(個)である。

2 (気体の発生・性質―二酸化炭素の性質)

基本 問1　炭酸水は二酸化炭素の水溶液で，ペットボトルに入っている炭酸水には多くの二酸化炭素がとけている。そのため，ふたを開けるとペットボトル内の炭酸水にとけていた二酸化炭素のうち，とけきれなくなったものが容器から出てくる。また，コップに注いだときに見える泡も炭酸水にとけていた二酸化炭素である。

問2　(1)　二酸化炭素は，水の温度が低いほど水によくとける。そのため，温度を高くするととけていた二酸化炭素は空気中に出ていきやすくなる。また，炭酸水を振ることでもとけていた二酸化炭素は空気中に出ていきやすくなる。

重要 (2)　炭酸水にとけていた二酸化炭素の重さは，(1)の操作をする前の炭酸水の重さと，(1)の操作をした後の炭酸水の重さとの差で求めることができる。そのため，炭酸水以外の条件であるペットボトル(ふたもふくむ)については同じにする必要がある。

重要 (3)　(2)より，炭酸水にとけていた二酸化炭素の重さは，「開封前の全体の重さ－(開封後の炭酸水の入ったペットボトルの重さ＋ペットボトルのふたの重さ)」で求められるので，530.1－(524.2＋2.7)＝3.2(g)

やや難 問3　(1)　手順2ではかった重さと，手順3ではかった重さとの差は，発生した二酸化炭素の重さを表している。ペットボトル①～③では，「入れたチョークの重さ」と「重さの差」が比例していることから，チョークを5g入れたときの重さの差をxgとすると，3(g)：1.02(g)＝5(g)：x(g)　x＝1.7(g)

【別解】ペットボトル①とペットボトル③はどちらチョークは完全に反応していると考えられるので，ペットボトル①とペットボトル③を合わせたものを考える。すると，チョーク3＋7＝10(g)が完全に反応すると，二酸化炭素が1.02＋2.38＝3.4(g)発生することがわかる。チョークの重さと発生する二酸化炭素の重さは比例するので，チョーク5gのときに発生する二酸化炭素の重さ

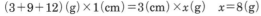

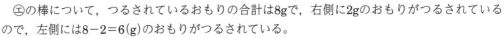

は$3.4(\mathrm{g})\times\dfrac{5(\mathrm{g})}{10(\mathrm{g})}=1.7(\mathrm{g})$

やや難 (2) ペットボトル④では，ペットボトル①～③のように「入れたチョークの重さ」と「重さの差」が比例していないことから，ペットボトル④では，チョークすべてが反応したわけでなく，一部のチョークが残っていると考えることができる。「重さの差」が2.95gになるときのチョークの重さをygとすると，3(g)：1.02(g)＝y(g)：2.95(g)　y＝8.6…(g)となるので，チョーク10gを入れて同様の実験を行うと，チョークの一部が反応せずに残ることがわかる。よって，チョーク10gで行った実験での「重さの差」は，ペットボトル④のときと同じ2.95gになると考えられる。
【別解】(1)の別解より，チョーク10gが完全に反応すると3.4gの二酸化炭素が発生するはずであるが，ペットボトル④で発生した二酸化炭素が2.95gであることから，チョーク10gはすべて反応したわけではなく，実験で用いた塩酸の場合，二酸化炭素は2.95gまでしか発生しないことがわかる。よって，チョーク10gで行った実験での「重さの差」は2.95gになると考えられる。

3 (生物総合―消化，動物)

基本 問1 (1) タンパク質は，胃液やすい液，小腸の壁の消化酵素によって消化されて最終的にアミノ酸になる。 (2) 脂肪は，胆汁によって水に混ざりやすい形にされた後，すい液によって脂肪酸とモノグリセリドに分解される。

問2 ① タラコはタラの卵，カズノコはニシンの卵である。 ② 背骨のない動物を無セキツイ動物という。マグロ，アジ，タラコ(タラ)，アナゴ，カズノコ(ニシン)は，いずれも背骨のあるセキツイ動物の魚類に分類される。 ③ 無セキツイ動物のうち，からだやあしに節があり，外骨格におおわれているなかまを節足動物という。節足動物には，昆虫類や甲殻類，クモ類などがふくまれ，エビは甲殻類に分類される節足動物である。

問3 ホタテは，無セキツイ動物の中の軟体動物のなかまで，ハマグリと同じ二枚貝の一種である。エビは，無セキツイ動物の中の節足動物の甲殻類で，カニと同じなかまに分類される。

問4 (1) イクラはサケの卵である。タラの卵はタラコ，トビウオの卵はトビッコ，ニシンの卵はカズノコとよばれる。 (2) 全体でx粒あったとすると，148(粒)：16(g)＝x(粒)：300(g)
重要 x＝2775 (3) イクラなどの魚類の卵は水中，ニワトリなどの鳥類の卵は陸上にうみつけられる。陸上にうみつけられる卵は，卵の内部を乾燥から守るために固い殻におおわれている。

4 (地球と太陽・月―月と火星)

重要 問1 (1) 月は，太陽のある側がかがやいて見える。図2では，月の左側がかがやいていることから，地球から見て太陽は左手側にあることがわかる。

やや難 (2) 火星食が起こるとき月と火星は重なって見える。図2は，火星食が終わった直後の位置関係を示していることから，月と火星はしだいにはなれていくように見える。よって，図2の10分後の月と火星の位置関係を表したものは，図2よりも月と火星の間が離れている(イ)となる。

(3) 火星食では，「月が火星の前を横切る」ことから，地球から見て火星のほうが月よりも遠くにあることがわかる。

問2 (1) 2024年はうるう年で366日あるが，およその時期がわかればよいので，1年＝365日として考える。780日＝730日＋50日＝2年＋50日であるから，2022年12月1日の次に接近するのは，2年と2か月弱後の2025年1月中旬である。

(2) 火星は687日で360度回転するので，30日では$360(\text{度})\times\dfrac{30(\text{日})}{687(\text{日})}=15.7\cdots$より，16度

(3)　(2)より，火星は1か月に16度移動すると考えると，1年で16(度)×12＝192(度)動くので，1年後の地球と火星の位置関係は右の図のようになる。図から，1年後の12月1日の地球と火星の距離は，図の「㋐＋㋑×2」の距離とほぼ等しいと考えることができ，㋐の距離は，2022年12月1日の地球と火星の距離とほぼ同じであると考えることができる。よって，1年後の地球と火星の距離は8145万(km)＋1.5億(km)×2＝8145万＋15000万×2＝38145万(km)から，約3億8000万kmと考えられる。

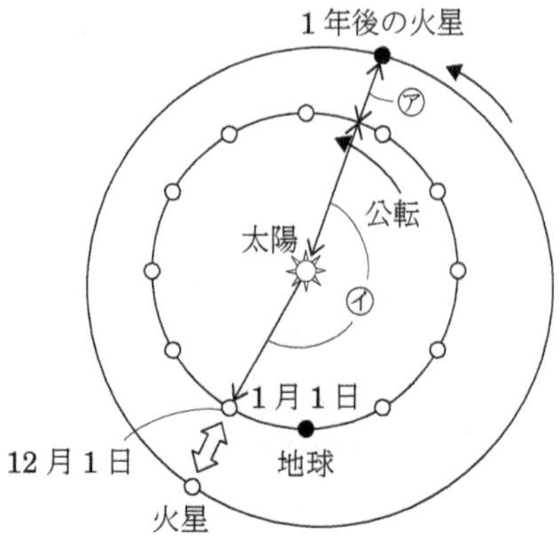

★ワンポイントアドバイス★

基本～標準的レベルの問題が中心だが，試験時間に対してやや問題数が多めなので，すばやく正確に問題を読んで解答できるように練習を重ねておこう。

＜社会解答＞

1　問1　(1)　エ　(2)　縄文土器　(3)　はにわ　問2　(1)　白村江の戦い　(2)　エ　問3　徳川家光　問4　日米修好通商条約によって生糸が輸出されるようになったため，蚕のエサとなる桑が育てられるようになった。　問5　ウ→エ→ア→イ
問6　ポツダム宣言　問7　(1)　エ　(2)　ウ　問8　イ　問9　ウ　問10　エ
問11　イ　問12　(1)　イ　(2)　ウ　問13　ア　問14　エ　問15　イ
問16　(1)　新型コロナウイルス感染症の影響を受けたため，都市部の人口が減少していることがわかる。[東京沿岸部の再開発の影響で，沿岸部の人口が増えていることがわかる。]
(2)　(例)　番号　目標13　二酸化炭素の排出を抑え，地球温暖化を止めることで自然が守られ，不足する食料を豊かな土地で生産することができる。

○配点○
1　問4・問16(1)　各4点×2　問5・問16(2)　各3点×2
他　各2点×18　計50点

＜社会解説＞

1　**(総合―調布市を起点とした問題)**

基本　問1　(1)　(エ)　縄文時代の説明となる。　(2)　縄文土器は時代の流行や好みの変遷をよく反映している。　(3)　埴輪は円筒埴輪と形象埴輪に大別される。

問2　(1)　白村江の戦いの敗残兵とともに多数の百済官人や人々が日本列島に逃亡してきた。
(2)　Aは平安時代，Cは奈良時代の作品である。

問3　徳川家光は2代将軍徳川秀忠の次男である。

問4　「日米修好通商条約」と「開国後の主要輸出品が生糸であること」を踏まえられているかどうかがポイントとなる。

重要　問5　(ア)は1866年，(イ)は1867年，(ウ)は1842年，(エ)は1858年の出来事である。

問6　ポツダム宣言は，1945年7月にアメリカ，イギリス，中華民国の間で出され，ソ連が対日戦線布告とともに加わった。日本は1945年8月14日に御前会議で天皇がポツダム宣言受諾を決定し，翌15日に玉音放送で国民に伝えられた。

問7　(1)　各都道府県の位置・形については確実におさえておく必要がある。　(2)　(ウ)　南東ではなく「北西」からの季節風である。

基本 問8　A　「宮古」「大船渡」「三陸沖」が手がかりとなる。　B　「阿蘇山・肥後国」が手がかりとなる。　C　「日光」が手がかりとなる。

問9　(ウ)　はえぬきは山形県のブランド米である。

基本 問10　(エ)　東海道新幹線は山梨県を通っていない。

問11　(ア)は自由権，(ウ)は参政権，(エ)は請求権に該当する。

問12　(1)　AからBに向かって，最初の500～600m位は標高25～35mで，そこから1.5km位は標高35～45mとなっている断面図はイとなる。　(2)　アは風車，イは煙突，エは裁判所である。

問13　WFPは紛争や飢餓問題等への貢献・取り組みに対してノーベル平和賞が与えられた。

問14　(ア)　フランスのほうが日本よりも短いので不適。　(イ)　日本は50％を超えているので不適。　(ウ)　「妻よりも短い」か否かはこの資料からは読み取れないので不適。

問15　(イ)　廃止される駅の利用者を取り残すことになってしまう。

重要 問16　(1)　2020年と2021年という年号から「新型コロナウイルス」や「東京五輪・パラリンピック」を踏まえて答案を作成できるかがポイントとなるといえる。　(2)　SDGsは昨今，様々な分野や業界でクローズアップされており，多角的な視点と絡めて社会科の頻出テーマの一つとなってきている。

★ワンポイントアドバイス★

本格的な記述問題も出題されるので，普段から添削等してもらいながら，トレーニングをしておこう。

＜国語解答＞

一　問一　エ　　問二　エ　　問三　ア　　問四　ウ　　問五　イ　　問六　(例)　「女の子」の書いた日本語の言葉に心を動かされて，新たな曲が生まれたということ。(39字)
問七　イ　　問八　ウ　　問九　大きな花束　　問十　(例)　「ぼく」はアメリカから，「彼女」は日本から，音楽とことばを変換し合うメール通信。(40字)

二　問一　ウ　　問二　エ　　問三　(例)　現在起こっている生物種の絶滅は人間活動が原因であり，生態系の健全さが維持されるべきだから。(45字)　　問四　Ⅰ　オ　　Ⅱ　エ　Ⅲ　イ　　問五　ⅰ　エ　　ⅱ　ア　　ⅲ　ウ　　問六　ウ　　問七　種の絶滅は文化や歴史の断絶にもつながる(19字)(から。)　　問八　ア

三　①　帯(びた)　　②　皮革　　③　沿道　　④　炭酸　　⑤　雑貨　　⑥　探査
⑦　均整　　⑧　納品

○配点○

一　問六・問十　各8点×2　　問七　2点　　問八・問九　各3点×2　　他　各4点×5

二　問三　8点　　問四　各2点×3　　問五　6点(完答)　　他　各4点×5

三　各2点×8　　計100点

＜国語解説＞

一　(小説―心情・情景・細部の読み取り，空欄補充，表現技法，記述力)

基本　問一　――線部①の「喜び」は「……新しい星のようなメロディが……ぼくのからだのなかに流れこんできて……その音楽が，指先から鍵盤の上にこぼれ落ちて，しずくがつながって，新しい曲ができあがる」ことの「喜び」なのでエが適当。①前の「ぼく」の心情をふまえていない他の選択肢は不適当。

問二　――線部②直後の「言の葉　落ち葉」という詩は，ネットサイトに投稿した「ぼく」の曲に対する感想として「いちまいのこのは」という女の子が送ってきてくれた詩で，この詩をきっかけに「ぼく」と女の子との「文通」が始まったことが描かれていることからエが適当。詩にふれてないア，イの「語り合える」，ウの「舞い落ちる……与えた」はいずれも不適当。

問三　――線部③の「ことば」を「落ち葉」にたとえている，この詩について「さびしそうな詩」「落ち葉の雨は……小雪に変わ」り「森の奥で，うずくまったままふるえている，小さな女の子のすがたが見えた」という「ぼく」の印象が描かれているのでアが適当。「なんだか……」で始まる場面の印象をふまえていない他の選択肢は不適当。

重要　問四　この詩から「この子の胸のなかにも……『悲しみ』が広がっているのだろうか」という印象も「ぼく」が感じていることから，女の子は「ぼく」の曲を聴いたことでわき上がってきた思いを詩で伝えたかったことが読み取れるのでウが適当。思いを詩で伝えたかったことを説明していない他の選択肢は不適当。

問五　――線部⑤直後の「……人間ってほんとにこわいものなんだよ」という「母さんぎつねのことば」に，「ぼく」は女の子の気持ちを重ねているのでイが適当。⑤直後の「母さんぎつねのことば」をふまえていない他の選択肢は不適当。

やや難　問六　――線部⑥直後の「この詩が，日本語のことばたちが，音楽を連れてきてくれたんだ」という「ぼく」の心情をふまえ，「女の子」の書いた日本語の言葉に心を動かされて，新たな曲が生まれたということを指定字数以内で説明する。

問七　1は――線部②と同様に，女の子からの詩が届いた様子なのでイが適当。

基本　問八　――線部⑦とウは文節などを通常とは逆にする倒置法が用いられている。アは「ような」を用いているので直喩法。イは語句をくり返しているので反復法。エは体言(名詞)で止めているので体言止め。

問九　「花をあげたい」の花は「大きな花束(5字)」のことである。

重要　問十　「日本とアメリカ……」から――線部⑧直前までの内容をふまえ，⑧はアメリカにいる「ぼく」と日本にいる「彼女」の，音楽とことばを変換し合うメール通信であることを指定字数以内で説明する。

二　(論説文―表題・要旨・大意・論理展開・細部の読み取り，接続語，空欄補充，記述力)

問一　――線部(1)は「いろいろな場所に，いろいろな生きものが住んでいること」なのでウが適当。(1)直後の段落内容をふまえていない他の選択肢は不適当。

問二　――線部(2)は，生態系を飛行機に見立て，それぞれの種は全体を支える留め金具であり，種が絶滅することは一つの留金具が外れることで，全体の健全性を損なう，ということなのでエが適当。種が絶滅することで生態系という生きもの全体に悪影響が及ぶことを説明していない他の選択肢は不適当。

やや難 問三　――線部(3)の理由として「そして二つ目……」で始まる段落で「現在の大量絶滅は人間の経済活動……によって引き起こされたもので」あること，「以上の話……」で始まる段落で「生物種の絶滅を防ぐべき理由は生態系の健全さを維持すべきだからであ」ることを述べているので，これらの内容を指定字数以内にまとめる。

基本 問四　Ⅰは直前の内容の具体例が続いているのでオ，Ⅱは直前の内容とは相反する内容が続いているのでエ，Ⅲは直前の内容を言いかえた内容が続いているのでイがそれぞれあてはまる。

問五　ⅰ～ⅲを整理すると，ⅰは直前の「気候が変化している」ことを受けてエ，ⅱはⅰの「過去に例がない」ことと同様のこととしてア，ⅲはⅱの「Co_2」増加は人間活動のせいだとするウ→以上の「三つの点がそろってはじめて，人間の責任が問われてくる」という文脈になる。

問六　Aでは「生物種の絶滅を防ぐ責任が人間にある」ということともに，「生物種の絶滅は人間にとっても残念なこと」である「人間中心主義」の考え方として，たとえば「このままウナギが絶滅したならば……将来の世代はその楽しみを享受」できなくなり，「将来の世代は……過去の世代に文句を言うことができない」と述べているのでウが適当。「世代」にふれていない他の選択肢は不適当。

重要 問七　――線部(4)の理由として「さらに二〇二〇年……」で始まる段落最後で，「種の絶滅は文化や歴史の断絶にもつながる(19字)」ということを述べている。

重要 問八　――線部(5)以降で(5)の説明として，絶滅危惧種のアマミノクロウサギの絶滅を食い止めるために，アマミノクロウサギを捕食するノネコの大量捕獲に乗り出したが，動物愛護団体から捕獲に反対する運動が起こった，ということを述べているのでアが適当。絶滅危惧種のアマミノクロウサギとノネコの例をふまえていない他の選択肢は不適当。

三　**(漢字の書き取り)**

①はある性質や傾向などをふくみ持つこと。②は動物の皮を加工したもの。③は道にそったところ。④は二酸化炭素(炭酸ガス)が含まれていること。⑤は日常生活に必要なこまごまとした日用品。⑥は探りを入れて調べること。⑦は全体的につりあいがとれて整っていること。⑧は品物を納入すること。

★ワンポイントアドバイス★

小説では，登場人物の暮らしや置かれている状況，関係など物語の設定もていねいに読み取っていこう。

第2回

2023年度

解 答 と 解 説

《2023年度の配点は解答欄に掲載してあります。》

＜算数解答＞

1 (1) 89 (2) 2：1 (3) 54分45秒 (4) 6通り (5) 401.92cm^3

2 (1) (3gの分銅) 1個 (7gの分銅) 2個 (2) 11g

3 (1) 解説参照 (2) 63cm^3

4 (1) 11秒間 (2) 6cm^2 (3) $5\frac{2}{3}$秒後と$8\frac{1}{9}$秒後

5 (1) 32個 (2) 7個 (3) 30，90

○配点○

2(1)，4(1)・(2)，5 各4点×6(2(1)，5(3)各完答) 4(3) 8点(完答)

他 各6点×8 計80点

＜算数解説＞

重要 1 **(四則計算，割合と比，速さの三公式と比，規則性，単位の換算，場合の数，平面図形)**

(1) $\frac{25}{9}\times30\times\frac{3}{2}-36=125-36=89$

(2) 最初のAの水量…④

最後のAの水量…④－④÷4＝④－①＝③

最初のBの水量…③－①＝②

したがって，最初のA，Bの水量の比は4：2＝2：1

(3) 6分で進む距離…(8＋3)÷60×3＝0.55(km)

10÷0.55…18余り0.1km

したがって，走った時間は3×18＋60×0.1÷8

＝$54\frac{3}{4}$(分)すなわち54分45秒

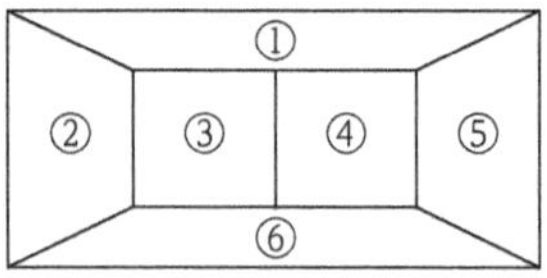

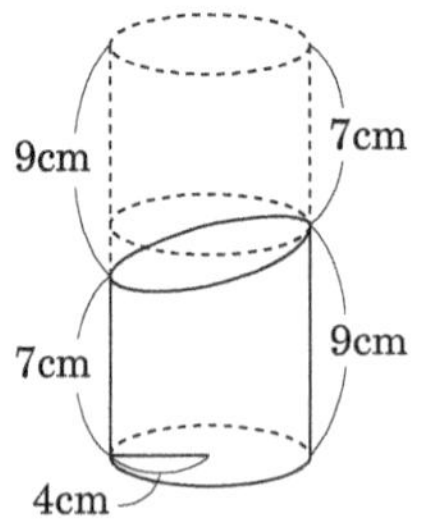

(4) ①・⑥，②・④，③・⑤

…右図より，それぞれ同色

したがって，3色で塗り分ける方法は3×2×1＝6(通り)

(5) 右図より，4×4×3.14×(7＋9)÷2＝128×3.14＝401.92(cm^3)

2 **(数の性質)**

基本 (1) 17＝3＋14＝3＋7×2より，3gの分銅は1個，7gの分銅は2個

重要 (2) 3＝3×1，6＝3×2，7＝7×1，9＝3×3，10＝3＋7，12＝3×4，13＝3×2＋7，14＝7×2

…12・13・14gの重さにつき，連続した3つの重さがつり合うので以後の重さはすべてつり合う。

したがって，求める重さは11g

…分銅は天びんの右側だけに置く。

重要 **3** (平面図形，立体図形)

(1)　切り口

…右図より，BIとDKは平行であり，等脚台形BIJDになる。

(2)　三角錐O－BCDとO－IGJ

…相似比は6：3＝2：1，体積比は8：1

したがって，求める立体の体積は6×6÷2×12÷3÷8×(8－1)＝63(cm³)

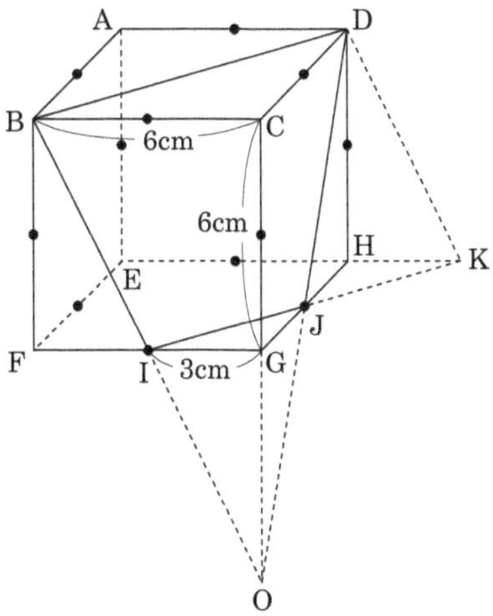

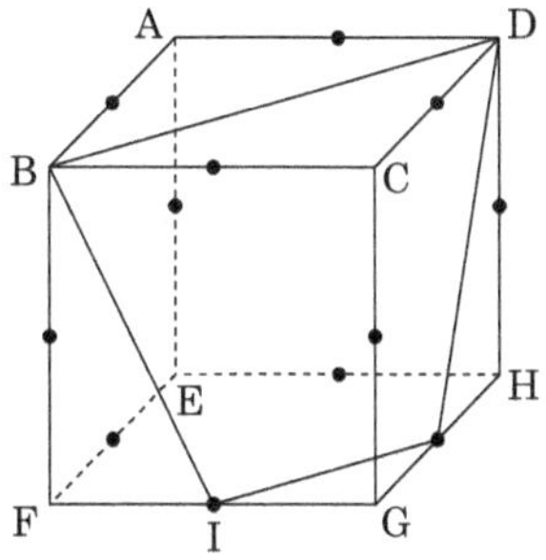

4 (平面図形，相似，図形や点の移動，速さの三公式と比)

正方形の秒速…3cm

重要 (1)　重なり始める時刻

…6÷3＝2(秒後)

離れ始める時刻

…(8＋6＋9＋16)÷3＝13(秒後)

したがって，重なっている時間は13－2＝11(秒間)

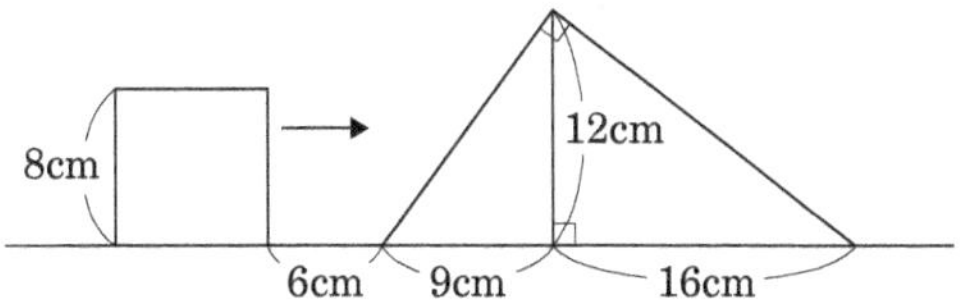

(2)　3秒後

AB…図1より，3×3－6＝3(cm)

BC…直角三角形ABCとADEの相似比3：9＝1：3より，12÷3＝4(cm)

したがって，直角三角形ABCは3×4÷2＝6(cm²)

図1

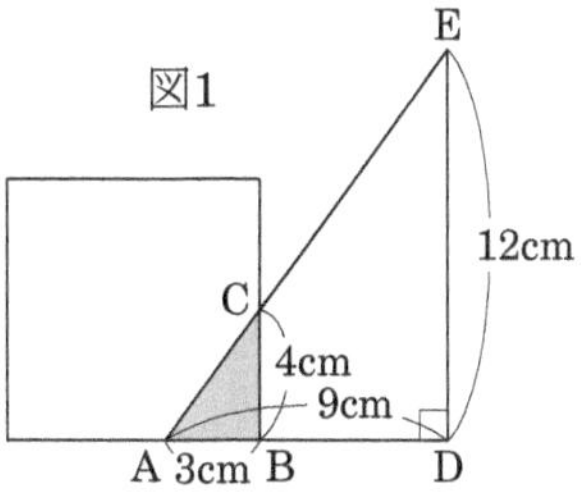

やや難 (3)　直角三角形FGH

…図2より，8×8－58＝6(cm²)

FG：FH

…DE：ADに等しく4：3

6×2＝4×3

…FGが4cm，GKが8－4＝4(cm)，JKが3cm

したがって，1回目の時刻は(8＋6＋3)÷3＝$\frac{17}{3}$(秒後)

図2

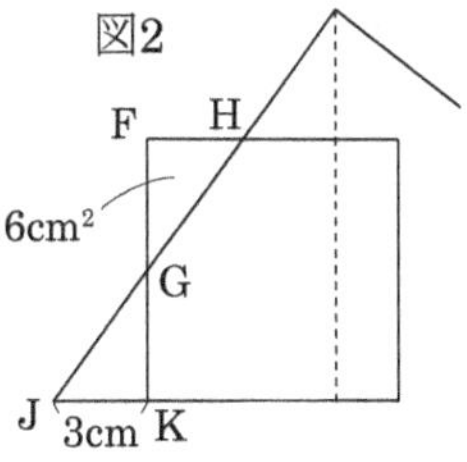

直角三角形NMP

…図3より，6cm²

NM：MP

…DL：EDに等しく16：12＝4：3

6×2＝4×3

…MPが3cm，PQが8－3＝5(cm)，QLが5÷3×4＝$\frac{20}{3}$(cm)

したがって，2回目の時刻は$\left(6+9+16-\frac{20}{3}\right)\div3=8\frac{1}{9}$(秒後)

図3

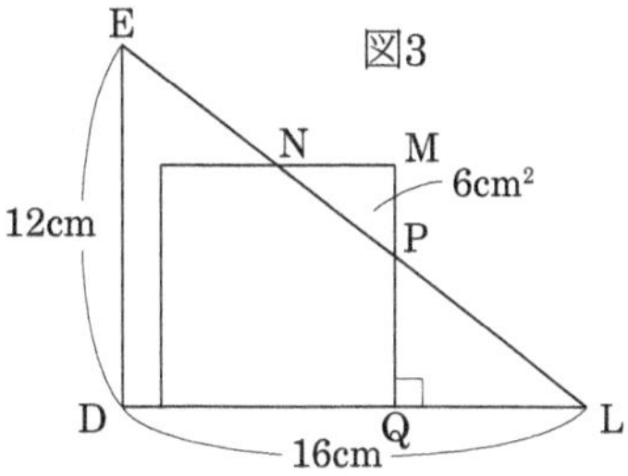

5 (数の性質，規則性)

重要 (1) 1+2+3=3×2，2+3+4=9=3×3，～，99=3×33

したがって，求める個数は33－1=32(個)

(2) 1+2+3+4=2×5，2+3+4+5=2×7，3+4+5+6=2×9，～，98=2×49

2×□…(1)より，□は奇数で3の倍数であり，9(=3×3)以上45(=3×15)以下

したがって，求める個数は(15－3)÷2+1=7(個)

やや難 (3) (2)の7個…2×9，2×15，2×21，2×27，2×33，2×39，2×45

これらのうち，求める数は30，90

2×15=5×6…4+5+6+7+8=30

2×45=5×18…16+17+18+19+20=90

★ワンポイントアドバイス★

1(4)「3色で塗り分ける」場合の数の問題は，同色になる部分を特定することがポイントであり，2「おもりと分銅」の問題は，分銅を片側だけに置くことに注意しなければいけない。4(3)は，64－58=6(cm^2)を利用する。

＜国語解答＞

一 問一 ウ　問二 イ　問三 ウ　問四 エ　問五 ア　問六 ア

問七 (例) クラスのみんながやっていることはおかしいと伝え，文乃ちゃんをからかうのをやめさせようとする(45字)(意志。)　問八 イ

二 問一 イ　問二 Ⅰ エ　Ⅱ ア　Ⅲ イ　問三 (2) ウ　(3) イ

問四 ウ　問五 ア　問六 エ　問七 イ　問八 ア A　イ B　ウ B　エ B　オ A

三 ① 養蚕　② 群(れ)　③ 着眼

○配点○

一 問一 2点　問七 8点　他 各4点×6

二 問二・問三・問八 各2点×10　他 各4点×5　三 各2点×3　計80点

＜国語解説＞

一 (小説－心情・情景・細部の読み取り，表現技法，記述力)

基本 問一 ――線部①とウは，物事の状態や動きを表す擬態語。他は音や物音を表す擬音語。

問二 ――線部②後で「頭が痛いのは困ったけれど，昼休み中，みんなと話をしないですむのはありがたい。体調が悪ければ無言でいてもいいし……楽だ」という「私」の心情が描かれているのでイが適当。②後の「私」の心情をふまえていない他の選択肢は不適当。

問三 ――線部③のようにしている文乃に対し，「一見楽しそうに見える。けれど，顔は真っ赤で，頬が引きつっている。それは，どう見ても無理をしている，表情だ」という「私」の心情が描かれているのでウが適当。③後の「私」の心情をふまえていない他の選択肢は不適当。

問四　――線部④前までで，小テストのことで文乃をバカにする美緒たちや，無理して自虐的になっている文乃の様子が描かれているが，そんな状況を見ている「私」は保健室に行こうとしたものの，どうすることもできないまま，その場にとどまっている様子を④は表しているのでエが適当。文乃へのからかいや文乃自身の態度に，どうすればよいかわからないことを説明していない他の選択肢は不適当。

重要　問五　――線部⑤は，文乃を嘲る「笑顔」が「気持ちが悪い」ことを表しているのでアが適当。「笑顔」を説明していない他の選択肢は不適当。

問六　――線部⑥のようにするかえちゃんの「言葉にはどこかトゲが含まれているように感じ……鋭い視線から目をそらす」という「私」の様子が描かれているのでアが適当。「トゲが含まれ」た言葉，「鋭い視線」をふまえて，かえちゃんが「私」にいら立っていることを説明していない他の選択肢は不適当。

やや難　問七　――線部⑦前の「でも本当に，さっきの会話は，空気は，間違っていないのだろうか。なにもおかしなことじゃないと，みんなは思っているのだろうか」という「私」の心情をふまえ,「クラスのみんながやっていることはおかしいと伝え，文乃ちゃんをからかうのをやめさせようとする」というような内容で，⑦に込められた「私」の意志を説明する。

問八　――線部⑧前で，教室に入ってきた和久井くんの，「私」の「背中にそっと触れてきた。もう大丈夫，とでも言うように」という行動とともに，和久井くんたちが明るく自分たちの話題にそらしたことが描かれていることからイが適当。和久井くんが「私」や文乃のために意図をもって教室に入ってきたことをふまえていない他の選択肢は不適当。

二　**(論説文一要旨・大意・細部の読み取り，空欄補充，ことばの意味)**

重要　問一　「この過程で……」で始まる段落で，ウと「注意と意図の共有は……言語の獲得，すなわち言葉を話すようになる前に起こってくる」と述べているので，「言語を獲得したことによって」とあるイは適当ではない。アは「赤ちゃんは最初の……」で始まる段落，エは「生後三カ月頃…」で始まる段落でそれぞれ述べている。

問二　Ⅰ～Ⅲのある段落を整理すると，Ⅰは「生後三カ月頃」の最初の段階なのでエ，ⅡはⅠの「一対一」の段階から「目標や知覚を共有」するので「三項関係」とあるア，Ⅲは「意図や注意を共有」するのでイがそれぞれ当てはまる。

基本　問三　――線部(2)は個人的な利益を考えず，私的な感情にとらわれないことなのでウが適当。(3)はじゃまや障害などがなく物事が滞らないことなのでイが適当。

問四　――線部(4)の次段落で，「アイコン」を使ったコミュニケーションを支援するツールも開発されていることを述べているが，「会話を表示した文字を拡大すること」は述べていないので，ウはあてはまらない。他はいずれも(4)の段落で述べている。

問五　――線部(5)の段落で，人間の認知活動のメカニズムをモデル化する際に，AIの新しい機能開発の重要なヒントを得られる可能性があり，人間の社会性やコミュニケーションといった知的活動を支援するツールの開発は(5)の参考になる，ということを述べているので，このことをふまえたアが適当。人間の認知活動のメカニズムを明らかにし，その機能を搭載したAIが社会性や共感を持っているかのようにするということを説明していない他の選択肢は不適当。

重要　問六　ケアを広い意味で定義したジョアン・トロントとベレニス・フィッシャーの「『もっとも……』」で始まる引用部分で「ケアは人類的な活動a species activityであり，わたしたちがこの世界で……より善く生きるために……すべての活動を含んでいる。この世界とは，わたしたちの身体，わたしたち自身，そして環境のことであ」る，ということを引用しているので，Ⅳにはエが当てはまる。「環境」にふれていない他の選択肢は不適当。

問七　――線部(6)は「誰もがみな生涯を通じてケアに関わっていく」ということの次の段階として述べているのでイが適当。(6)直前の内容をふまえていない他の選択肢は不適当。

やや難 問八　ア・オは最後の3段落で述べている。イの「人間にしか行うことができない」，ウの「努める必要がある」，エの「デジタルツール」で「遠くで暮らしている人に……よりよいケアを行うことができる」はいずれも述べていない。

三　(漢字の書き取り)

①は繭(まゆ)をとる目的で蚕を飼育すること。②の音読みは「グン」。熟語は「群居」など。同音異義語で都道府県の地域の単位である「郡」とまちがえないこと。③は大事な所として目をつけること。

★ワンポイントアドバイス★

小説では，登場人物同士の関係もていねいに読み取っていこう。

2022年度

★★★★★★★★★★★★★★★★★★★★★★

入　試　問　題

2022年度

晃華学園中学校入試問題（第１回）

【算　数】（50分）　＜満点：100点＞

1　次の各問いに答えなさい。

(1)　次の計算をしなさい。

$$\left\{\left(5\frac{1}{2}\times0.25+3\right)\div5-\frac{1}{4}\right\}\div1.25$$

(2)　あるお店では，プリンとケーキが売られています。１個あたりの値段はケーキの方が100円高いです。プリンを17個買う金額で，ケーキはちょうど12個買うことができます。プリンは１個何円か求めなさい。ただし，消費税は考えないこととします。

(3)　長さが２㎝，３㎝，４㎝，５㎝の棒が１本ずつあります。この中から，３本を選んで三角形を作るとき，棒の選び方は何通りありますか。

(4)　下の図ア～オの中から，立方体の展開図として正しいものをすべて選びなさい。

ア

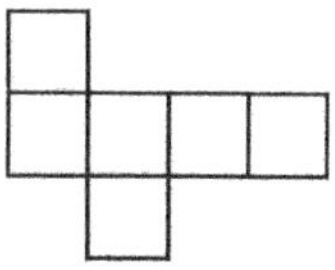

イ

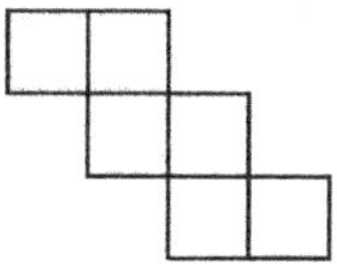

ウ

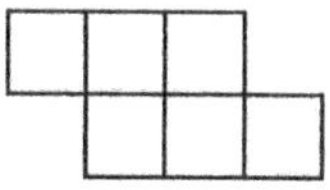

エ

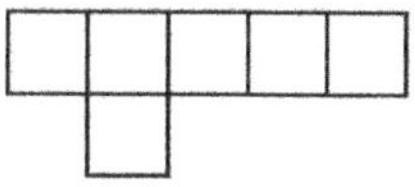

オ

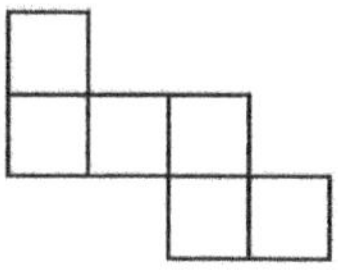

(5)　31，82，167の３つの数を，２以上のある数で割ると余りはすべて同じになりました。ある数を求めなさい。

(6)　右の図は円柱を切ってできた立体で，底面がおうぎ形です。この立体の表面積を求めなさい。ただし，円周率は3.14とします。

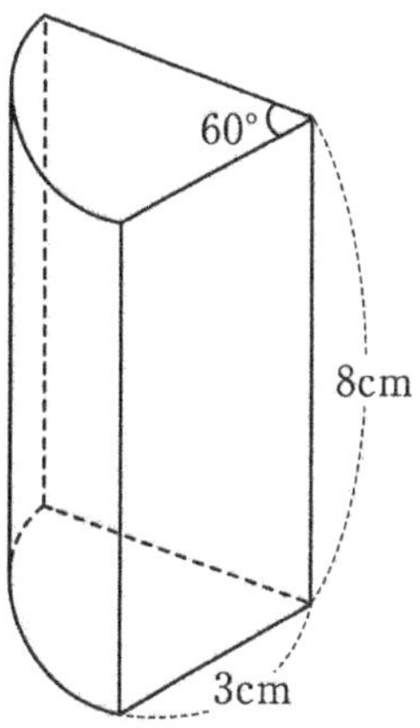

[2] ６けたの数2020ＡＢについて，次の各問いに答えなさい。ただし，Ａ，Ｂは０以上５以下の整数とします。

⑴ 2020ＡＢが３の倍数になるような整数Ａ，Ｂの組が何組あるか答えなさい。

⑵ 2020ＡＢが６の倍数になるような整数Ａ，Ｂの組が何組あるか答えなさい。

[3] ある遊園地のチケット売り場には，すでに600人が並んでいて，毎分25人の客がやってきて並びます。窓口を10か所開くと，並んでいる客は40分後にいなくなります。１人の客はチケットを１枚買うものとします。このとき，次の各問いに答えなさい。

⑴ １つの窓口で毎分何枚のチケットを売っていますか。

⑵ 窓口を15か所開くと，並んでいる客がいなくなるのは何分後ですか。

⑶ はじめは10か所の窓口でチケットを売っていましたが，途中《とちゅう》から窓口を15か所にしました。このとき，チケット販売《はんばい》開始から経過した時間と，並んでいる客の人数との関係を表したグラフとして最も適切なものはどれですか。ア～オの中から選びなさい。

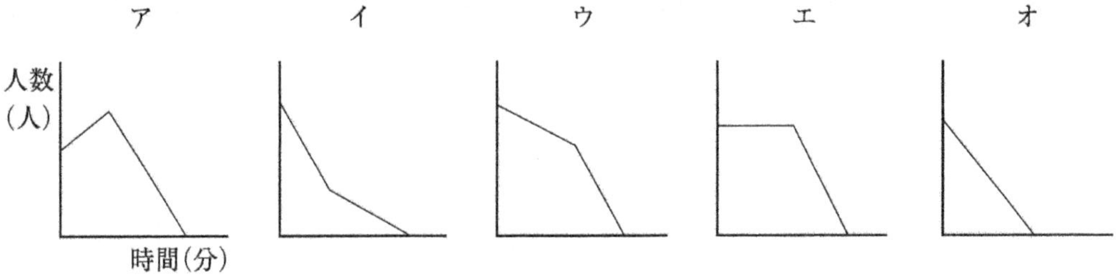

[4] 縦と横が等しく，高さが縦の２倍である直方体があります。この直方体の体積を x cm³，表面積を y cm²とします。$x = y$ であるとき，この直方体の縦，横，高さをそれぞれ求めなさい。

[5] 以下は，先生と花子さんの会話です。[ア] ～ [ウ] にあてはまる数を答えなさい。

先生：図１は面積が１cm²の直角二等辺三角形ABCです。この三角形に図２のように直角二等辺三角形BCDをつけて四角形ABDCを作ります。四角形ABDCの面積を求めてください。

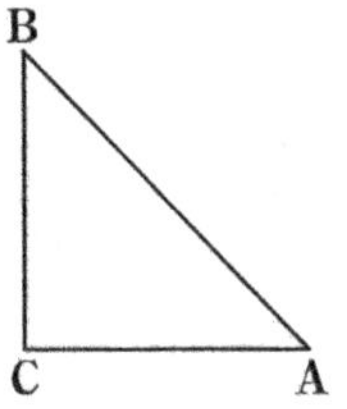

図１

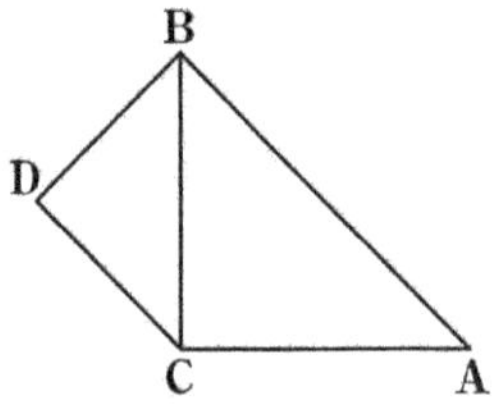

図２

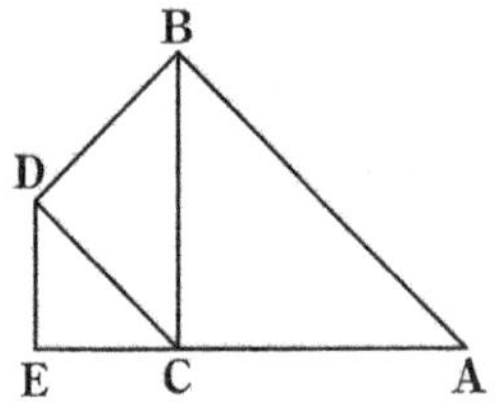

図３

花子：[ア] cm²です。

先生：そうですね。さらに図３のように直角二等辺三角形CDEをつけて四角形ABDＥを作ります。四角形ABDEの面積を求めてください。

花子：[イ] cm²です。

先生：それでは，次のページの図４のように同じことを何回も続けると四角形はどのような図形に近づいていくでしょうか。また，四角形の面積はどうなりますか。

花子：うーん，どうなるかなあ。

・・・・

先生，わかりました！

四角形はだんだん三角形にみえてきます。

あっ！だから同じことを続けて四角形を作っていっても，

四角形の面積は三角形の面積 ［ウ］ cm²以上にならないのですね！

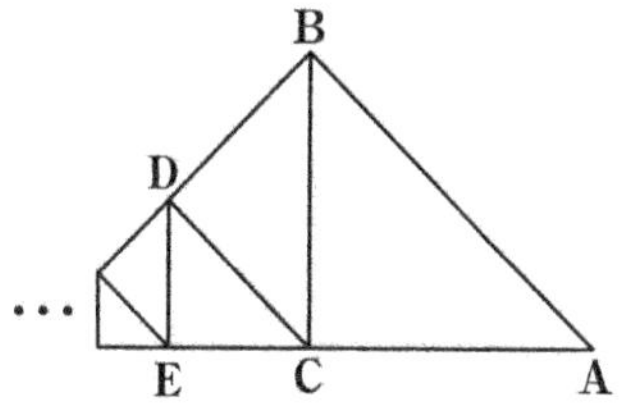

図４

［6］ 華子さんのクラスの生徒は，自宅で60分勉強するごとに先生からスタンプを１個もらっています。下の表は，ある週の平日の華子さんの記録です。

	月	火	水	木	金	平日の合計
勉強時間	120 分	67 分	111 分	0 分	55 分	353 分
スタンプ	2 個	1 個	1 個	0 個	0 個	4 個

平日５日間の合計勉強時間を a 分，平日５日間の合計スタンプ数を b 個とします。例えば，上の表では a は353，b は４です。この例を参考にして，次の各問いに答えなさい。ただし，１日に勉強できる最大の時間は240分とし，秒数は考えないものとします。

(1) 月曜日から水曜日までの合計スタンプ数が６個となりました。このとき，b を10にするためには，木曜日と金曜日の合計勉強時間は少なくとも何分必要ですか。

(2) a が600のとき，b として考えられる最も大きい数と最も小さい数を答えなさい。

(3) a と b について，次のア～オの中から正しいものをすべて選びなさい。

ア：a が大きい人の方が b も必ず大きくなる。

イ：a が小さい人の方が b が大きくなることがある。

ウ：a が同じ人同士なら b も必ず同じになる。

エ：b が０の人は a は必ず300未満になる。

オ：a が120未満の人は b は必ず０になる。

【理　科】（25分）　＜満点：50点＞

1　水の中にものを入れた実験１～３について，晃子さんと先生が会話をしている。次の会話文の ① ～ ⑤ にあてはまる数値や言葉をそれぞれ答えなさい。また，〔A〕～〔C〕にあてはまる語句をそれぞれ選び，答えなさい。ただし，水１cm^3あたりの重さは１ｇとする。

実験１　一辺の長さが２cmの立方体が２つある。一方は鉄，もう一方は発泡《はっぽう》スチロールでできている。それぞれの重さをはかり，水が入ったビーカーにそれぞれの立方体を入れた（表１）。

表１

	鉄	発泡スチロール
重さ	64g	0.08g
水に入れたときのようす	沈《しず》んだ	浮《う》いた

晃子：鉄は重いから沈むし，発泡スチロールは軽いから浮くのだと思います。

先生：では，64ｇの発泡スチロールは水に沈むでしょうか？

晃子：発泡スチロールが64ｇあったとしても沈まないと思います。

先生：そうですよね。同じ重さでも水に沈むものと沈まないものがあります。では，水に沈むかどうかは，ものの重さではなく何によって決まるのでしょう。同じ体積，例えば１cm^3で考えてみてはどうでしょうか？

晃子：１cm^3の鉄の重さは ① ｇで，１cm^3の発泡スチロールの重さは ② ｇです。ということは，１cm^3あたりの重さを比べたときに，水よりも〔A：重い・軽い〕と沈み，水よりも〔B：重い・軽い〕と浮くということですね。

先生：ところで，ものは空気中ではかった重さと水中ではかった重さが異なることは知っていますか？　ここに大きさも重さも異なる３種類の金属があります。これらの金属を空気中と水中ではかったときの重さを実験２で比べてみましょう。

実験２　それぞれの金属の空気中と水中での重さを，図１のように測定した（表２）。

表２

	鉄	金	銅
体積	10cm^3	2 cm^3	6 cm^3
空気中での重さ	80g	40g	54g
水中での重さ	70g	38g	48g

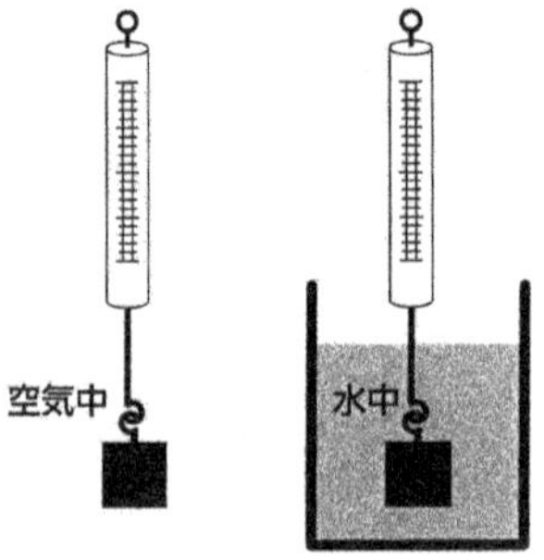

図１

晃子：どの金属でも，水中に入れて減った重さの数値と ③ の数値が，同じですね。

先生：これは， ③ の大きさの分だけ水に浮く力がはたらくということです。

晃子：ということは，空気中での重さが同じでも，金属の種類が異なると，水中での重さが異なるということですか？

先生：では，見た目では区別できない２つの王冠《おうかん》を水の中に沈めたらどうなるか考えてみましょう。実験３では，２つの王冠の空気中での重さは同じです。また，２つの王冠のうち，一方はすべて金でできています。もう一方は鉄でできていて，表面だけ金でおおわれています。

実験３　400 g の王冠１，２をてんびんにつるすと，つり合った（図２）。この状態を保ったまま水の中に入れると，王冠１の方に傾《かたむ》いた（図３）。

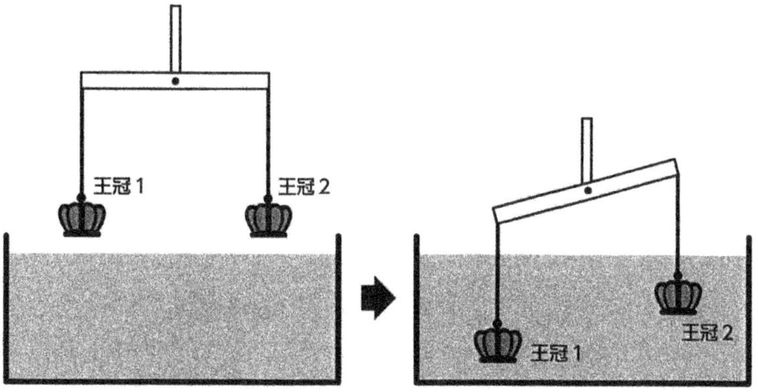

図２　図３

先生：王冠１は金と鉄のどちらでできていると思いますか？

晃子：空気中での重さは同じなのに，水中では王冠１の方が重いので，王冠１の方にてんびんが傾いたのですね。このことから，王冠１の方が，水に浮く力が［　④　］ことがわかります。水に浮く力が［　④　］のは，王冠１の方が［　⑤　］からであると考えられます。したがって，王冠１は〔C：すべて金・鉄〕でできたものであるとわかります。

先生：そうですね。これで，ものが水に浮く力についてわかりましたね。

2　水溶液《すいようえき》について，次の各問いに答えなさい。

７つのビーカーに図中のA～Gのうちいずれか１種類ずつが入っており，同じものが入っているビーカーはない。A～Gがどのビーカーに入っているかがわからないため，実験で確かめることにした。ただし，A～Gには直接触《ふ》れないものとする。

まず，７つのビーカーの中身を試験管に少量ずつ取り分け，それぞれにBTB溶液を加え，酸性のもの，中性のもの，アルカリ性のものに分けた。

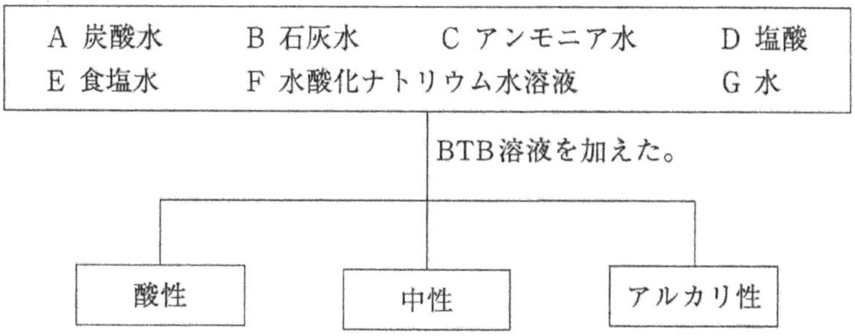

問１　アルカリ性の水溶液にBTB溶液を加えると何色になるか，答えなさい。

問２　酸性の水溶液はどれか。Ａ～Ｇの中からすべて選び，記号で答えなさい。

問３　中身が中性であることがわかったビーカーが複数あったので，これらのビーカーの中身がＡ～Ｇのどれにあたるのかを特定したい。どのような操作を行い，どのような結果が得られたとき，どの水溶液であることがわかるか。Ａ～Ｇの中から中性のものを１つ選び，例にならって説明しなさい。

例：

記号	説明
Ｈ	加熱し続けると、黒くこげる。

問４　中身がアルカリ性であることがわかったビーカーが複数あったので，これらのビーカーの中身がＡ～Ｇのどれにあたるのかを特定したい。どのような操作を行い，どのような結果が得られたとき，どの水溶液であることがわかるか。Ａ～Ｇの中からアルカリ性のものを２つ選び，問３と同様にそれぞれ説明しなさい。

問５　気体が溶けている水溶液はどれか。Ａ～Ｆの中からすべて選び，記号で答えなさい。

問６　Ａ～Ｆの水溶液のいずれか２つを混ぜ合わせると，Ａ～Ｆのうちのいずれか１つと同じ水溶液になった。どの水溶液になったと考えられるか。Ａ～Ｆの中から選び，記号で答えなさい。

３　トウモロコシについて，次の各問いに答えなさい。

問１　トウモロコシの種子の発芽に必要な条件を調べるために，Ａ～Ｆのシャーレを用意した。

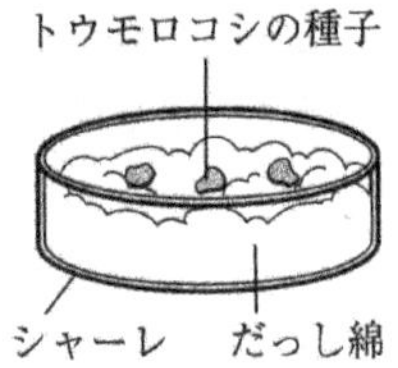

Ａ　シャーレにだっし綿をしき，トウモロコシの種子を置いて日光に当てた。

Ｂ　シャーレにだっし綿をしき，トウモロコシの種子を置いた後，だっし綿が湿《しめ》る程度の水を加えて日光に当てた。

Ｃ　シャーレにだっし綿をしき，トウモロコシの種子を置いた後，種子が沈《しず》むくらいの水を入れて日光に当てた。

Ｄ　シャーレにだっし綿をしき，トウモロコシの種子を置いた後，だっし綿が湿る程度の水を加えて冷蔵庫に入れた。

Ｅ　シャーレにだっし綿をしき，トウモロコシの種子を置いた後，だっし綿が湿る程度の水を加えた。その後，アルミニウムはくでシャーレをおおい，日光に当てた。

Ｆ　シャーレに土をしき，トウモロコシの種子を置いた後，土が湿る程度の水を加えて日光に当てた。

(1)　シャーレＡ～Ｆの中で，種子が発芽すると考えられるものはどれか。Ａ～Ｆの中からすべて選び，記号で答えなさい。ただし，トウモロコシの種子の発芽に必要な条件は，インゲンマメと同じである。

(2)　２つのシャーレを比べると，トウモロコシの種子の発芽に水が必要かどうかを確かめることができる。その２つのシャーレの組み合わせをＡ～Ｆの中から２つ選び，記号で答えなさい。

(3)　トウモロコシの種子の発芽に必要な条件は何か。水のほかに２つ答えなさい。

(4)　トウモロコシの種子では，発芽のときに必要な養分をどこにたくわえているか。右図の(ア)～(ウ)の中から選び，記号で答えなさい。また，その部分の名前も答えなさい。

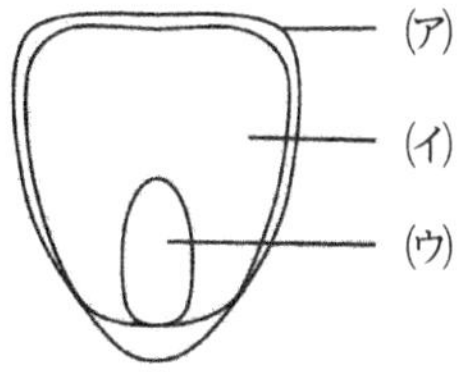

(5)　トウモロコシの芽のようすを示したものはどれか。次の(ア)～(エ)の中から選び，記号で答えなさい。

(ア)

(イ)
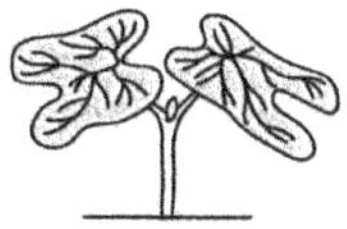
(ウ)

(エ)

問２　ポップコーンは，皮がかたい品種のトウモロコシの種子を加熱することによって作ることができる。以下の文はポップコーンができるしくみを説明したものである。①と②にはあてはまる言葉を〔　〕の中からそれぞれ選び，［③］にはあてはまる言葉を入れて文を完成させなさい。

トウモロコシの種子の①〔皮・皮より内側〕にふくまれる②〔水分・空気〕が，加熱されて［　③　］になることによって体積が急激に大きくなり，皮が破れてポップコーンができる。

［4］　空気中の水蒸気と湿度《しつど》について，次の各問いに答えなさい。

華子さんがテレビのニュース番組の気象情報を見ていると，気象予報士が次のように話していた。

今日も日中は気温が上がり，東京都心では，最高気温が［　①　］℃以上の猛暑《もうしょ》日となりました。ただいまの気温は28℃，湿度は95％となっていて，とても蒸《む》し暑いです。今日はこのまま気温が下がらず，今夜は［　②　］となるでしょう。

問１　文中の［①］にあてはまる数値を答えなさい。

問２　文中の［②］は夕方から翌朝までに最低気温が25℃を下回らない夜のことである。［②］にあてはまる語句を答えなさい。

問３　次の文章は，華子さんが湿度について調べたことをまとめたものである。

空気中にふくむことができる最大の水蒸気量を飽和《ほうわ》水蒸気量といい、$1\,m^3$あたりの量〔g/㎥〕で表す。飽和水蒸気量は気温によって異なる（表１）。

表１

気温〔℃〕	飽和水蒸気量〔g/m^3〕	気温〔℃〕	飽和水蒸気量〔g/m^3〕	気温〔℃〕	飽和水蒸気量〔g/m^3〕
0	4.8	10	9.4	20	17.3
1	5.2	11	10.0	21	18.3
2	5.6	12	10.7	22	19.4
3	5.9	13	11.4	23	20.6
4	6.4	14	12.1	24	21.8
5	6.8	15	12.8	25	23.1
6	7.3	16	13.6	26	24.4
7	7.8	17	14.5	27	25.8
8	8.3	18	15.4	28	27.2
9	9.4	19	16.3	29	28.8

湿度とは、ある気温の飽和水蒸気量を100%として、その気温の空気1m³にふくまれる水蒸気量が何%にあたるかを表したもので、下の式で求めることができる。

$$\text{湿度〔\%〕} = \frac{\text{空気}1\text{m}^3\text{にふくまれている水蒸気量〔g/m}^3\text{〕}}{\text{その温度における飽和水蒸気量〔g/m}^3\text{〕}} \times 100$$

(1)　華子さんがまとめた内容からわかることとして正しいものはどれか。次の(ア)～(エ)の中からすべて選び，記号で答えなさい。

(ア)　飽和水蒸気量は，気温が上がるほど大きくなる。

(イ)　気温が0℃のとき，空気中に水蒸気をふくむことはできない。

(ウ)　気温の値が2倍になると，飽和水蒸気量も2倍になる。

(エ)　湿度が100%のとき，空気中にふくまれている水蒸気は飽和水蒸気量と同じ量である。

(2)　気温が16℃で，1m³にふくまれている水蒸気の量が8.7gの空気がある。この空気の湿度は何%か。小数第一位を四捨五入して整数で答えなさい。

(3)　気温が28℃，湿度が95%のとき，この空気1m³には何gの水蒸気がふくまれているか。小数第二位を四捨五入して，小数第一位まで答えなさい。

(4)　(3)の空気を袋《ふくろ》に入れて密封《みっぷう》したまま冷やしたとする。湿度が100%になるのは，空気の温度が何℃になったときか。最も近い値を整数で答えなさい。

(5)　(4)をさらに冷やし続けると，袋の中にある水蒸気の一部が水滴《すいてき》に変化して袋の内側に付着する。これと同じような現象として，冬に窓ガラスに水滴が付着することが挙げられる。これらのように，空気中の水蒸気が水滴に変化して，ものに付着することを何というか，答えなさい。

【社　会】（25分）　＜満点：50点＞

1　次の文章を読んで，後の各問いに答えなさい。

①内閣府は，日本の未来の姿として，右の図にあるような「Society《ソサエティ》 5.0」という社会を目指しています。「Society 5.0」とは，デジタル空間と現実世界を一体化し，経済の発展と社会的課題の解決を両立する社会です。

「Society 5.0」の社会では，さまざまな情報を人工知能（AI）やロボットが処理し，これまで人間が行ってきた作業を機械が行い，自動化されることなどが期待されています。そして，人類は次のように，「Society 1.0」から「Society 4.0」までの４つの段階で発展してきたとされています。

Society 1.0　狩猟《しゅりょう》社会

野生の動物を狩《か》り，②漁業をはじめ，植物の採集を中心とした生活を送っていた社会。また人類は狩りや採集のために，新たな道具や手法を生み出しました。日本では，おおよそ旧石器時代から③縄文時代にあたります。

Society 2.0　農耕社会

田畑を耕し，④小麦や米などの作物を育て収穫《しゅうかく》していた社会。人類が⑤農耕や⑥牧畜をはじめたことにより，食料を大量に生産することができるようになりました。その結果，人々が１つのところに集まって住むようになり，都市や文明が発展しました。日本では，おおよそ⑦弥生時代から江戸時代にあたります。

Society 3.0　工業社会

機械製品の発展などにともない，⑧工業が発達した社会。18世紀後半の産業革命で蒸気機関が発明され，19世紀後半には電力の使用が広がりました。その結果，農耕社会以上に生産性が向上し，移動時間が大幅《おおはば》に短縮され，私たちの生活は便利になりました。日本では，おおよそ⑨明治時代から⑩昭和時代にあたります。

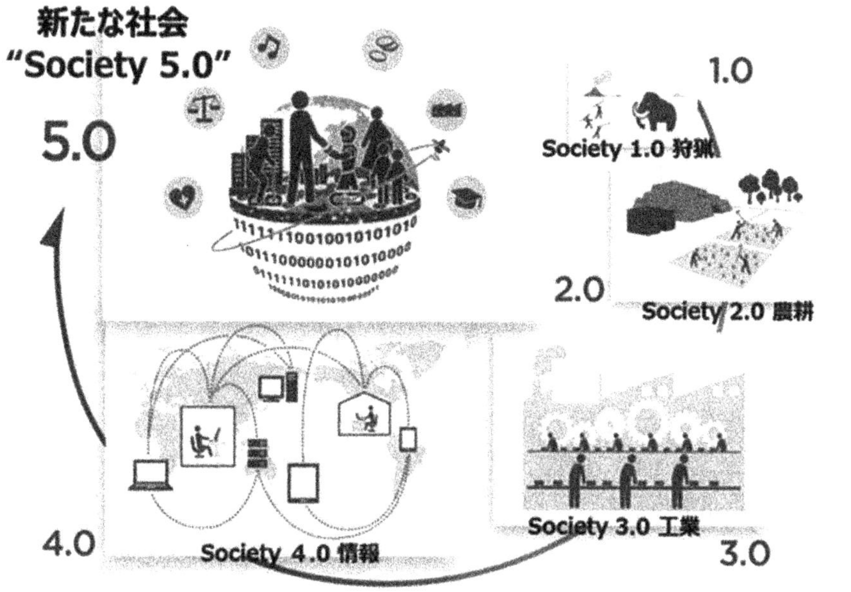

（「内閣府」HPより）

Society 4.0　情報社会

⑪インターネットや携帯《けいたい》電話・スマートフォンなどの普及《ふきゅう》により，世界中がネットワークでつながった社会。人類は世界のどこにいても，あらゆる場所の⑫情報をすぐに知ることができるようになり，時間や距離《きょり》の制約から解放されました。日本では平成時代以降にあたります。

「Society 4.0」の社会では，これまで以上に生産性が向上し，社会が発展してきました。一方，世界は⑬環境・⑭エネルギー・貧困・⑮医療《いりょう》・教育など，さまざまな社会的課題をかかえています。これらの課題を解決するために，国連で採択《さいたく》された目標が「持続可能な開発目標」（SDGs）です。そして，⑯「Society 5.0」の実現は，SDGsの達成にもつながると考えられています。

問１　下線①の仕事として誤っているものを次から１つ選び，記号で答えなさい。

(ア)　憲法改正の発議　　(イ)　条約の締結《ていけつ》　　(ウ)　政令の制定　　(エ)　閣議の開催《かいさい》

問２　下線②について，次の各設問に答えなさい。

(1)　次のグラフは日本の漁業種類別漁獲《ぎょかく》量の推移を示しています。グラフ中のＡが示している漁業として正しいものを次から１つ選び，記号で答えなさい。

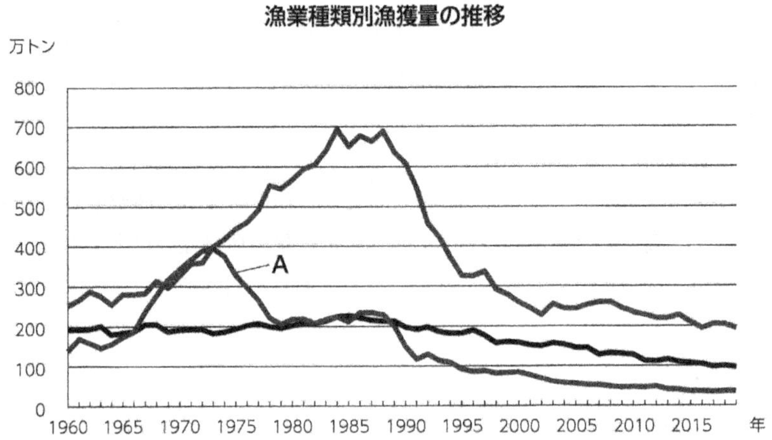

（矢野恒太記念会『日本国勢図会2021/22』より作成）

(ア)　遠洋漁業　　(イ)　沖合漁業　　(ウ)　沿岸漁業　　(エ)　栽培漁業

(2)　日本は，漁業がさかんな国として世界的にも有名です。その理由として誤っているものを次から１つ選び，記号で答えなさい。

(ア)　近海に水深200mまでの浅い海底が広がっているから。

(イ)　多くの川や湖があり，淡水魚《たんすいぎょ》も多くいるから。

(ウ)　暖流と寒流がぶつかる潮目があり，多くの種類の魚がとれるから。

(エ)　昼と夜の海水温の差が大きく，海面養殖業に適しているから。

問３　下線③について，2021年７月に，世界文化遺産に登録されることが決まった，青森県にある縄文時代の大規模な集落跡《あと》を何といいますか，答えなさい。

問４　下線④について，次のページの表は小麦の生産量と輸出量が多い国を示しています。生産量では上位に入っている中国やインドが，輸出量では上位に入っていません。その理由を説明しなさい。

順位	生産量	輸出量
1	中国	アメリカ
2	インド	カナダ
3	ロシア	フランス
4	アメリカ	オーストラリア
5	カナダ	ロシア

（帝国書院『地理統計 2021年版』より作成）

問５　下線⑤が日本ではじまった頃《ころ》の様子について，次の資料を読み，後の各設問に答えなさい。

資料

倭の奴国の使いが，みつぎ物をもってあいさつにやってきた。そこで光武帝はその使いに金印を授《さず》けた。

(1)　資料中の「金印」が見つかった島がある都道府県名を答えなさい。

(2)　奴国の王は，中国の皇帝とのつながりを持つことで，日本国内の他のムラやクニと対立した場合に，有利な立場になるために使いを送ったと考えられています。なぜこの頃のムラやクニ同士では対立が多くなったのか，その理由を説明しなさい。

問６　下線⑥について，次の各設問に答えなさい。

(1)　次の表は，飼育されている家畜の数が多い都道府県を示しています。【A】に当てはまる都道府県名を答えなさい。

順位	肉牛	ぶた	ブロイラー	採卵鶏《さいらんけい》	乳牛
1	北海道	【 A 】	宮崎県	茨城県	北海道
2	【 A 】	宮崎県	【 A 】	千葉県	栃木県
3	宮崎県	北海道	岩手県	【 A 】	熊本県
4	熊本県	群馬県	青森県	岡山県	岩手県
5	岩手県	千葉県	北海道	広島県	群馬県

（矢野恒太記念会『データでみる県勢2021』より作成）

(2)　日本の牧畜について述べた文として誤っているものを次から１つ選び，記号で答えなさい。

(ア)　乳牛の飼育は，気温が上がると乳量が減るため，冷涼《れいりょう》な地域でさかんである。

(イ)　採卵鶏の飼育には広大な土地を必要としないため，都市周辺でも行われている。

(ウ)　九州地方北部は火山灰の土地が広がっているため，肉牛の飼育がさかんである。

(エ)　北海道ではパイロットファームを中心として，家畜の飼育が行われている。

問７　下線⑦に関する次の資料(A)～(F)について，後の各設問に答えなさい。

(A)　われわれ尾張国《おわりのくに》（愛知県）の郡司《ぐんじ》・百姓らは，国司藤原元命《もとなが》の悪政をうったえます。

一　定められている量より多くの税をとっています。

一　朝廷へおさめるとうそをつき，絹や麻布《あさぬの》・うるし・油などを集めています。

(B)　一　外国に船を出すことは禁止する。

一　かくれて外国に行こうとする者は死罪とする。

一　外国に住んでいた日本人が帰国すれば死罪とする。

(C)　一　たがいに仲良くして，争わないようにしなさい。

二　仏教をあつく信仰《しんこう》しなさい。

三　天皇の命令には必ず従いなさい。

(D)　一　農民が，刀・弓・やり・鉄砲などの武器を持つことを禁止する。不要な武器を持ち，年貢を出ししぶり，一揆をくわだて，武士に反抗《はんこう》すれば厳《きび》しく罰《ばっ》する。

一　とりあげた武器はむだにせず，大仏をつくるための釘《くぎ》や金具に使うから，仏のめぐみでこの世だけでなく，あの世までも農民は救われることになるだろう。

(E)　昔，［　　　］殿《どの》が幕府を開いてからの御恩は山より高く，海より深いものです。今，朝廷より幕府をたおせとの命令が出ています。名誉《めいよ》を大切にする武士ならば，朝廷方と戦って，将軍の御恩に報《むく》いなさい。

(F)　このごろ都ではやっているものは，夜《よ》うち，強盗《ごうとう》，にせの天皇の命令書，とらわれた人，急使の早馬，理由のないさわぎ，急に大名になる者，一方で路頭に迷う者…。

(1)　資料(C)を出した人物が行ったこととして正しいものを次から１つ選び，記号で答えなさい。

(ア)　家柄《いえがら》によらず，才能や能力のある人をとりたてようとした。

(イ)　小野妹子らを使いとして唐に送った。

(ウ)　当時大きな権力を持っていた蘇我氏を滅《ほろ》ぼした。

(エ)　仏教をあつく信仰し，全国から人を集めて都に大仏を建立した。

(2)　資料(D)と同じ頃の文化について述べた文として正しいものを次から１つ選び，記号で答えなさい。

(ア)　紀貫之らが『古今和歌集』を編集し，在原業平や小野小町などの歌人が多くでた。

(イ)　現存する世界最古の木造建築物である法隆寺が建てられた。

(ウ)　松尾芭蕉が俳諧《はいかい》を芸術として高め，諸国を旅して紀行文『奥の細道』を書いた。

(エ)　狩野永徳らにより，ふすまなどに雄大《ゆうだい》な構図とはなやかな色で障壁画が描《えが》かれた。

(3)　資料(E)の［　　］に当てはまる人物を答えなさい。

(4)　資料(A)～(F)を，時代順に記号で並べなさい。

問８　下線⑧について，各都道府県の工業の説明として誤っているものを１つ選び，記号で答えなさい。

(ア)　茨城県では，楽器・オートバイの生産や，豊かな水源を利用した製紙・パルプ工業がさかんである。

(イ)　岡山県では，遠浅の海岸が整備され，石油化学コンビナートなどの重化学工業が発達した。

(ウ)　愛知県では，自動車工業がさかんだが，それには旧来の陶磁器工業の技術が生かされている。

(エ)　福岡県では，かつては製鉄業が発展し，近年では中国に輸出する自動車工業がさかんである。

問９　下線⑨について，次のページの円グラフは，1885（明治18）年の日本の輸出品目を示したものです。円グラフ中のＸに当てはまる品目名を答えなさい。

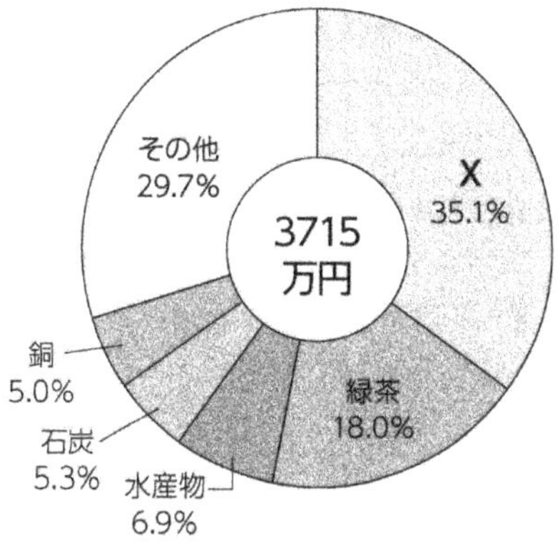

（『日本貿易精覧』より作成）

問10　下線⑩の初期，日本は深刻な不景気に悩《なや》まされました。この頃の日本経済の様子について述べた文として正しいものを次から１つ選び，記号で答えなさい。

(ア)　第一次世界大戦後，ヨーロッパの国々の産業が回復すると，日本の輸出が減って国内の企業や銀行の倒産《とうさん》が相次いだ。

(イ)　関東地方で大地震がおこり，東京・横浜を中心に大きな被害《ひがい》を受けたため，日本経済は深刻な打撃《だげき》を受けた。

(ウ)　日露戦争に多額の戦費がかかったにもかかわらず，賠償金《ばいしょうきん》が得られなかったため，政府の財政は危機に直面した。

(エ)　アメリカのニューヨークから始まった世界恐慌の影響《えいきょう》を受け，日本でも会社の倒産や失業者が増えた。

問11　下線⑪について，下の資料からわかる内容として正しいものを次から１つ選び，記号で答えなさい。

資料　保護者の悩みや気がかり（学校段階別）

学校段階	小学生			中学生			高校生		
保護者の悩み・気がかり	2018	2020	差 (2020－2018)	2018	2020	差 (2020－2018)	2018	2020	差 (2020－2018)
ゲームのしかた (内容・しすぎなど)	38.2%	46.2%	8.0	33.0%	35.7%	2.7	23.3%	22.8%	－0.5
携帯電話やスマートフォンの使い方	16.7%	22.6%	5.9	44.9%	48.6%	3.7	58.4%	52.7%	－5.7
運動不足	22.0%	33.6%	11.6	16.3%	24.6%	8.3	22.9%	30.1%	7.2

※「小学生」は小学４～６年生のことです。
※複数回答

（東京大学社会科学研究所・ベネッセ教育総合研究所「子どもの生活と学びに関する親子調査2020」より作成）

(ア)　2018年から2020年にかけて，すべての項目《こうもく》について，悩み・気がかりを持つ保護者の割合が増えているのは，小学生のみである。

(イ)　「ゲームのしかた」について，小学生，中学生，高校生と段階が上がるほど，悩み・気がかりを持つ保護者の割合が増えた。

(ウ)　2018年に比べ2020年では，すべての学校段階で「運動不足」を悩み・気がかりとする保護者の割合が増えた。

(エ)　2018年に比べ2020年では，すべての学校段階で「携帯電話やスマートフォンの使い方」を悩み・気がかりとする保護者の割合が増えた。

問12　下線⑫について，日本に住民票を持つすべての国民に12ケタの番号を通知する制度が，2016年から開始されました。この制度を何といいますか，答えなさい。

問13　下線⑬について，貴重な動物や植物などを保護・保存するために，国は天然記念物を指定しています。その中でも特別天然記念物に指定されているトキの繁殖《はんしょく》が行われている島の名前を答えなさい。

問14　下線⑭について，次の円グラフＡ～Ｃは，日本の石油，天然ガス，石炭の輸入先とその割合(2019年)を示しています。円グラフと資源の組み合わせとして正しいものを後の(ア)～(カ)から１つ選び，記号で答えなさい。

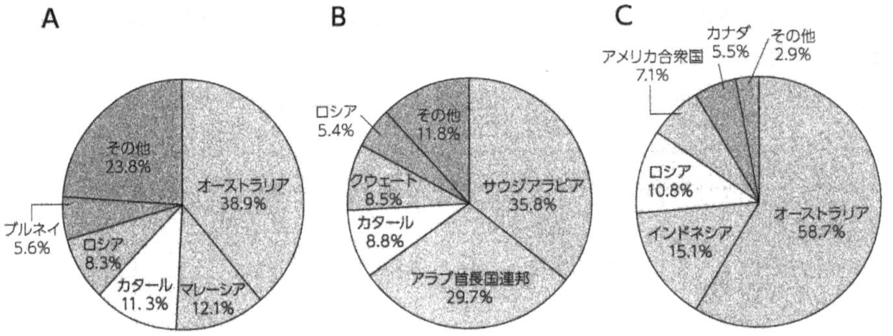

（財務省「貿易統計」より作成）

(ア)　Ａ－石炭　　　Ｂ－天然ガス　　Ｃ－石油
(イ)　Ａ－石炭　　　Ｂ－石油　　　　Ｃ－天然ガス
(ウ)　Ａ－天然ガス　Ｂ－石油　　　　Ｃ－石炭
(エ)　Ａ－天然ガス　Ｂ－石炭　　　　Ｃ－石油
(オ)　Ａ－石油　　　Ｂ－天然ガス　　Ｃ－石炭
(カ)　Ａ－石油　　　Ｂ－石炭　　　　Ｃ－天然ガス

問15　下線⑮について，「全ての人々が可能な最高の健康水準に到達《とうたつ》すること」を目的として設立された国連の専門機関として正しいものを次から１つ選び，記号で答えなさい。

(ア)　UNICEF　　(イ)　UNESCO　　(ウ)　WTO　　(エ)　WHO

問16　下線⑯について，右図はSDGsの目標４「質の高い教育をみんなに」です。「Society 5.0」でさらに進化が期待されるデジタル化が，「質の高い教育をみんなに」の達成に，どのようにつながると考えられますか。具体的な例をあげて説明しなさい。

（「国連広報センター」HPより）

問三　――線部④「一体何のために？」とありますが、筆者はどのような答えを出していますか。「ため」という言葉につながるように、本文中から二十五字以内で探し、最初と最後の五字ずつを書きなさい。

問四　――線部⑤「トースターのふるまい」とありますが、これはどのようなことですか。二十字以内で書きなさい。

問五　［Ⅰ］に入る言葉は何ですか。次のア～エの中から最も適当なものを選び、記号で答えなさい。

ア　パンの内部も一様に焼ける
イ　短時間に表面だけが焼ける
ウ　表面をじっくり焼くことができる
エ　ヒーターがパンの表面に接触している

問六　――線部⑥「教育」とありますが、ここでの「教育」の説明として最も適当なものはどれですか。次のア～エの中から選び、記号で答えなさい。

ア　一緒《いっしょ》に学び合える仲間を積極的に作ること
イ　勉強は学生の義務であると意識すること
ウ　楽しみながら学んで知識を身につけること
エ　中学校の基礎に戻《もど》って知識を確認すること

問七　――線部⑦「味を占めた」とありますが、ここではどういうことですか。次のア～エの中から最も適当なものを選び、記号で答えなさい。

ア　学生が今まで気付かなかったことにうまく気付いてくれたので、他にも新しい発見をしてもらいたい、と思ったこと
イ　学生があまりにも科学に対して無知だったので、反省してもらうためにもう少しやりこめよう、と思ったこと
ウ　パンをトースターで焼くとおいしいと学生がわかってくれたので、もっとトースターの魅力《みりょく》を紹介《しょうかい》したい、と思ったこと
エ　学生が話を面白半分に聞いていたので、もう少し問いを出して学問にまじめに取り組んでもらおう、と思ったこと

問八　［Ａ］～［Ｄ］について、それぞれに当てはまるセリフはどれですか。次のア～オから選び、記号で答えなさい。

ア　身近なものであっても立派な発明です
イ　誰もが絶対知っている人です
ウ　トースターって、誰が発明したか知っていますか？
エ　まさか、エジソン……？
オ　えっ、誰かが発明したのですか？

問九　［Ⅱ］に入る言葉は何ですか。本文中から五字以内で探して書きなさい。

三　次の①～⑥の――線部のカタカナを漢字に直しなさい。

①　カンチョウにより水位が下がる
②　サクリャクを巡《めぐ》らす
③　神社ブッカクを訪れる
④　革をモゾウした素材
⑤　バンコクキを掲《かか》げる
⑥　舌がコえている

一人の学生が小さな声を発した。

「［　D　］」

「そうです、あのトーマス・エジソンです。エジソンは電球だけを発明したのではありません。いろんなものを発明しました。みんなが映像史で習ったように、蓄音機《ちくおんき》もエジソン型の映写機も作っています。ただ、エジソンは誤解されがちですが、単なる発明家ではないのです」

トースターを前に思わぬ名前が出て、みんな興味津々《きょうみしんしん》な様子であった。

「エジソンは、電気を使う社会を夢見たのです。電気を各家庭に送電し、その電力で生活する、そんな電化社会を構想したのです」

暗い夜を電球で明るくし、朝、パンをトースターで焼く。そんな電気を拠《よ》り所《どころ》にする社会をである。

私は続けた。

「エジソンは、さらに聞くとびっくりするものまで発明しました」

一同また黙ってしまった。

「それは、なんと朝食です」

「えっ、それまで朝ごはん、なかったんですか」

「実は、米国では当時、食事は昼と夜の二食でした。エジソンは電球だけでは［　Ⅱ　］は来ないと思い、朝にトースターを使わせようと、朝食が健康にいいと提唱したのです」

目の前のトースターに触れると、温度は分解を始められるくらいまで下がっていた。

「さあ、分解を始めましょう。自分の知りたいことが、どんな機構で具現化されているか、自分の目で確かめてください」

みんなは手に手にドライバーやラジオペンチを持ち、エジソンが発明してから１０５年目を迎《むか》える現代のトースターに挑《いど》みだした。

それから２時間ほどの間、一台のトースターは、学生に驚《おどろ》きを与《あた》え続け、多くの納得《なっとく》とそれ以上の疑問を残して、ばらばらに分解されたのであった。

（佐藤雅彦『考えの整頓《せいとん》　ベンチの足』より「トースターは誰《だれ》が発明したか」）

問一　——線部①「新しい～見えてくる」とありますが、これがどういうことであるかを説明した次の文章の［a］、［b］に当てはまる言葉は何ですか。本文中から［a］は二十字以内、［b］は十字以内で抜き出して書きなさい。ただし、句読点は一字に数えます。

> 身近な電気器具が［　a　］を想像すると、
> ［　b　］が見つかること。

問二　——線部②「やみくもに」、③「色めきたった」の意味は何ですか。次のア～エの中から最も適当なものをそれぞれ選び、記号で答えなさい。

②「やみくもに」
- ア　真剣に
- イ　独り占めして
- ウ　考えもせずに
- エ　ふざけて

③「色めきたった」
- ア　活気づいた
- イ　がっかりした
- ウ　とまどった
- エ　緊張《きんちょう》した

ましょう」

　しかし、パンを数枚焼いたトースターはかなり熱い。中を分解できる温度になるには、もう少しかかりそうである。時間が惜《お》しい私は、アドリブでこう話し出した。

「冷めるまでの時間を利用して、トースターのことをあれこれ考えてみませんか」

　一体、トースターの何について考えるのかと言わんばかりに、みんなが私を見返した。

「そもそも、なぜ表面がきれいにカリッと焼けて、中はしっとりしておいしいのでしょうか」

　私は、そんな根源的な質問を投げかけた。みんな黙《だま》ってしまった。おいしさだけは享受《きょうじゅ》したくせに、そのおいしさを担保してくれている技術に関しては考えようともしなかったのだ。

　私は、仮説はこう立てるのだということを示すように、次のように話した。

「表面が一様にカリッと焼けるということは、パンの表面のすぐ近くに平面状にヒーターがあるからではないでしょうか」

「――そうか、［　Ｉ　］から、まだ中はしっとりなんだ」

　学生の一人がつぶやいた。

「そうですね。これがヒーターが少しでも遠くにあると、表面が焼けるのに少々時間がかかり、その間に中のしっとり感も失われてしまうんですね」。私はさらに続けた。

「先ほど観察した食パンを両脇から押さえる機構は、ヒーターとパンとの距離《きょり》を、両面とも均等にする機構だと思います。うちにあるトースターはそれがついていないので、パンが斜《なな》めに入ったりして焼き方にムラが出来てしまうんです」

　なるほど、という小さな声があちこちから聞こえた。次に私は、意地悪く、こんな質問をした。

「熱の伝わり方には3種類ありましたよね。中学の理科で習ったはずです。では、このトースターでは、その中のどんな伝わり方をしているのでしょうか」

　トースター分解チームは下を向いてしまった。中学の理科は義務的に接していたのであろう。でも今のタイミングには、おいしいトーストという義務とはかけ離《はな》れた味方がいて、⑥教育には最適な状況《じょうきょう》である。私は答えを言った。

「伝導、対流、そして放射。これが熱の3つの伝わり方です。そしてトースターはその放射を使って食パンを焼いているのです。放射とは英語ではradiation《ラジエーション》、四方八方に発することです。ラジオなども放送局から電波をradiationするところから、そう呼ばれています。だから食パンがムラ無くきれいに焼けるんですね」

　学生達は、このおいしさにちゃんと理があった事が分かり、神妙な面持ちであった。

　⑦味を占《し》めた私は、続けざまにこう質問した。

「［　Ａ　］」

「［　Ｂ　］」

考えた事もないような口振《くちぶ》りだった。私はヒントを出した。

「［　Ｃ　］」

みんなじっと考え出した。

大学の授業の中で、年に一回行う題目がある。それは、『分解ワークショップ』と呼ばれるものである。

身近な電気器具を分解し、その機能がどう実現されているかを探求するのである。現代の電気器具は単純なものであっても、複数の技術が重層的に入り込《こ》み、それらを理解するには、かなりの基礎《きそ》知識が必要となる。しかし、基本的にモノを分解するのは大変面白《おもしろ》く、その面白さに乗じて、それらの知識が自然と身につくのである。

今年のその授業が先週行われた。授業は、同僚《どうりょう》のK教授と共に計画し、実施《じっし》される。

分解するアイテムは、工学博士であるK教授が選ぶ。今回選ばれたのは、食パンを焼くトースターと、調理で使うハンドミキサーであった。

トースターは、そもそもどうやって食パンを焼いているのか、何故《なぜ》ポンと飛び出せるのか、こんがりとした焦《こ》げ具合はどうして生まれるのか。ハンドミキサーの２つの羽はどうしてぶつからないのか、回転の速さを段階的に変えられるのは何故か、などなど疑問は尽《つ》きない。家の台所で見慣れたものも、教室で①新しい目を持って見つめると多くの不思議が見えてくる。私は、分解を始めんとする学生達《たち》を前に、まず言った。

「面白いからと言って、②やみくもに分解しないように。まず、この器具がどのようにその役割を果たしているか、想像しなさい。そして、解き明かしたい謎《なぞ》を見つけてください」

私とK教授は二手に分かれ、私はトースターの分解チームについた。

そして、先ほど言ったことを実践《じっせん》させるために、朝購入《こうにゅう》したあるものをトートバッグの中から取り出した。

「トースターのふるまい、扱《あつか》いを知るために、この食パンを焼いてみましょう」

学生達は、厚切りのイギリスパンに③色めきたった。中には、教室を抜《ぬ》け出し、研究室の冷蔵庫からジャムとバターを持ってきた強者《つわもの》もいた。

実際に、そのトースターを使って観察してみると、いろいろなことが分かった。食パンをスロットに差し込み、脇《わき》の大きいレバーをグッと押《お》すと食パンが下がっていく。

それと同時にパンはそのスロットの中で、両面を両脇から粗《あら》い金網《かなあみ》のようなもので軽く押さえられた。これは初めて知った機構である。④一体何のために？　脇のレバーのそばにボタンがいくつかあり、焼き上がりのこんがり度が選べるようになっていた。これもどういう仕組みなのか？

そのうち、ポンという音がして、パンが飛び出してきた。香ばしい匂《にお》いが教室に充満《じゅうまん》し、トースターチームは思わぬ朝食にありつけることになった。

「表面はこんがり焼けてサクッとしているのに、中はしっとりしてておいしい」という声が聞こえた。みんなの家には、こんな形のトースターはないの？　と尋《たず》ねると、そのチーム５名全員とも「ない」とのことだった。どの家もオーブントースターでパンを焼いていた。

「先生の家にはトースターあるんですか？」と、遠慮《えんりょ》のない質問が飛んできた。

「もちろんありますよ。やはり食パンはこのトースターの方がおいしいです」と答えると、トーストを頬張《ほおば》ったままの声で「たしかに」「たしかに」と賛同を受けた。

「では、⑤トースターのふるまいを確認したので、冷めたら分解に入り

どのような効果を与えていると考えられますか。次のア〜エの中から最も適当なものを選び、記号で答えなさい。

ア　季節の変化を表すことで、おじいちゃんと話し出してから長い時間が経っていることを感じさせる

イ　花がまだ咲いていない様子は、輝の心が閉ざされたままであることを示している

ウ　春が間近であることを表して、まもなく明るい変化が起こりそうなことを予感させる

エ　つぼみが春をとじこめているという言い方によって、美しい花が咲くと確信させる

問六　――線部⑤「その目は〜向こう」とありますが、この時のおじいちゃんの様子はどのようなものですか。次のア〜エの中から最も適当なものを選び、記号で答えなさい。

ア　美しい桜が咲くのを想像し、待ち遠しく思っている

イ　今はもういない自分の息子の、子どもの頃を思い出している

ウ　曇《くも》り空を見て、この後天気がどうなるのかを心配している

エ　なかなか自分の言うことを聞かない孫に困り果てている

問七　[X] に当てはまるものとして最も適当なものを次のア〜エの中から選び、記号で答えなさい。

ア　輝と違ってまだ子どもだったのだろうね

イ　おばあちゃんの楽しみだったとは気づかなかったのかもしれないな

ウ　おばあちゃんに反抗したかっただけだろうね

エ　輝と同じ気持ちだったのかもしれないな

問八　――線部⑦「とても晴れ晴れとしている」について、晃子さんと華子さんが話しています。[A] 〜 [C] には本文中から当てはまる言葉をそれぞれ抜《ぬ》き出して書きなさい。それを踏《ふ》まえて [D] には適当と考えられる内容を書きなさい。ただし、それぞれの [　] に指定されている字数で答えること。

晃子「どうしてお母さんは『晴れ晴れとしている』のかしら。」

華子「忙しい朝の仕事が一つ減ったから、楽になったと感じているのじゃないかしら。『ほら、いったいった』なんてまるで早く出ていけと追い出すようだし、面倒だったのかもしれないわ。」

晃子「それって本当かしら。お母さんはどんなふうに感じていたのか考えてみましょう。」

華子「そうね。輝は自分が [A 五字以内] のに必要なことだと感じて見送ってもらうのをやめようとしたはずよ。」

晃子「輝の [B 五字以内] も子どもの頃に同じようなことを思ったのよね。」

華子「その話を聞いたおじいちゃんはどう思ったのかしら。」

晃子「おじいちゃんは『生意気なこと言う』と言いながらも [C 十字以内] 、と書いてあるわ。」

華子「私、お母さんが晴れ晴れとしていた理由がわかったわ。[D 二十五字以内] だわ。」

二　次の文章を読んで、後の問いに答えなさい。

「先生、この妙《みょう》な部品は何ですかー?」

「やばいです、先生。ここを触《さわ》ると火花がでます」

顔はなんていうか、⑦とても晴れ晴れとしている。

今日でおしまい。

自分で言った言葉を心の中でくり返してみる。

さみしく思っているのは、どうやらぼくのほうみたいだ。

「ほら、いったいった」

お母さんに手で追いはらわれる。

「いってらっしゃい」

「うん……、いってきます」

ドアを開けると、鼻先に風がふれた。つんとさすような冬の風ではなく、やさしく鼻の上をすべっていく春の風だ。

（葉山エミ『ベランダに手をふって』）

問一　――線部①「お母さんにやめたいと言えずに」とありますが、これはなぜですか。次のア～エの中から最も適当なものを選び、記号で答えなさい。

ア　人からどう思われるかを気にして好きなことをやめるのはおかしいと感じているから

イ　自分がクラスでからかわれていたことをお母さんに打ち明けたくないから

ウ　クラスメイトにからかわれるのはつらいが、それに負けてしまうのもいやだから

エ　朝の見送りという大切な時間をやめると言って、お母さんを悲しませたくないから

問二　[Ⅰ]、[Ⅱ]に当てはまる言葉は何ですか。次のア～オの中から最も適当なものをそれぞれ選び、記号で答えなさい。

ア　顔　　イ　手　　ウ　口　　エ　目　　オ　足

問三　――線部②「ぼくは～うなずいた」とありますが、このときの「ぼく」の気持ちはどのようなものですか。次のア～エの中から最も適当なものを選び、記号で答えなさい。

ア　おじいちゃんの言うことはわかるが、ぼくの気持ちとどこか合わないような気がしている

イ　おじいちゃんは何でもお母さんの味方ばかりして、どうにも納得できないと感じている

ウ　おじいちゃんの言うことは難しくて理解できなかったが、わかったふりをしておこうと考えている

エ　おじいちゃんと香帆が同じ事を言ったので、ぼくが間違っているのではないかと不安になっている

問四　――線部③「おもむろに」、⑥「拍子ぬけして」の意味は何ですか。次のア～エの中から最も適当なものをそれぞれ選び、記号で答えなさい。

③「おもむろに」
ア　きっぱりと
イ　すっきりと
ウ　ゆっくりと
エ　しっかりと

⑥「拍子ぬけして」
ア　何も考えずに
イ　助けを求めて
ウ　緊張がゆるんで
エ　都合が悪くなって

問五　――線部④「薄紅色の～待っている」とありますが、この表現は

ただ反抗《はんこう》したかっただけ、ということも考えられる。
お父さんに聞いてみたい。
心の底からそう思った。
お父さんなら、今のぼくの気持ちもわかってくれるんじゃないだろうか。
「あのときの渉は、［　X　］」
おじいちゃんはやさしく笑い、その目にしっかり映《うつ》しこむようにぼくを見た。
なつかしい人を見つけたみたいに、目を細める。
おじいちゃんは、ぼくを見ながらぼくの中にお父さんを見ている。それがわかって、うれしいような、むずがゆいような気持ちになった。
「それに、渉はこんなことも言ってたんだ」
「なんて言ったの？」
胸《むね》がふるえる。
「『お母さんには悪いけど、大人になるんだ』ってな」
おじいちゃんの言葉が、午後の光の中にとけていく。
「どうだ、生意気なこと言うだろう？」
おじいちゃんはうれしそうに笑った。
うん、ほんとに生意気だと思った。
だって、ぼくたちはまだ小学生で、大人がいなくてなにができるだろう。
それでも、大人になる。
ぼくは大人になるんだ。

終業式の日がやってきた。
明日《あした》からはじまる春休みに、ぼくの心はすでに浮《う》き立《た》っている。
お父さん、いってきます。
お鈴《りん》を鳴らして、手を合わせる。
写真のお父さんへそっと目配せをして、「よしっ」と気合を入れて立ちあがった。
台所のお母さんのほうへ向かう。
「お母さん」
「なに？」
流しで手を洗《あら》いながら、お母さんが顔をあげる。
「あのさ。いつもベランダで見送ってくれるじゃん。今日で最後にしようと思うんだ」
ぼくは昨日から決めていた言葉を言う。
「ぼくさ、四月からは六年生だし、お母さんだって朝はいそがしいだろ。毎朝見送ってもらえてうれしかったけど、今日でおしまいにする」
お母さんはきゅっと、蛇口《じゃぐち》の水をとめた。
「そっ、わかったわ。今日でおしまいね」
あっさりとした口調だ。
「ほら、もう出る時間だよ」
そう言ってぼくをせかす。
ぼくは⑥拍子《ひょう し》ぬけしてお母さんの顔を見つめた。
てっきり、なんで？　とか聞かれると思って、いくつも言葉を用意していたのに。
お母さんが傷《きず》ついたらどうしようって心配していたけど、お母さんの

なんだろう、この気持ち。自分でもよくわからなくて、もやもやするんだ。

「でもさ、お母さんを傷《きず》つけたらどうしようって、心配なんだよね」

だって朝の見送りは、ぼくたちの大事な時間だから。

「でも、やめる」

ぼくが言いきると、おじいちゃんは③おもむろに立ちあがった。腕《うで》を組みながら、塀《へい》の向こうの桜《さくら》の木を見あげる。長くのびた枝が敷地《しきち》にかかり、毎年桜の花をながめることができるのだ。

枝のところどころには、ぷくっとふくらんだつぼみがならんでいる。④薄紅色《うすべにいろ》のつぼみは、春をとじこめたまま開く日をじっと待っている。

「なつかしいなぁ」

おじいちゃんがしみじみとつぶやいた。

おじいちゃんの視線《しせん》の先を追うと、⑤その目は桜の枝のずっと向こう。うすい雲がとけた空を見ている。

「おじいちゃん、なにがなつかしいの？」

「ん、あぁ、すまん」

おじいちゃんはてれたように笑った。

「渉《わたる》のことを、思い出したんだよ」

渉。お父さんの名前だ。

「えっ、なんでなんで？　どうしてお父さんのこと思い出すの？」

ぼくは興奮して、おじいちゃんのそでを引いた。お父さんの話を聞くとき、ぼくはいつも気持ちが高ぶってしまうんだ。

「あのときの渉も、今の輝と同じくらいの年だったな」

おじいちゃんは再《ふたた》びベンチに腰をおろすと、お父さんの思い出話をしてくれた。

それは、体操着袋《たいそうぎぶくろ》にまつわる話だった。

お父さんが小学生のころ、体操着袋はお母さん、つまりぼくのおばあちゃんが手づくりでつくっていた。

お裁縫《さいほう》が得意なおばあちゃんは、学期がかわるたびに、お父さんの体操着袋をつくるのを、楽しみにしていたのだという。

「ＷＡＴＡＲＵ」と、アップリケをつけたりパッチワークにしたり、ずいぶん［Ⅱ］のこんだものをつくっていた。

だけどある日、お父さんはおばあちゃんに宣言《せんげん》した。

「もう手づくりしないでいいよ。自分で選んだのを買ってくるから」

そう言って、お父さんは紺色《こんいろ》の無地の袋《ふくろ》を、自分のおこづかいで買ってきてしまった。

「おばあちゃん、ショック受けてた？」

「あぁ、さみしそうにしてた」

そうだよな。

息子のためにやっていたことを、突然《とつぜん》、もういいって言われたんだもんな。

ぼくのお母さんは仕事でいそがしいし不器用だから、手づくりでなにかをつくってくれたことはない。ぼくは手づくりの体操着袋をうらやましく思った。

でも、お父さんはお父さんで、なにか思うところがあったんだろう。ぼくみたいに、クラスメイトにからかわれたのかもしれない。

それとも、アップリケのついた袋になにか違和感があったのだろうか。

【国　語】（五〇分）〈満点：一〇〇点〉

一　**小学五年生の輝《ひかる》は、父を亡くし、母と二人で暮らしていた。毎朝、ベランダで見送る母と手を振《ふ》り合うのが日課だったが、ある日それをクラスメイトに見られて、クラス中でからかわれることになってしまう。同じく父親を亡くしている香帆《かほ》だけが「おかしくない」と言ってくれ、それをきっかけに二人は仲良くなるが、香帆は六年生を目前に転校してしまった。以下はそれに続く部分です。**

二人でベンチに腰《こし》かけて、おじいちゃんに話しはじめた。

学校でからかわれたこと。①お母さんにやめたいと言えずに悩《なや》んでいることを打ち明けた。おじいちゃんはあごに手をあてて考えこんだ。おじいちゃんの手は土でよごれていて、指先は茶色くそまっている。

「輝はあまえん坊《ぼう》だったからなぁ。千明《ちあき》さんも、大変だっただろうなぁ」

ぼくは顔を赤くした。

自分でも、それはわかってる。

千明さんというのは、お母さんのことだ。お母さんのことを下の名前で呼ばれるのは、とたんに変な感じがする。

「おれは、やめなくてもいいと思うな」

おじいちゃんが言った。

「いいじゃないか。ぜんぜん、おかしくなんかないぞ。まわりの言葉や［　Ⅰ　］を気にして、好きなことをやめる必要はないんだ。輝とお母さんの、大事な時間だろう」

「うん」

②ぼくはあいまいにうなずいた。

香帆も、同じように言ってくれたんだ。

「他人のいじわるな言葉になんか、耳をかたむけなくてもいいんだ。なっ、輝」

「うん」

うつむいたぼくの顔を、おじいちゃんはそっとのぞきこむ。

ぼくは、自分の気持ちをどう言い表したらいいのかわからなくて、頭の中で必死に言葉を探《さが》した。

他人の言葉は気にしなくていいと、おじいちゃんは言う。そのとおりだとぼくも思う。

だけど、違《ちが》うんだ。たしかに、きっかけはみんなにからかわれたことだったかもしれない。みんなに笑われて、はずかしい思いをした。

だけど。

「そうじゃないんだ。まわりに言われたからじゃないんだ。ぼくは自分の意志《いし》で、やめたいんだ」

そうだ。これはぼくの意志なんだ。ほかのだれでもない、ぼく自身の。

「みんなに笑われたのはショックだったよ。でもなんていうか、ぼく自身がこういうのはおかしいんじゃないかって、思うようになったんだ。おかしいっていうのとは、違うかもしれない。その、なんていうか。いやだとか、はずかしいとかじゃなくて、今のぼくには、なんか違うっていうか」

サイズの合わない服を着ていて、気持ちよく体を動かせないような違《い》和《わ》感《かん》。

MEMO

大切なことはメモしておこうネ！

2022年度

晃華学園中学校入試問題（第2回）

【算　数】（40分）　＜満点：80点＞

[1] 次の各問いに答えなさい。

(1) 次の計算をしなさい。

$$\left\{\frac{7}{13}\times\left(1\frac{1}{4}-\frac{1}{6}\right)-0.25\right\}\div\frac{1}{9}$$

(2) 10％の食塩水200ｇに６％の食塩水を何ｇか加えると，７％の食塩水ができました。加えた食塩水の重さは何ｇか求めなさい。

(3) Ａさんが家から公園まで往復したところ，往復の平均の速さは分速80mでした。行きは分速60mで進んだとすると，帰りは分速何mで進んだか答えなさい。

(4) 下の図の中に，四角形は全部で何個あるか答えなさい。

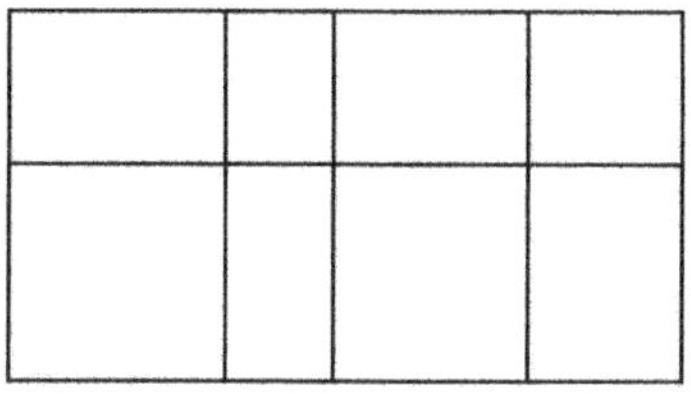

(5) 下の図は，１辺の長さが６cmの正方形とおうぎ形を組み合わせた図形です。アとイの面積の差は何cm^2か答えなさい。ただし，円周率は3.14とします。

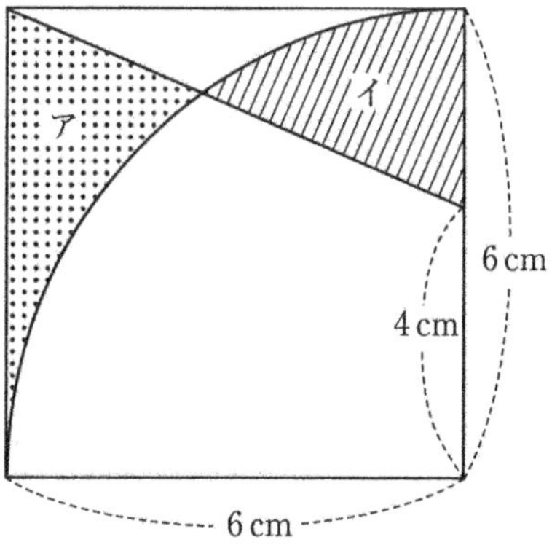

(6) 華子さんは，25の道県を面積が大きい順に並べた表をノートにはろうとしましたが，図１のようにノートの横線と表の横線がずれてしまいました。そこで，表を拡大コピーしてはりつけたところ，図２のように横線がぴったり合いました。華子さんは，表を何倍に拡大したか答えなさい。（図１・図２は次のページにあります。）

1	北 海 道	
2	岩 手 県	
3	福 島 県	
4	長 野 県	
5	新 潟 県	
6	秋 田 県	
7	岐 阜 県	
8	青 森 県	
9	山 形 県	
10	鹿児島県	
11	広 島 県	
12	兵 庫 県	
13	静 岡 県	
14	宮 崎 県	
15	熊 本 県	
16	宮 城 県	
17	岡 山 県	
18	高 知 県	
19	島 根 県	
20	栃 木 県	
21	群 馬 県	
22	大 分 県	
23	山 口 県	
24	茨 城 県	
25	三 重 県	

図１

1	北 海 道	
2	岩 手 県	
3	福 島 県	
4	長 野 県	
5	新 潟 県	
6	秋 田 県	
7	岐 阜 県	
8	青 森 県	
9	山 形 県	
10	鹿児島県	
11	広 島 県	
12	兵 庫 県	
13	静 岡 県	
14	宮 崎 県	
15	熊 本 県	
16	宮 城 県	
17	岡 山 県	
18	高 知 県	
19	島 根 県	
20	栃 木 県	
21	群 馬 県	
22	大 分 県	
23	山 口 県	
24	茨 城 県	
25	三 重 県	

図２

2　次の条件にあてはまる整数Ａ，Ｂ，Ｃ，Ｄをそれぞれ求めなさい。

$$337 = 7 \times 7 + A \times A + A \times A$$
$$2022 = 6 \times B \times B + 12 \times A \times A$$
$$2022 = 6 \times C \times C + 18 \times D \times D$$

3　１辺が１cmの立方体を図のように上から１個，４個，９個，…となるように積み重ねた立体を考えます。例えば，図は３段積み重ねた立体で，斜線《しゃせん》の入った立方体は４面が表面に出ていることになります。このとき，次の各問いに答えなさい。

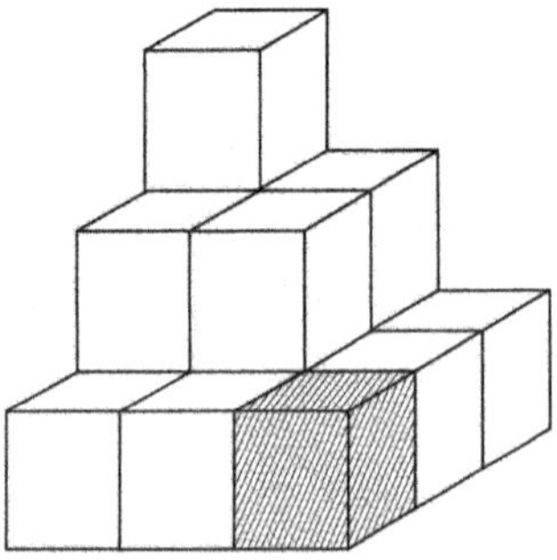

(1)　４段積み重ねたとき，この立体の中に２面が表面に出ている立方体は何個あるか求めなさい。

(2)　６段積み重ねたとき，１面も表面に出ていない立方体は何個あるか求めなさい。

(3)　６段積み重ねたとき，この立体の表面積を求めなさい。

4　１から８までの整数が１つずつ書かれた８枚のカードが，上から小さい順に１つに重ねて置いてあります。これを，以下のような手順で何回かシャッフルします。

《１回のシャッフルの手順》

①　重ねてあるカードを上半分と下半分とにわける。

②　わけたカードを，上から順に交互《こうご》に１枚ずつ重ねていく。

ただし，重ね終わった後，一番上のカードは上半分側のカードに，一番下のカードは下半分側のカードになるようにする。

例えば，はじめ１，２，３，４，５，…と上から重なっているカードを１回シャッフルすると，１，５，２，…の順に重なります。このとき，次の各問いに答えなさい。

(1)　１回シャッフルしたとき，７と書かれたカードは上から何番目にくるか答えなさい。

(2)　２回シャッフルしたとき，上から６番目のカードに書いてある整数を答えなさい。

(3)　2022回シャッフルしたとき，７と書かれたカードは上から何番目にくるか答えなさい。

5　図のような立方体があります。アからみたエの方向を北とし，点Ｐははじめアにいるとします。点Ｐは，次のＡからＤの４種類の「指令」で動きが決まり，移動するときは指令にもとづいて隣《となり》の頂点に移動します。

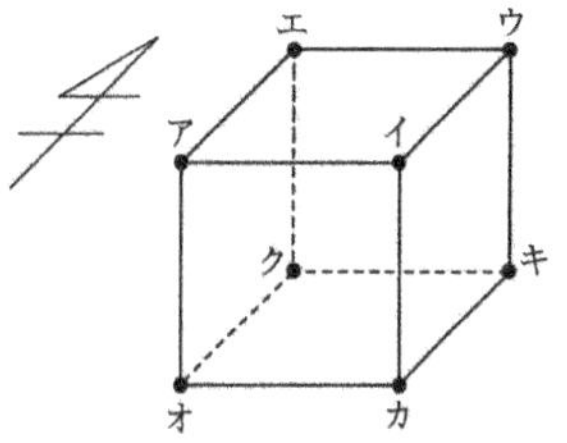

> Ａ：北へ移動する
> Ｂ：東へ移動する
> Ｃ：上にいるときは真下へ，下にいるときは真上へ移動する
> Ｄ：ひとつ前の移動で通った辺は通らず，のこりの２方向のどちらかに移動する
> 　ただし，指令通りに移動できないときは，その場に留《とど》まるものとする

例えば『Ａ，Ｂ，Ｃ，Ｄ』と指令を出した場合，点Ｐはア→エ→ウ→キと移動した後，カまたはクに移動し停止します。また，『Ａ，Ｂ，Ｂ，Ｄ』と指令を出した場合，点Ｐはア→エ→ウと移動した後，これ以上東には移動できないので一度ウに留まり，最後にイまたはキへ移動して停止します。このとき，次の各問いに答えなさい。

(1)『Ｃ，Ａ，Ｂ，Ｃ』と指令を出したとき，最後に点Ｐが停止しているのはどこですか。アからクの記号で答えなさい。

(2)『Ａ，Ｄ，Ｂ』と指令を出したとき，最後に点Ｐが停止する可能性があるのはどこですか。アからクの記号ですべて答えなさい。

(3)『Ａ，□，□，□』と指令を出したとき，最後に点Ｐが停止したのはオでした。このとき，出した指令として考えられるものを１つ解答らんに書きなさい。

ウ　アルミ缶回収によるバングラデシュ支援は、セミナーやスタディーツアーの参加者によって始められた

エ　学校教育の浸透によって手作業で刺繍をする女性が減り、刺繍製品の値段が上がった

オ　モエジャンさんは、船戸良隆に「手紙を書いて！」と言って誇らしげにノートに名前を書いた

三　**次の①～⑤の――線部のカタカナを漢字に直しなさい。**

①　ゲンセンから水をくむ

②　ベッカクに扱う

③　やけどの応急ショチをする

④　トウシュによる討論

⑤　シンショウボウダイに話す

Ⅲ

ア　特に女子に対する教育は軽視されがちでした

イ　親から農業を引き継《つ》ぐ子どもに教育は不要です

ウ　貧しい家庭では子どもに教育を受けさせられません

エ　よりいっそう小学校で予防医学を学ばなければなりません

Ⅳ

ア　与える側と受ける側が、上下関係なく対等に関わる

イ　与える側の慈善的な姿勢は、受ける側の自立の精神を育てる

ウ　与える側が安全地帯にいるせいで、受ける側は貧しいままである

エ　与える側は、受ける側が貧しければ貧しいほど満足感を得られる

問二　――線部①「マラカールは～動かされました」について、このことから「マラカール」はどのような思いを持つようになりましたか。次のア～エの中から最も適当なものを選び、記号で答えなさい。

ア　読み書きができない村の女性に、家庭内の保健衛生の話をしてもあまり理解できていないことを知り、地域医療の一環として保健教育の必要性を感じた

イ　貧しくて石けんすら買えない母親でも、子どもの幸せを思って教育を一番に望んでいることを知り、教育によって人々の生活を向上させようと決意した

ウ　村の女性が少しの収入を得ても、石けんを買うのではなく子どもを学校にやらせようとしているのを知り、子どもの下痢は当分減りそうもないと確信した

エ　読み書きができず、石けんも買えないような人生を歩ませたくないと思う母親が、子どもの教育に期待しているのを知り、医師よりも教師の仕事に希望を見いだした

問三　――線部②「共に～関係」について、このような関係にある人々を何と言いますか。本文中から五字以内でさがして書きなさい。

問四　――線部③「使われている～興味深いものでした」とありますが、この「教科書」を使うことで村にはどのような変化が見られるようになりましたか。次のア～エの中から最も適当なものを選び、記号で答えなさい。

ア　読み書きができないことを恥じていた女性たちが、文字を学ぶことで外国人の訪問があっても緊張しなくなった

イ　今まで一度も学校に行ったことがない人でも自分の名前が書けるようになることで、視野が広がり村から出ていった

ウ　文字を覚えることが、健康や栄養、村のあり方について考えることとつながり、村全体が明るい家庭の集まりになった

エ　読み書きができるようになった母親が、自分の子どもも学校に連れてくるようになり、村の若い女性も学ぶようになった

問五　次のア～オについて、本文の内容として適当なものにはＡ、適当でないものにはＢで答えなさい。ただし、すべて同じ記号で答えてはいけません。

ア　マラカールは貧しさのために勉強を続けることが困難な女子を集めて、幼稚園で基礎知識を学ばせた

イ　ＳＥＰはバングラデシュで国の認可を得るためにＮＧＯとなり、ＢＤＰに名前を変更《へんこう》した

そんな頃、お母さんたちの輪の中に入って、一緒に座ってみました。③使われている教科書はとても興味《きょうみ》深いものでした。文字を一つ一つ覚えていくことと同時に、家族の健康管理、栄養のことなどが学べるカリキュラムになっていたのです。バングラデシュでは目の病気がたいへん多いので、それを防ぐために緑の野菜を食べること、病気を防ぐために家をきれいにすることなど、絵と文章で説明がされていて、そこで使われている文字を一つずつ覚えていくのです。

文字を覚えることからはじまり、なぜ野菜を多く食べなければならないのか、なぜ家をきれいにしなければならないのか、なぜ村人たちは助け合っていかなければならないのかを一緒に考え合うことによって、村全体が明るい家庭の集まりになっていく、そんな印象を受けました。「家の中が幸せであれば、子どもは笑うようになる」（図２－１）という絵と文章もありました。

また、よく一人ひとりを見回すと、まだ母親になっていない若い女性たちが混ざったクラスもありました。今まで一度も学校に行ったことがなく、やっと村で小さな学校が始まったけれど、小学生のクラスには少し恥ずかしくて入れないという人たちでした。一九歳《さい》のアッタルさんと一二歳のニルパさんは、自分の名前が書けるようになったと、私のノートにゆっくりとベンガル文字で名前を書いてくれました。文字の読み書きから視野が広がり、彼女たちの世界が広がっていくことを願いました。

またモエジャンさんというおばあちゃんも学んでいました。五人の息子さんはみな結婚して、夫と二人暮らしですが、息子さんたちはみな近くに住んでいますから、お孫さんたちといつも一緒です。「今までは、読み書きができなかったけれど、今では、孫の勉強も助けられるようになったのよ」と嬉しそうです。「自分の名前が書ける人！」との先生の声に、一番に立って、前の黒板に大きく名前を書きました。大きな木の下の青空教室なので、まわりには村中の人々が集まり、大勢の目が見つめる中、モエジャンさんは少し恥ずかしそうでしたが、顔は誇《ほこ》らしげで輝《かがや》いていました。「手紙も読めるの？」と尋ねると、教科書の手紙についてのページを広げ、「ちゃんと習ったから、私に手紙を書いて！」と、私のノートに名前を書いてくれました。

この母親識字学級は六年間続きましたが、村の女性たちが一通り簡単な読み書きができるようになったので、役割を終えて閉鎖されました。

（西村幹子、小野道子、井上儀子『ＳＤＧｓ時代の国際協力・アジアで共に学校をつくる』）

問一 Ⅰ ～ Ⅳ にはどのような内容が入りますか。次のア～エの中から最も適当なものを選び、記号で答えなさい。

Ⅰ
ア 慈善団体による持続的な援助が必要である
イ 将来母親になる女子の初等教育が必要である
ウ 医師になるためのエリート教育が必要である
エ 寺子屋で教育できる母親の育成が必要である

Ⅱ
ア 同じ病気の人が何人もやって来る
イ 医療従事者も病気になってやって来る
ウ 同じ人が何度も同じ病気でやって来る
エ 読み書きのできない人が何人もやって来る

嬉《うれ》しいことです」と、日本からのスタディツアー参加者にいつも語っていました。

ＡＣＥＦは二つの大きな目的を掲《かか》げました。一つは「バングラデシュに寺子屋を贈ろう」というＢＤＰの活動を支援することです。もう一つは、「アジアの諸《しょ》問題に積極的に取り組む青年を育成すること」です。そのためにも、年に二回、日本からのスタディツアーを実施《じっし》し、バングラデシュの生活を体験しつつ、私たちの生活を見直すきっかけにしたいと考えました。また年に二回セミナーを開催《かいさい》し、アジアの一員として私たちはどうあるべきか等を考える機会を提供しました。セミナー参加者の中からは、スタディツアー参加者も生まれ、以後のＡＣＥＦ活動に積極的に関わる会員が育っていきました。

　また発足当時より、誰もが参加できる運動として、アルミ缶《かん》回収を広く一般に呼びかけました。アルミ缶を集めることで得た収益により、バングラデシュの子どもたちが学校で勉強できるとの説明は、具体的で理解しやすく、日本の各団体、幼稚園、学校等で多くの協力者を得ました。ＡＣＥＦ事務局でも事務所の入っているビルの一階にスペースを借り、アルミ缶回収箱を並べ、たまると足で踏《ふ》み潰《つぶ》して、大きな業務用アルミ缶回収袋《かいしゅうぶくろ》に詰《つ》めて積み上げ、二〇袋ぐらいたまると、リサイクル専門業者に回収してもらい、現金を得ていました。その後アルミ缶の価値はどんどん下がっていきましたので、やむなく事務局での回収は閉鎖《へいさ》しました。

　一方、スタディツアーで何回かバングラデシュを訪れた時、きれいな刺繍《ししゅう》をしたカードを何枚か購入《こうにゅう》したところ、日本でたいへん喜ばれました。それをきっかけに、バングラデシュの女性が刺《さ》した刺繍製品を、日本の会員・寄付者に買ってもらい、その収益を、ＢＤＰ小学校の子どもたちのために使ってもらおう、というバザー計画が発案されました。バザー委員会もでき、毎年仕入れをして、全国のキリスト教系の幼稚園、小学校、中学高校、大学等の文化祭などでも、ＡＣＥＦの活動とともに紹介《しょうかい》され、広がっていきました。

　バングラデシュの刺繍はとても細い糸で細かく手で刺したもので、日々の暮らしの様子が描《えが》かれ、布一面に刺し子のように縫《ぬ》い取りがされています。バングラデシュの伝統的刺繍技法でノクシカタと呼ばれており、小物から大きなベッドカバーまで手仕事の作品は多種あります。その反面、最近では学校教育が浸透《しんとう》してきたので刺繍をする女性が減少し、刺繍製品の値段が高騰《こうとう》しています。

お母さんたちも学び始めた

　さて、ミナ・マラカールらの教育活動が始まった翌年の一九九一年より、母親識字学級（文字の読み書きを学ぶ）も始まりました。一度も学校に行ったことがなく、字の書けなかったお母さんが、赤ちゃんを抱《だ》きながら、または小さな子どもを連れて、一生懸命《けんめい》学ぶ姿には感動しました。

　最初の頃は、日本人（ＡＣＥＦスタディツアー参加者）の訪問があると緊張《きんちょう》して、あるいは、読み書きができないことに恥《は》じらいがあったのか、お母さんたちは何となく硬《かた》い表情だったのですが、毎年日本人が訪れることにも慣れてきたのか、だんだん表情も明るくなっていきました。

「子どもを学校にやりたい」と答えたそうです。①マラカールは心を動かされました。「すべての援助《えんじょ》、協力も、それを受け入れる側に基礎《きそ》がなければ、すべての努力は無駄《むだ》になってしまいます。今必要なのは教育です」と確信し、初等教育、母親教育を行い、基礎から国づくりをしていく計画を立てました。

一九九〇年、ダッカ市郊外《こうがい》のスラム地区において、ミナ・マラカールによって学校に上がる前の教育をする幼稚園《ようちえん》が始まりました。第一章でも触《ふ》れた通り、農村地域では児童婚《こん》の慣習も残っているため、［　Ⅲ　］。早婚は人口増加の一因ともなり、低年齢《ねんれい》での出産は、死産あるいは乳児死亡率が高い原因でもありました。そこで、医師であるマラカールは、貧しさのために勉強を続けることが困難な中学生の女子を選んで幼稚園教師とし、就学《しゅうがく》前の子どもたち一五―二〇人を集めてひとクラスとして、幼稚園を始めたのです。

教師となった女子はその給与で中学校に通うことができるようになりました。それは婚期を三―四年遅《おく》らせることにも貢献《こうけん》しました。就学前の子どもたちには、生活指導を含めた読み・書き・計算などの基礎知識を教えました。スラム地区、農村などの、そのままでは小学校に行かない子どもたちに、小学校に行く心の準備をさせるのです。

これは、サンフラワー教育計画（Sunflower Education Program: SEP）と呼ばれました。SEPが始まった翌年には小学校も開校し、ダッカ市郊外のガジプール県の農村でも、少しずつ学校の数が増えていき、北部のジャマルプール県、南部のボリシャール県、と年ごとに活動地域も広がっていきました。

こうしてSEPはスラム地区で幼稚園と小学校を作る組織として始まり、その他の地域にも活動を展開することになりました。一九九九年、バングラデシュで国の認可を得るため、SEPを推進するマラカールのグループはNGO登録をし、その際に組織名称《めいしょう》をBDP（Basic Development Partners）としました。

この呼びかけに応えて

BDPのミナ・マラカールの呼びかけに応えて、日本においては舩戸良隆が中心となり、一九九〇年一〇月にACEF（=Asia Christian Education Fund アジアキリスト教教育基金）が設立されました。

この二つの団体は援助するもの・されるものの関係ではなく、②共に働く対等の関係です。いわゆる慈善《じぜん》的な姿勢は、いつも与える側が受ける側の上に立ち、上下関係を作り出します。このような関係では結局、与える側はいつも安全地帯にいて、自分に余ったものを「かわいそうな人たちに恵んであげる」ということになります。そして何か良いことをしたというような自己満足に陥《おちい》ってしまいます。

このような姿勢が高じると、［　Ⅳ　］という奇妙《きみょう》な関係となります。実際に、日本のマスコミがバングラデシュで取材する際、現地の方々に「もっと貧しいところはないですか？　もっと悲惨《ひさん》なところを撮《と》りたいのですが」と言ってひんしゅくをかったという話を聞きました。

こうした姿勢は、受ける側にも良い影響《えいきょう》を与えません。最も問題のある例を挙げれば、受ける側が「あなたたちは、私たちが貧しくなくなったら困るのではないですか？」と言うに至り、自立の精神を失わせてしまいます。ミナ・マラカールは、「ACEFが私たちのスポンサーではなく、コワーカー（協働者）であるということこそ、私たちにとって最も

ア　少女たちが景色をほめる言葉を次々に口にするので、それらが理解できずに混乱している

イ　少女たちが平気で嘘を重ねるせいで、目の前の景色がまるで偽物《にせもの》になってしまったように感じている

ウ　少女たちの言葉に振《ふ》り回されて、落ち着いて景色を見られずにいら立っている

エ　少女たちが安易《あんい》な言葉を使うせいで、景色の美しさが失われていってしまうように思っている

問五　［ａ］～［ｄ］に入る適当な会話文を、次のア～エの中からそれぞれ選び、記号で答えなさい。

ア　「そうよ。ものごとに感動するのは大切なことだって、先生もいってたわ」

イ　「きれいだからきれいっていって、何が悪いのよ」

ウ　「あなたは先生にいわれたから、感動するの」

エ　「うるさいからうるさいってのよ。きれいきれいと、ばかのひとつ覚えじゃあるまいし。少し黙ったらどう？」

問六　＝＝線部Ａ「赤み」～Ｄ「優しさ」の中で、働きの異なる言葉はどれですか。Ａ～Ｄの中から一つ選び、記号で答えなさい。

問七　［Ｉ］に入る言葉は何ですか。次のア～エの中から最も適当なものを選び、記号で答えなさい。

ア　敵　　イ　正義　　ウ　真実　　エ　無意識

問八　――線部⑤「純粋さは～なる」とありますが、ここでの「毒」とはどのようなものですか。十字以内で答えなさい。

［二］　次の文章を読んで後の問いに答えなさい。ただし、図２－１は省略してあります。

寺子屋を贈《おく》る活動が始まった

バングラデシュが独立して一〇年後の一九八一年の非識字率《りつ》は七一％、一〇人のうち七人が、読み書きができなかったということです。その頃《ころ》、日本キリスト教海外医療《いりょう》協力会（ＪＯＣＳ）主事の船戸《ふなと》良隆は、バングラデシュをたびたび訪問し、ミナ・マラカールという女性の医師と出会います。そして何度か話し合ううちに、二人は「医療はもちろん大事だけれど、その前に病気にかからないようにするためには教育が必要で、そのためには［　Ｉ　］」ということで、意気投合しました。

ミナ・マラカールは医師として病院に勤務していましたが、［Ⅱ］ことに、治療のみでなく、病気にかからないようにする予防医学の必要があることを感じ、村の中で地域医療の一環《いっかん》として保健教育を始めました。村の女性たちを集め、石けんで手を洗うこと、下痢《げり》の時にはサライン（経口補水液）を作って飲むことなどを指導したのです。

ところが読み書きのできない人々はメモができないので、耳で聞いてわかったつもりでも、家に帰るとサラインの作り方の記憶《きおく》が曖昧《あいまい》となり、水の量はどのくらいだったのか忘れたり、塩と砂糖の割合を反対にしてしまったりということが起きました。

また、「石けんで手を洗いましょう」と言っても、貧しい家庭ではその石けんを買うことができません。そこで村の女性が手に職をつけて、少しの収入を得て家庭内での保健衛生に役立てるようにしました。ある時、マラカールは村の女性に尋《たず》ねました。「あなたはこの内職でお金を得たら、まず初めに、何に使いたいの？」女性は何のためらいもなく、

えないものを見ようとするような、何かにそっとさぐり入り、すべり込《こ》むような、鋭さとD優しさのまざった視線は、長いこと湖から離れなかった。

やがて身をそらし、背筋を伸《の》ばして私を見た。その表情はすべてに勝《まさ》っていた。

どのような表情だったか、説明することはむつかしい。花笑《え》み、というのであろうか。柔らかな、内に向かってゆく笑みが口元にあった。だれかに見せるためのほおえみではなく、自然と湧《わ》き上がるほおえみ。そんな美しいほおえみを、かつて私は見たことがなかった。

静かな、深い感動がそこにあった。軽やかで浮気《うわき》な少女たちの騒《さわ》がしい称賛に、反発せざるを得なかった真摯《しんし》な想《おも》い。

だが、それは何よりも危険な兆候だった。その危険さを本能的に感じとり、注意深く芽を摘《つ》みとっていた私は、自分を恥《は》ずかしく思いながらも、彼女の純粋さを懸念《けねん》した。

⑤純粋さは、ときに残酷《ざんこく》な毒となる。

人びとは毒を好まない。うとんじ、避《さ》け、やがては憎《にく》むようになる。

いまさっきのように。

（氷室冴子『さようならアルルカン／白い少女たち　氷室冴子初期作品集』）

問一　――線部①「思わず～ひきしめた」とありますが、これはどのようなことですか。次のア～エの中から最も適当なものを選び、記号で答えなさい。

ア　景色に夢中になったことを後悔《こうかい》して、少女たちの話の輪に入ろうとしたということ

イ　少女たちの言葉にあきれてしまったが、それをさとられないようにしたということ

ウ　愛想笑いをして済《す》まそうとしたが、真面目に答えようと考え直したということ

エ　少女たちが話しかけてきたことに戸惑《とまど》い、自分だけの世界に入ろうとしたということ

問二　――線部②「みんなは～称賛した」とありますが、これは少女たちのどのような様子を表していますか。次のア～エの中から最も適当なものを選び、記号で答えなさい。

ア　一人一人が、思い思いに勝手なことを言って騒いでいる様子

イ　賢さをひけらかそうとして、難しい言葉を使って喜んでいる様子

ウ　興奮して、互いに競い合うように様々な言葉でほめている様子

エ　様々な言い回しの中から、その場にふさわしい言葉を選んでいる様子

問三　――線部③「口を～かんだ」とありますが、この時の「私」はどのような気持ちですか。次のア～エの中から最も適当なものを選び、記号で答えなさい。

ア　少女たちにはっきりと答えられなかったことを残念に思っている

イ　とっさに少女たちに合わせてしまったことを悔《くや》しく思っている

ウ　少女たちを放ってぼんやりしていた自分に腹を立てている

エ　親しくしている少女たちに本音が言えない自分にがっかりしている

問四　――線部④「周囲の～感じられてきた」とありますが、この時の「私」はどのような気持ちですか。次のア～エの中から最も適当なものを選び、記号で答えなさい。

色褪せてしまうそれは、どこか、もっと奥深いところで受けとめ……抱《だ》きしめてから……ようやく言葉になる……それほどに柔らかなものなのではないか……。

私はいおうとした。考えのまとまらぬまま、何かをいおうとしたのだ。

「うるさいな」

ふいに割りこんできた声があった。大声でしゃべりあっていたみんなは、ぴたりと話すのをやめ、ふり返った。

長い髪《かみ》を風になぶられながら、彼女が立っていた。ばかにしたような目で、私を含《ふく》めた少女たちの群れを見ていた。

「ど……どういうことよ。うるさいって」

ひとりが、とまどいながら反論した。

［　a　］

［　b　］

［　c　］

少女たちは一対数人の数に頼《たの》んで、雄々《おお》しく彼女に立ち向かった。彼女はふんと鼻を鳴らして、ひとりの少女を見た。

［　d　］

彼女にそういわれた少女は思わず一歩退いた。

「な、なによ。ひねくれた人ね。柳沢《やなぎさわ》さんて」

「そうよそうよ。柳沢さんは、きれいなものに感動しないのよ。男の子みたいに乱暴なんだから。きれいなものがわからないのよ」

みんなは口ぐちにそういった。

私は黙ったまま、手すりを握《にぎ》りしめて、彼女をみつめていた。彼女は風になぶられて頰《ほお》に貼《は》りついた髪を勢いよく払《はら》いのけた。色白の肌《はだ》にさっとA赤みがさし、Bきつい目で私たちを見すえた。

「あんたたち、本気できれいだと思ってんの？　べちゃべちゃとしゃべりまくってて、感動とやらをするひまがあるの？」

彼女は鋭《するど》い語気でそういい放った。矢のように鋭い言葉。それはまさしく矢だった。人の心をえぐる矢。［　I　］にしか当たらぬ矢。

私がいいたいと思っていながら、口に出せなかったその言葉をいい放った美しい少女は、ひとりの味方もなく、ただひとりで数人の少女たちを睨《にら》みつけ、また十分みんなを恐《おそ》れさせた。

みんな目交ぜをした。

「あっちへ行きましょうよ」

「そうね」

みんなは逃《に》げるように彼女のそばを離《はな》れ、船室にはいって行った。

私はおどおどしながら、みんなのあとを追うべきか、その場にとどまるべきか迷っていた。彼女は残った私を見て、一歩近づいた。

「あんたは、向こうへ行かないの？」

「あの……」

「本当にきれいよね、感動しちゃうわ、私涙《なみだ》が出てきたわ……だってさ」

彼女はC薄《うす》ら笑いを浮かべながら、茶化すようにつぶやいた。私はうつむいた。

「あの……あたし……あたし、きれいだと思うのよ……」

どもりどもりそういうのがやっとだった。

彼女は、すっと私の横にきて、手すりにもたれた。私のいったことなど、聞こえてないかのようだった。じっと、湖の底をみつめていた。見

【国　語】（四〇分）〈満点：八〇点〉

一　次の文章を読んで後の問いに答えなさい。

　こんなできごとがあった。
　六年生の秋、修学旅行の遊覧船の上でのことだった。
　十和田《とわだ》湖《こ》は深い透明《とうめい》なみどり色で、湖に浮《う》かぶ小島を覆《おお》う紅葉は、目にしみるほど美しかった。めったに旅行をしない私にとって、修学旅行といえど大旅行であり、そのための興奮も手伝って、私はほとんど放心のていで目に映るすべてのものに見とれていた。カメラのシャッターをきるのももどかしく、何かをいうのもしらじらしいくらい、それらは美しかった。
「ねえ小田桐《おだぎり》さん、きれいじゃない？」
　手すりにもたれて景色に見とれていた私に、クラスメートが話しかけてきた。私はわれに返って周囲を見た。クラスの親しい女子数人が、いつのまにかそばにきていた。
「さっきから黙《だま》ったままね。感動しないの」
「え……」
　直截《ちょくせつ》な質問に①思わず失笑しそうになって、あわてて口をひきしめた。
『感動しないの』という質問ほど、愚《おろ》かなことはなかった。しかし少女たちは平気でしゃべりはじめた。
「ほんときれいよねえ。絵ハガキとは比べものにならないわ」
「やっぱり自然はいいわね」
「さっき、あの小島を通り過ぎたとき、あんまり紅葉がきれいなんで私泣けちゃったわ」
「あーあ、カメラ持ってくればよかったわ。こんないい景色、写真にしなきゃもったいないわ」
　②みんなは口をきわめて称賛《しょうさん》した。
　確かにそのとおりだった。島々はきれいで、空を飛ぶ水鳥は牧歌的だ。絵ハガキではみられない、一瞬《いっしゅん》一瞬のあでやかさがある。自然はいい。
　しかし私は、みんなに同調したくなかった。美しいものを美しいというのはよいことだ。しかし、私は少女たちの態度の中に、なにかしら仰々《ぎょうぎょう》しいもの、つまり嘘《うそ》を感じた。
「きゃあ、湖って深いところはモスグリーンなんだわ」
「ステキよねえ、小田桐さん。そう思わない？」
「え……ええ……」
　自分の考えとは正反対の、③口をついて出た同意の返事に、私は唇《くちびる》をかんだ。
「こんなところで、ずっと暮らせたら最高ね。毎日毎日、湖をみて暮らすの」
「あ、みてみて、鳥よ。なんて鳥かしら」
「感激だわあ。あ――、風まできれいにみえちゃう」
　みんなの歓声はやまなかった。私は耳をふさぎたかった。④周囲の景色が、しだいに色褪《いろあ》せたものに感じられてきた。
　そうじゃない。
　湖は美しくて、風はおだやかで、すべてが輝《かがや》いているけれど、それは……それはいってはいけないことなのではないか。口に出したときから

第1回

2022年度

解　答　と　解　説

《2022年度の配点は解答欄に掲載してあります。》

＜算数解答＞

[1]　(1)　$\frac{1}{2}$　(2)　240円　(3)　3通り　(4)　ア・イ・オ　(5)　17

(6)　82.54cm^2

[2]　(1)　12組　(2)　6組　[3]　(1)　4枚　(2)　$17\frac{1}{7}$分後　(3)　ウ

[4]　縦5cm　横5cm　高さ10cm　[5]　ア　1.5　イ　1.75　ウ　2

[6]　(1)　240分　(2)　最も大きい数10　最も小さい数6　(3)　イ・エ

○配点○

[2]，[3](2)・(3)，[6](3)　各6点×5　[4]　7点　[6](2)　8点

他　各5点×11([1](4)，[4]，[6](2)・(3)各完答)　計100点

＜算数解説＞

重要 [1]　(四則計算，割合と比，相当算，場合の数，平面図形，立体図形，数の性質)

(1)　$\left\{\left(\frac{11}{8}+3\right)\div5-\frac{2}{8}\right\}\times\frac{4}{5}=\frac{5}{8}\times\frac{4}{5}=\frac{1}{2}$

(2)　プリンとケーキの値段の比は12：17であり，17－12＝5が100円に相当する。
したがって，プリンは100÷5×12＝240(円)

(3)　以下の3通りがある。…(2cm，3cm，4cm)(2cm，4cm，5cm)(3cm，4cm，5cm)
(2cm，3cm，5cm)の場合，三角形が作られない。

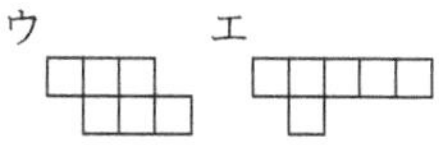

(4)　ア・イ・オは正しい。

(5)　82－31＝51＝17×3
167－82＝85＝17×5
167－31＝136＝17×8
したがって，これらの公約数17が割る数である。

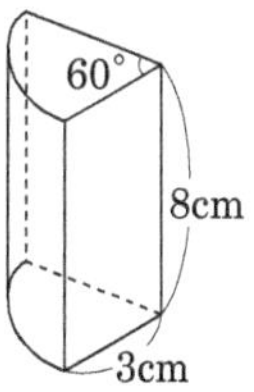

(6)　底面積×2…3×3×3.14÷3＝3×3.14(cm^2)
側面積…8×3×2＋6×3.14÷6×8＝48＋8×3.14(cm^2)
したがって，表面積は(3＋8)×3.14＋48＝82.54(cm^2)

重要 [2]　(数の性質，場合の数)

(1)　2×2＋A＋B＝4＋A＋Bが3の倍数になる場合は，以下の12組がある。
4＋A＋B＝6の場合…(0，2)(1，1)(2，0)
4＋A＋B＝9の場合…(0，5)(1，4)(2，3)(3，2)(4，1)(5，0)
4＋A＋B＝12の場合…(3，5)(4，4)(5，3)

(2)　(1)のうち，Bが偶数の場合は(0，2)(2，0)(1，4)(3，2)(5，0)(4，4)の6組

重要 3 **(割合と比，ニュートン算，グラフ)**

(1)　(600÷40＋25)÷10＝4(枚)

(2)　(1)より，600÷(4×15−25)＝$\frac{120}{7}$(分後)

(3)　(1)・(2)より，並んでいる客の人数の減り方が途中から大きくなるグラフはウである。

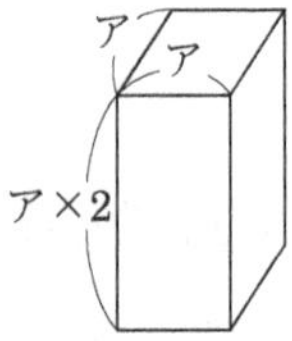

重要 4 **(平面図形，立体図形，割合と比)**

右図より，計算する。　体積…ア×ア×ア×2

表面積…ア×ア×2＋ア×4×ア×2＝ア×ア×(2＋8)＝ア×ア×10

ア×ア×ア×2＝ア×ア×10より，ア×2＝10，　ア＝5

したがって，縦5cm，横5cm，高さ10cm

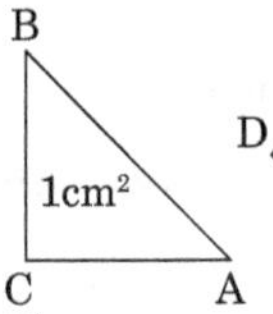

図1

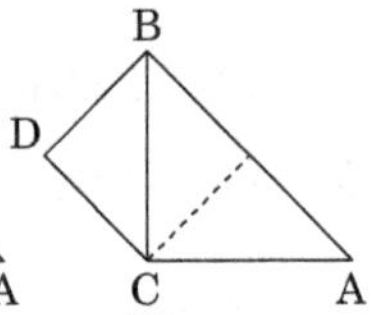

図2

基本 5 **(平面図形，割合と比，規則性)**

ア…図1・2より，四角形ABDCは1＋1÷2＝1＋0.5＝1.5(cm^2)

イ…図2・3より，四角形ABDEは1.5＋0.5÷2＝1.5＋0.25＝1.75(cm^2)

ウ…図4より，1×2＝2(cm^2)

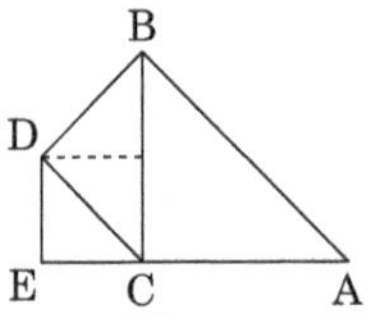

図3

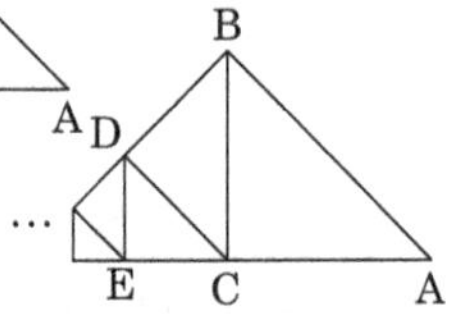

図4

6 **(統計・表とグラフ，割合と比，論理)**

スタンプ…自宅での平日の勉強について，1日ごとに60分単位でスタンプ1個

基本　(1)　60×(10−6)＝240(分)

重要　(2)　勉強時間a＝600のとき，平日5日間のスタンプ数bについて計算する。

bが最大の場合…

600÷60＝10(個)

bが最小の場合…

	月	火	水	木	金	平日の合計
勉強時間	120分	67分	111分	0分	55分	353分
スタンプ	2個	1個	1個	0個	0個	4個

例えば，600＝110×4＋160より，4＋2＝6(個)

やや難　(3)　ア…勉強時間が60分未満の場合，aが大きくてもbは変わらない　×

イ…例えば，ある人が1日だけ60分，自宅で勉強した場合と，別の人が5日50分ずつ自宅で勉強した場合を比べると，aが小さくてもbは大きくなる　○

ウ…(2)より，×

エ…イより，エも○

オ…a＝60の場合でも，b＝0になるとは限らない　×

★ワンポイントアドバイス★

6(3)「自宅での勉強時間とスタンプの個数」について正しい内容を選ぶ問題であり，安易に考えるとミスする。その他の問題についてはまちがいやすい問題がなく，問題文をよく読んで取り組めば難しくない。

＜理科解答＞

1　①　8　②　0.01　③　体積　④　小さい　⑤　体積が小さい
A　重い　B　軽い　C　すべて金

2　問1　青色　問2　A, D
問3　記号　E　説明　(例)　加熱して水を蒸発させると，白い固体が残る。
[記号　G　説明　(例)　加熱して水を蒸発させると，何も残らない。]
問4　記号　B　説明　(例)　二酸化炭素を吹き込むと，白くにごる。
記号　F　説明　(例)　アルミニウムを加えると，アルミニウムがよくとける。
問5　A, C, D　問6　E

3　問1　(1)　B, E, F　(2)　AとB　(3)　空気，適度な温度
(4)　(記号)　イ　(名前)　はい乳　(5)　ウ　問2　①　皮より内側　②　水分
③　水蒸気

4　問1　35　問2　熱帯夜　問3　(1)　ア，エ　(2)　64(%)　(3)　25.8(g)
(4)　27(℃)　(5)　結露

○配点○
1　①，②　各1点×2　他　各2点×5(A・B完答)
2　問3・問4　各3点×3　他　各1点×4
3　問1(1)・(2)・問2③　各2点×3　他　各1点×7
4　問1・問3(5)　各1点×2　他　各2点×5　計50点

＜理科解説＞

1　(浮力と密度―密度や浮力を利用した物質の区別)

①　鉄の体積は，$2(\mathrm{cm})\times2(\mathrm{cm})\times2(\mathrm{cm})=8(\mathrm{cm^3})$なので，$1\mathrm{cm^3}$の重さは，$64\div8=8(\mathrm{g})$

②　発泡スチロールの体積は$8\mathrm{cm^3}$なので，$1\mathrm{cm^3}$の重さは$0.08\div8=0.01(\mathrm{g})$

③　鉄，金，銅の水中に入れて減った重さ，それぞれの金属の体積は次のようになり，それぞれの金属について，水中に入れて減った重さの数値と体積の数値が等しいことがわかる。

	鉄	金	銅
水中に入れて減った重さ	10g	2g	6g
体積	$10\mathrm{cm^3}$	$2\mathrm{cm^3}$	$6\mathrm{cm^3}$

重要　④・⑤　鉄，金それぞれ400gの体積は，表2より，鉄は$10(\mathrm{cm^3})\times\dfrac{400(\mathrm{g})}{80(\mathrm{g})}=50(\mathrm{cm^3})$，金は$2(\mathrm{cm^3})\times\dfrac{400(\mathrm{g})}{40(\mathrm{g})}=20(\mathrm{cm^3})$とわかる。③より，水中に入れて減る重さの数値は，体積の数値と等しいので，鉄は50g，金は20g重さが減る。よって，体積が小さい金のほうが鉄よりも水に浮く力が小さいことがわかる。

重要　A・B　水の重さは$1\mathrm{cm^3}$あたり1gなので，鉄が水に沈み，発泡スチロールが浮いたことから，水よりも重いと沈み，軽いと浮くことがわかる。

C　王冠1のほうが下がっていることから水に浮く力が小さいことがわかり，王冠1は，水に浮く力が小さくなる金でできたものであることがわかる。

2　(水溶液の性質―水溶液の区別)

基本　問1　緑色のBTB溶液をアルカリ性の水溶液に加えると青色に，酸性の水溶液に加えると黄色に変

化し，中性の水溶液に加えたときは色は緑色のままである。

基本 問2　炭酸水，塩酸は酸性の水溶液，石灰水，アンモニア水，水酸化ナトリウム水溶液はアルカリ性の水溶液，食塩水と水は中性である。

重要 問3　中性の水溶液は食塩水と水で，食塩水は固体の食塩(塩化ナトリウム)がとけた水溶液なので，水を蒸発させると食塩の白い固体が残る。

問4　アルカリ性の水溶液は石灰水，アンモニア水，水酸化ナトリウム水溶液で，石灰水は白い固体の水酸化カルシウムがとけた水溶液，アンモニア水は気体のアンモニアがとけた水溶液，水酸化ナトリウム水溶液は白い固体の水酸化ナトリウムがとけた水溶液である。水を蒸発させる方法では，石灰水と水酸化ナトリウム水溶液では，白い固体が残るという同じ結果になる。

基本 問5　気体がとけている水溶液は，二酸化炭素のとけた炭酸水，アンモニアのとけたアンモニア水，塩化水素がとけた塩酸である。

重要 問6　塩酸と水酸化ナトリウム水溶液を混合すると食塩水ができる。塩酸にとけている塩化水素と水酸化ナトリウム水溶液にとけている水酸化ナトリウムが反応すると，塩化ナトリウム(食塩)と水ができる。

3　(植物─種子の発芽)

問1　A～Fの条件をまとめると次の表のようになる。

シャーレ	A	B	C	D	E	F
日光	あり	あり	あり	なし	あり	あり
水	なし	あり	あり	あり	あり	あり
空気	あり	あり	なし	あり	あり	あり
適度な温度	あり	あり	なし	あり	あり	あり
その他	だっし綿					土

基本 (1)・(3)　種子の発芽に必要な条件は，水・空気・適度な温度である。日光や養分は成長には必要であるが，発芽には必要ではない。

重要 (2)　発芽に水が必要かどうかの確認をするためには，水に関する条件以外が同じであるAとBの結果を比べる。

基本 (4)　トウモロコシの種子では，発芽に必要な養分をはい乳(イ)の部分にたくわえている。アは種皮，ウは発芽後，根やくき，葉のもとになるはいである。

(5)　トウモロコシは単子葉類の植物で，芽は1枚である。

問2　トウモロコシの種皮の内側には水分がふくまれていて，加熱によって水分が水蒸気になって体積が急激に大きくなると，皮が破れてポップコーンができる。

4　(気象─空気中の水蒸気と湿度)

問1　最高気温が35℃以上の日を猛暑日，30℃以上の日を真夏日，25℃以上の日を夏日という。

問2　夜間の最低気温が25℃を下回らない夜を熱帯夜という。

問3　(1)　イ…表1から，0℃のときの飽和水蒸気量は$4.8g/m^3$であることから，空気中に水蒸気をふくむことができることがわかる。ウ…1℃の飽和水蒸気量は$5.2g/m^3$，2℃の飽和水蒸気量は$5.6g/m^3$であることから，気温の値が2倍になったときに飽和水蒸気量は2倍にはなっていないことがわかる。

重要 (2)　気温16℃の飽和水蒸気量は$13.6g/m^3$なので，湿度は，$\frac{8.7(g/m^3)}{13.6(g/m^3)}\times 100 = 63.9\cdots$より，64％

重要 (3)　気温28℃の飽和水蒸気量は$27.2g/m^3$なので，空気$1m^3$にふくまれている水蒸気の量は，

27.2×0.95＝25.84より，25.8gである。

重要 (4)　空気1m^3にふくまれている水蒸気の量と飽和水蒸気量が等しくなったとき，湿度が100％になる。(3)より，1m^3にふくまれている水蒸気の量は25.8gであることから，飽和水蒸気量が25.8g/m^3である27℃になったときに湿度が100％になる。

(5)　空気中の水蒸気が水滴に変化することを凝結といい，凝結してできた水滴がものに付着することを結露という。

★ワンポイントアドバイス★

基本的な知識の理解を問う問題が中心で，やや発展的な内容の場合でも説明文が与えられている。基本～標準的な問題の演習を着実に積み重ねて，確実に得点できるようにしておこう。

＜社会解答＞

1　問1　ア　　問2　(1)　ア　　(2)　エ　　問3　三内丸山遺跡

問4　人口が多く，生産した小麦の多くを国内で消費してしまうため。

問5　(1)　福岡県　　(2)　弥生時代に農耕が始まり人口が増えると，国同士が土地やたくわえた食料や田に引く水をうばい合うようになったため。　　問6　(1)　鹿児島県

(2)　ウ　　問7　(1)　ア　　(2)　エ　　(3)　源頼朝　　(4)　C→A→E→F→D→B

問8　ア　　問9　生糸　　問10　エ　　問11　ウ　　問12　マイナンバー制度

問13　佐渡島　　問14　ウ　　問15　エ　　問16　オンライン授業の拡大やAIの導入によって学びにおける時間・距離の制約から解放され，個人に応じた的確な学習指導が可能になることで，世界中の子どもたちが質の高い教育を受けることができる。

○配点○

1　問4・問7(4)　各3点×2　　問5(2)・問16　各4点×2　　他　各2点×18

計50点

＜社会解説＞

基本 1　(日本の歴史・地理・政治の総合問題)

問1　憲法改正の発議は国会の仕事である。

問2　(1)　遠洋漁業は，1970年代の前半から，各国が排他的経済水域を設けるようになると，その影響で激減している。　(2)　日本の周辺には大陸棚は広がっていて，暖流と寒流がぶつかる好漁場もある。さらに多くの川や湖に淡水魚も多くいる。したがって，世界的にも漁業のさかんな国である。エは「海水温の差が大きく」というところが誤りとなる。

基本 問3　三内丸山遺跡は。縄文時代の代表的な遺跡で，5500年ほど前から1500年以上続き，最大で500人が住んでいたという。

やや難 問4　中国とインドは，それぞれ人口数が世界第1位と2位であるため，小麦の国内消費量が多く，その結果，輸出に回る量は少なくなっている。

問5　(1)「後漢書」には，1世紀の半ばに現在の福岡平野にあった倭の奴国王が，後漢に使いを送り，皇帝から金印を授けられたとあり，江戸時代に志賀島(福岡県)で，そのものと考えられる

金印が発見された。 (2) 稲作がさかんになると，社会のしくみも急速に変化し，小さなムラやクニができ，人々を支配する豪族や王が出現した。このような支配者を中心にまとまったムラやクニ同士で，様々な争いが起きるようになった。特に，米づくりに欠かせない水田に引く水のうばい合いは各地で起きていた。

問6 (1) 九州地方南部は，肉牛や豚，鶏の飼育を行う畜産が盛んな地域で，鹿児島県などでは，食料品を加工生産する会社やスーパーマーケットの会社などが直接家畜を育てたり，農家などに生産を依頼したりして，大規模な畜産が行われている。 (2) ウは「北部」が「南部」の誤りである。

問7 (1) Cは聖徳太子が制定した十七条の憲法である。太子は，また，アの冠位十二階により家柄にとらわれず才能や功績のある人物を，役人に取り立てようとした。小野妹子は遣隋使として隋に渡ったので，イは誤り。太子は蘇我馬子と協力して政治を行ったので，ウは誤り。大仏をつくらせたのは聖武天皇なので，エも誤りとなる。 (2) Dは豊臣秀吉が出した刀狩令である。この時代は安土桃山時代で，エの狩野永徳は，この時代の桃山文化の担い手である。アは平安時代，イは飛鳥時代，ウは江戸時代，それぞれを表した文章である。 (3) Eは承久の乱が起きたときの北条政子の演説である。亡き夫頼朝の御恩を説いて，御家人の結束をうったえている。(4) C：飛鳥時代→A：平安時代→E：鎌倉時代→F：建武の新政(鎌倉と室町の間)→D：安土桃山時代→B：江戸時代。

問8 アは静岡県をあらわした文章である。

問9 明治時代初期には富岡製糸場などの官営模範工場がつくられた。その影響で，この時代の最大の輸出品は生糸となっている。

問10 昭和時代初期の日本経済における深刻な不況は，1929年，アメリカのニューヨークから始まった世界恐慌の影響を受けて起きたものである。

重要 問11 情報社会が進展し，インターネットや携帯電話・スマートフォンなどの普及は，プラス面とマイナス面をもたらした。(情報社会の光と影)この資料を分析すると，すべての学校段階の保護者が「携帯電話やスマートフォンの使い方」を悩んでいることが分かる。これは，前述の情報社会のマイナス面(影の部分)に他ならない。

問12 総務省によると，「マイナンバー制度は行政の効率化，国民の利便性の向上，公平・公正な社会の実現のための社会基盤である。

重要 問13 新潟県西部の日本海に浮かぶ佐渡島は，日本海最大の離島で，東京23区の約1.5倍もの広さがあり，佐渡金山やトキの繁殖，佐渡牛や海の幸などのグルメも有名だが，すばらしい絶景の宝庫でもある。

問14 天然ガスや石炭の最大の輸入国オーストラリアや石油の最大の輸入国サウジアラビアは，カナダと並んで，日本の友好国でもある。

問15 WHO(世界保健機関)は，1946年，ニューヨークで開かれた国際保健会議が採択した世界保健憲章(1948年4月7日発効)によって設立された。「すべての人々が可能な最高の健康水準に到達すること」(憲章第1条)を目的に掲げている。UNICEF(ユニセフ：国際連合児童基金)，UNESCO(ユネスコ：国連教育科学文化機関)，WTO(世界貿易機関)である。

やや難 問16 「Society4.0が進化した「Society5.0」においては，さらなる高度情報社会の実現が期待される。例えば，学校教育の分野では，ICTやAIを活用したアクティブラーニングやオンライン授業，それらによる個別化・個性化など，時間・距離の制約のない個性重視の学習活動が可能になる。そして，それは，児童生徒の主体性をさらに向上させるのである。その結果，SDGsの目標4「質の高い教育をみんなに」の，高度情報社会に適した質の高い教育を，世界中の子どもたちが受けることが可能になるのである。

★ワンポイントアドバイス★

1問5この金印には「漢委奴国王」と刻まれている。1問4政府は，世界文化遺産登録を目指し，新潟県が要望する「佐渡島の金山」をユネスコに推薦した。それに対し，韓国は朝鮮半島出身者が強制労働をさせられた場所だと反発している。

＜国語解答＞

【一】 問一　エ　　問二　Ⅰ　エ　　Ⅱ　イ　　問三　ア　　問四　③　ウ　　⑥　ウ
問五　ウ　　問六　イ　　問七　エ　　問八　A　大人になる　　B　お父さん
C　うれしそうに笑った　　D　輝が成長したことを感じてうれしくなったから

【二】 問一　a　どのようにその役割を果たしているか　　b　解き明かしたい謎
問二　②　ウ　　③　ア　　問三　ヒーターと～均等にする　　問四　トースターがパンを焼くときの動き。　　問五　イ　　問六　ウ　　問七　ア
問八　A　ウ　　B　オ　　C　イ　　D　エ　　問九　電化社会

【三】 ①　干潮　　②　策略　　③　仏閣　　④　模造　　⑤　万国旗　　⑥　肥

○配点○

【一】 問二・問四　各2点×4　　問八A～C　各3点×3　　問八D　6点　　他　各4点×5
【二】 問一・問八　各5点×3(問八完答)　　問二　各2点×2　　問四　6点　　他　各4点×5
【三】 各2点×6　　　計　100点

＜国語解説＞

【一】（物語－心情・情景，細部の読み取り，空欄補充，慣用句，ことばの意味，記述力）

問一　空想で考えるとイを選びたい気持ちにもなるが，やめなくてもいいということは自分でもわかっているが，すっきりしないのは，自分自身でも「今のぼくにはなんか違う」という違和感があるのだ。だから，お母さんに言えないのは，言ってしまうと「お母さんが悲しむ」ことを気にしているのだ。

基本　問二　Ⅰ　周りから言われたり，どう見られるかを気にしてということになるので「目」だ。
Ⅱ　手間がかかっていて，細かいところまでよく作られていることを「手がこんでいる」という。

問三　問一で考えたように，おじいちゃんが言っていることがわからないのではない。香帆も同じように言ってくれたともあるが，その言葉が理解できないのではなく，自分自身で違和感を持つということなのでアだ。

問四　③「おもむろに」は，「急に」と考えている人が多い言葉だが，正しくは「ゆっくりと」である。　⑥「拍子抜けする」は，張り合いがなくなる，脱力するということなので「緊張がゆるんで」を選ぶ。

やや難　問五　情景描写であることに気づこう。書かれているのは，見える風景ではあるが，そこに，登場人物の心情や，物語の今後の進展などを示すような役割をする景色の描写である。このように考えると，エのように，単に美しい花が咲くという事実ではなく，今後の展開が「明るい変化」を予感させるものなのでウだ。

問六　おじいちゃんは「なつかしい」と言いながら見ている。「ぼく」が「なにがなつかしいの?」と聞くと,「渉のことを思い出していた」と答えていることからイを選択することになる。

問七　「ただ反抗したかっただけ」というのは,「ぼく」が想像する父の子どものころの心情であるのでウを選んではいけない。そもそもおじいちゃんが突然,自分の息子,すなわち「ぼく」の父親の子どものころの話を始めたのは,今の「ぼく」の気持ちと,当時の息子の気持ちに同じようなものを感じたからである。だから,アップリケのこと,「大人になる」ということの二つの話題を孫である「ぼく」に聞かせたかったのだ。したがってエということになる。

やや難　問八　A　問一・三で考えたように,からかわれるからいやなのではなく,自分自身に何か違和感があるからいやだったのだ。おじいちゃんから,自分と同じような年齢だった時の父の話を聞き,その違和感は,自分も「大人になる」ということからきていることがわかったのである。
B「お父さん」の子どものころの話からの気づきだった。　C　本来,生意気だと思うことを子どもが言えば,苦々しい気持ちになるものだろうが,それが子どもが大人になる一歩だと思うと嬉しくなるので「うれしそうに笑った」のである。　D　おじいちゃんが,息子の自立の一歩を生意気だけど嬉しいと感じた気持ちと,今の自分のお母さんが同じような気持ちと考える。息子が大人への一歩を歩み出したと感じ喜んでいるのである。

【二】　(細部の読み取り,空欄補充,ことばの意味,記述力)

やや難　問一　分解の授業にあたり,色々な疑問が出てくるのでしぼりこむのに戸惑うかもしれない。が,「～を想像すると」に当てはまるようにするのだから,「どうやって食パンを～」や「何故ポンと～」のような具体的な疑問を書こうとするとどれを取り上げるのか決められず,しかも,字数に合わない。そこで,「面白いからと言って,～」ではじまる「私」の注意事項に着目する。ここに,a「どのような役割を果たしているか」を想像しろとしている。さらに,b「解き明かしたい謎」が見つかるから想像しろと言っている。

問二　②「やみくも」とは,何の見通しもなくむやみに事をなすことという意味なので,ウである。　③「色めき立つ」とは,緊張や興奮で落ち着かなくなるということなのでアとエのどちらかになる。線③直後の教室の様子から考えると,思い思いに活発に行動していることが読み取れるのでアを選択する。

重要　問三　この機能があるためにどうしてよりおいしいトーストになるのかは,トースターの温度が下がるまでの間にかわした会話に着目する。「先ほど観察した～押える機構は～」と説明している。「ヒーターと～均等にする」ためのものだった。

やや難　問四　「ふるまい」とは,動作,行動,挙動という意味と,もてなし,接待などの意味がある言葉だ。この文章の場合は前者で,トースターがどのような動作をしたのかということになる。――線⑤では,実際にトースターを使いおいしいトーストを食べた後の発言である。したがって,おいしいトーストにするためにトースターがどのような動作をしたかということになる。「トースターのふるまい」という表現は擬人的な言い方であるので,自ら動作をするわけではない。これは「トースターの動き」のことになる。

問五　直後に「まだ中はしっとり」とあることに着目する。表面はカリッとしていて中はしっとりということは,中はまだカリッとするまで焼けていないということだ。それはつまり,「短時間に表面だけが焼ける」からである。

基本　問六　分解の授業は,それだけでも面白く取り組む授業ではあるが,そこに,おいしいトーストを食べるという「味方がいる」のだから,中学の理科での義務的に受けていた教育とは「楽しさ」が違うということだ。楽しみながら学んで知識を身につけることが「教育」としている。

問七　「味を占めた」とは,一度味わったうまみや面白みを忘れられず,もう一度同じことを期待することという意味の言葉だ。問六で考えたように，楽しく授業を受ける経験をした学生が身をもって理論を考えついたという教える側としてはこれ以上ない喜びを感じたことを，もう一度同じように新しい発見を自ら得る経験をしてほしいということなのでアである。

重要 問八　A 「味を占めた」私がもう一度質問したのだから，ウかオの疑問文が入ることになる。同じ疑問でも，会話のきっかけになる疑問であるはずなのでウである。　B 「誰の発明?」と問われて，考えたこともなかったという反応だから，おどろきのオだ。　C 「私のヒント」なのだから，発明者のヒントになる言葉なのだから，イを入れる。　D 直前の「小さな声」は「まさかとは思うけれど……」というつぶやきであり，そのつぶやきを聞いた「私」が「そうです～」と受けているのだからエが入る。

問九　エジソンが目指したものということを考える。「トースターを前に～」で始まる段落に「『エジソンは，～』」と説明を始めている。エジソンは「電気を使う社会を夢見た」と述べている。しかし，これでは指定字数内に収まらないので，それを言いかえた「電化社会」と解答することになる。

【三】 (漢字の書き取り)

重要 ①「干」は全3画の漢字。1画目の形に気をつける「千」にならないようにしよう。
②「策」は全12画の漢字。「束」ではないので気をつける。　③「閣」は全14画の漢字。6画目ははねる。　④「模」は全14画の漢字。12画目はやや長めに書く。　⑤「旗」は全14画の漢字。10・11画目は左右に出さない。　⑥「肥」は全8画の漢字。音読みは「肥料」の「ヒ」。「色」としないように気をつける。

★ワンポイントアドバイス★

空欄補充の形で内容を問う問題に慣れるように練習しておこう。

第2回

2022年度

解　答　と　解　説

《2022年度の配点は解答欄に掲載してあります。》

＜算数解答＞

1　(1)　3　(2)　600g　(3)　分速120m　(4)　30個　(5)　1.74cm^2　(6)　1.1倍
2　A　12　B　7　C　17　D　4　3　(1)　8個　(2)　14個　(3)　156cm^2
4　(1)　6番目　(2)　4　(3)　7番目
5　(1)　ウ　(2)　ウ・キ　(3)　解答例『(A,)A, C, D』

○配点○
2　各3点×4　3(1)・(2)　各5点×2　4(3), 5(2)・(3)　各6点×3
他　各4点×10(5(2)・(3)　各　完答)　計80点

＜算数解説＞

1　(四則計算, 割合と比, 速さの三公式と比, 平均算, 場合の数, 平面図形)

(1)　$\left(\frac{7}{13}\times\frac{13}{12}-\frac{1}{4}\right)\times 9=\frac{1}{3}\times 9=3$

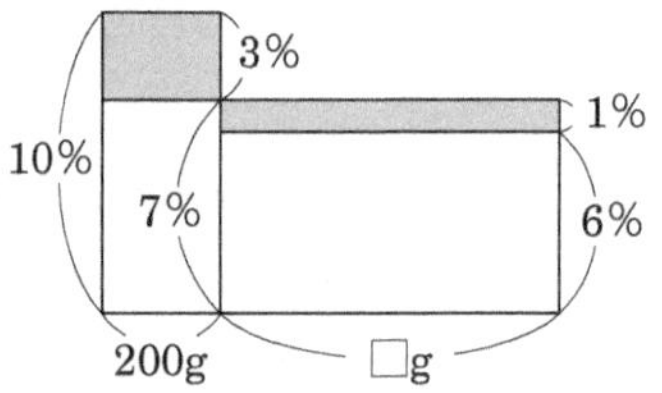

重要　(2)　右図より, 色がついた部分の面積が等しく, □は
200×(10－7)÷(7－6)＝600(g)

重要　(3)　片道が80m, 60mの最小公倍数240mである場合, 平均分速80mで往復した時間は240×2÷80＝6(分)
行きに分速60mで進んだ場合, 帰りの時間は6－240÷60＝2(分)
したがって, 帰りの分速は240÷2＝120(m)

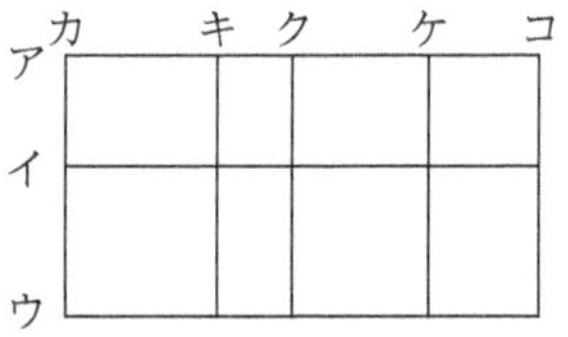

重要　(4)　右図より, 横方向に延びた辺3本のうち, 2本を選ぶ組み合わせは3×2÷2＝3(通り)
縦方向に延びた辺5本のうち, 2本を選ぶ組み合わせは5×4÷2＝10(通り)
したがって, 四角形は3×10＝30(個)ある。

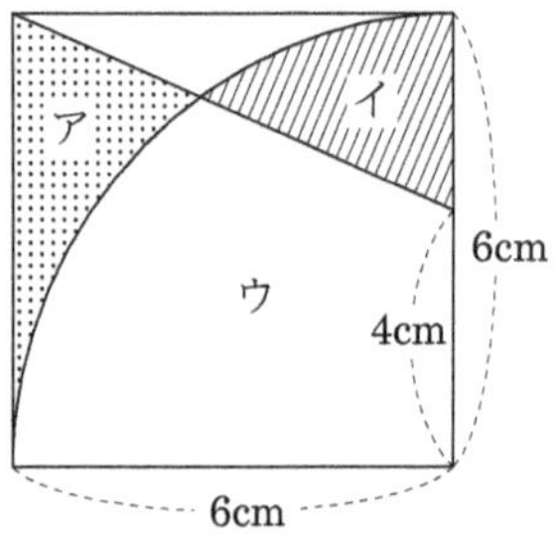

重要　(5)　右図より, 計算する。
台形部分ア＋ウの面積…(6＋4)×6÷2＝30(cm^2)
四分円イ＋ウの面積…6×6×3.14÷4＝9×3.14
＝28.26(cm^2)
したがって, アーイは30－28.26＝1.74(cm^2)

重要 (6)　図1において，表の11番目までの縦の長さと，ノートの11本目の横線までの，横線と横線の間10個分の縦の長さが等しい。
つまり，ア×11＝イ×10より，ア：イ＝10：11
したがって，表を11÷10＝1.1(倍)した。

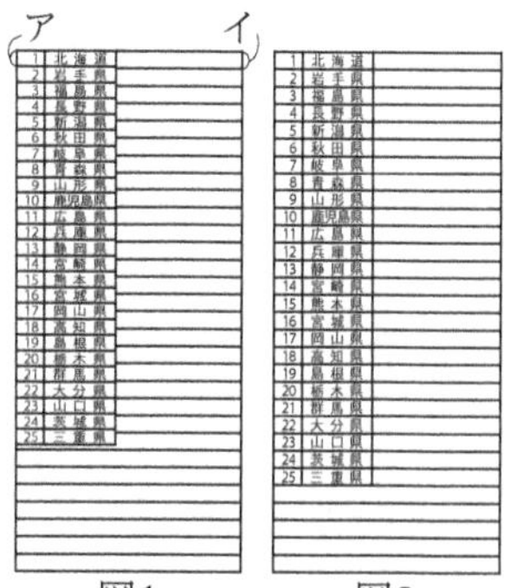

図1　図2

重要 2 (文字と式，数の性質)

A×A＝(337−49)÷2＝144＝12×12
B×B＝(2022−12×144)÷6＝49＝7×7
2022＝6×(C×C＋3×D×D)，C×C＋3×D×D
＝2022÷6＝337
D×Dには1，4，9，～，100までの平方数があてはまる可能性があるが，どの場合にC×Cと共に，この式が成り立つのかを求めると，3×16＝48のとき，337−48＝289＝17×17
したがって，C＝17，D＝4

重要 3 (平面図形，立体図形)

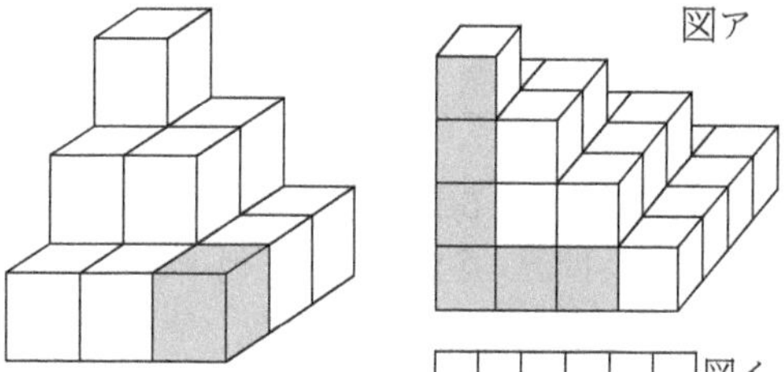
図ア

(1)　図アより，2面が表面に出ている立方体は
4＋2×2＝8(個)
(2)　1面も表面に出ていない立方体は，図イより，上から3段目に1個，4段目に4個，5段目に9個ある。
したがって，全部で1＋4＋9＝14(個)

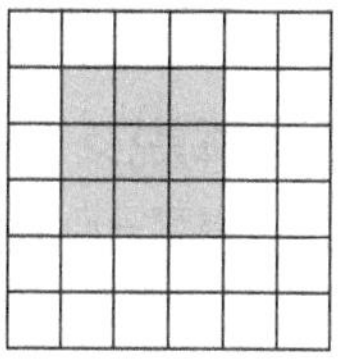
図イ

(3)　6×6×2＋(1＋2＋3＋4＋5＋6)×4＝
72＋84＝156(cm²)

重要 4 (規則性)

シャッフルの手順…上4枚1・2・3・4の1番目のカード1の下に下4枚5・6・7・8の1番目のカード5を置き，その下に上4枚の2番目のカード2を置き，その下に下4枚の2番目のカード6を置いて，以下，同様にくりかえす。
(1)　1回シャッフル…上から順に1・5・2・6・3・7・4・8と重なり，7は上から6番目
(2)　2回シャッフル…(1)より，下から2番目のカードが，シャッフルによって上から6番目のカードになるので，その数は4
(3)　7の位置はシャッフルにより，6番目，4番目，7番目，6番目，～，と変化し，2022÷3＝674より，7番目

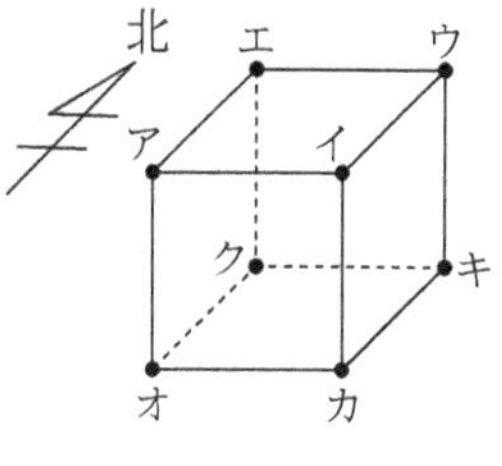

5 (平面図形，立体図形，論理)

基本 (1)　C，A，B，Cより，ア→オ→ク→キ→ウ
基本 (2)　A，D，Bより，ア→エ→ウまたはア→エ→ク→キ
やや難 (3)　以下の例がある。
A，A，C，Dより，ア→エ→エ→ク→オ
A，A，D，Dより，ア→エ→エ→ク→オ
A，C，A，Dより，ア→エ→ク→ク→オ
A，D，A，Dより，ア→エ→ク→ク→オ

A：北へ移動する
B：東へ移動する
C：上にいるときは真下へ，下にいるときは真上へ移動する
D：ひとつ前の移動で通った辺は通らず，のこりの2方向のどちらかに移動する

ただし，指令通りに移動できないときは，その場に留《とど》まるものとする

★ワンポイントアドバイス★

[1](6)「表の拡大率」は，表の横線とノートの横線が一致する位置に注意する。
[3]「立方体の積み重ね」は，簡単そうに見える印象であるが注意しないとミスが出る。
[4]「シャッフル」は，手順の例を理解しないと(1)から不正解になる。

＜国語解答＞

【一】 問一　イ　問二　ウ　問三　イ　問四　エ　問五　a　エ　b　イ　c　ア　d　ウ　問六　B　問七　ウ　問八　人を傷つけるもの

【二】 問一　Ⅰ　イ　Ⅱ　ウ　Ⅲ　ア　Ⅳ　エ　問二　イ　問三　コワーカー［協働者］　問四　ウ　問五　ア　B　イ　A　ウ　B　エ　A　オ　B

【三】 ①　源泉　②　別格　③　処置　④　党首　⑤　針小棒大

○配点○

【一】 問五　5点(完答)　問六　2点　問七　3点　問八　6点　他　各4点×4
【二】 問五　各2点×5　他　各4点×7
【三】 各2点×5　計80点

＜国語解説＞

【一】 **(物語ー心情・情景，細部の読み取り，空欄補充，ことばの用法，記述力)**

問一　「失笑」とは，「こらえきれずに笑ってしまう」という意味であるが，楽しいことでの場面ではなく，「笑いも出ないくらいあきれかえる」といういわばバカにしたようなニュアンスをもって使われることが一般的である。線①の場合は，直後にあるように「愚かだ」と感じているのだ。あきれたが，それを直接言うことはできないので，さとられないように「口をひきしめた」のだからイだ。

基本　問二　口々に，自分がどんなに感動したかを言っている場面である。目の前の風景について言っているのだからアのように「勝手なこと」を言っているわけではない。また,「難しい言葉」や「ふさわしい言葉」を選んでいるわけでもない。「競うようにほめている」のだ。

問三　線③中の「唇をかんだ」については選択肢ア～エの「残念・悔しい・腹立たしい・がっかり」のいずれも誤りとは言えない。したがって，選択肢の前半で考えることになる。「自分の考えとは正反対の」返事をしてしまった，つまり，周りの友人に合わせてしまったということになる。

重要　問四　「私」もきれいな景色だとは思っている。が，ただ感動した，泣きそうだなどと薄っぺらい言葉を競い合って言っていることにがまんができないのである。言っているクラスメートも嘘を言っているわけではないのでイは不適切だ。「安易な言葉」で表現していることに「耳をふさぎたく」なっているのだからエである。

やや難　問五　a　「うるさい」と言われた少女たちのひとりが「ど……どういうことよ～」がとまどいながら反論」した言葉だ。だから，aにはその反論に対する反論が入ることになる。「どういうことよ」と反論されたのだから「うるさいからうるさいと～」と答えているとしてエが入る。　b　「うるさいからうるさい～」と再度言われたのだから，言われた側の反論だ。「きれいだから～何が悪いの～」という返事だ。　c　言い合いになっているのだから，次は「うるさい」と言った「彼女」の言葉が入るのが順序だが，cの直後に「一対数人の数に頼んで」とあるので，bの次にも「数に頼んだ」少女たちの反論が続くという構成だ。「～何が悪いの」に対して「そうよ。～」と同調しているのだ。 d 直後が「彼女にそういわれた」だから，dには「彼女」の決定的な反論が入る。「先生にいわれたから，感動するのか」というものだ。

問六 Bだけが様子を表す，形容詞である。A・Dも「赤い」・「優しい」なら形容詞だが，「赤み」・「優しさ」は名詞になっている。

やや難 問七 「人の心をえぐる矢」という表記と，「矢」という物の印象から「敵」のように思えてしまうが，「私がいいたいと思って～」で始まる段落にあるように，決して武器としての「矢」ということではない。ここでは，「私」が言いたかった，つまり，私が「本当にそうだ」と思える言葉を言い放ったということだ。言われたほうも思わず後ずさりしなければならない気持ちになるのはそこに「真実」があるからだ。

やや難 問八 「私」が彼女の純粋さを懸念したのは，自分自身も「その危険さ」を感じ取り注意深く芽を摘みとっていたからとある。「私」はどうならないように注意深い行動をしていたのかというと，「人から嫌われない」ようにしていたのだ。直後の一文にあるように彼女は「いまさっき」みんなから嫌われた。それはとても残酷なしうちだ。

【二】 (論説文一要旨・大意，細部の読み取り，空欄補充)

やや難 問一 Ⅰウ以外のどれでも誤りではないようにも思えるが，続く内容が女子教育ということが主になっているのでイを選ぶ。 Ⅱ多くの人が読み書きができないのだからエは不適当。アとウで迷うところだが，教育が必要だと実感するのは，「同じ病気の人が来る」からではなく，「同じ人が同じ病気で来る」のは，わからないからだと思うからだ。 Ⅲ 「児童婚」とは，文字通り児童と呼ばれる年齢の女の子が結婚することだ。すぐに結婚させるのだから女子に教育は必要ないという考えに結びついていく現状だったのだ。そのような風習があるからこそ「女子に教育はいらない」と思われがちだったということでアだ。 Ⅳ 直後の記述が着目点である。「奇妙な関係」と言える内容が入ることになる。奇妙な関係の具体的な内容は，「もっと貧しいところ，～悲惨なところを撮りたい」ということだ。貧しい人たちのために行動しているのに，より貧しい所を望むことが奇妙なのだから，エである。

問二 石けんすら買えない状態の母親たちが，少しの収入を得たら，その収入を子どもの学費にしたいという切実な思いに胸を打たれたということだからイである。

基本 問三 上下関係のない関係のことだ。共に協力して働く(協働者)・コーワーカーということだ。

問四 「文字を覚えることから～」で始まる段落に着目する。教科書なのだから文字を覚えるという学習内容であることはもちろん必要だが，同時に，家族の健康管理，栄養のことなどが学べるように作られているものだったのだ。だから，食生活のことも学べて，考えるようになったのだ。そして，そのことから村全体が明るい家庭の集まりになっていくという好循環が生まれたと説明されている。その内容はウである。

やや難 問五 ア 「一九九〇年，ダッカ～」で始まる段落が着目点になる。マラカールは，「学校に上がる前の教育をする幼稚園を」始めたのだ。「幼稚園で」ではないので×。 イ 「こうしてSEPは～」で始まる段落が着目点だ。イの内容の過程をふんでいるので○。 ウ 「また発足当時より～」で始まる段落に着目する。もちろん参加者も行っただろうと思われるが，「誰もが参加できる運動として」「広く一般に呼びかけ」て始めたものという説明なので×。 エ 「バングラデシュの刺繍は～」で始まる段落にエの内容は確認できるので○。 オ 船戸良隆が起こした活動であることを筆者が紹介する文章である。「手紙を書いて!」と言ったのは，輪の中に入っていった筆者に対してであり，船戸良隆に言ったのではないので×。

【三】 (漢字の書き取り)

① 「泉」は全9画の漢字。7～9画目の形に注意。4画ではない。 ② 「別」は全7画の漢字。7画目ははねる。 ③ 「処」は全5画の漢字。3画目は1画目につける。 ④ 「党」は全10画の漢字。1～3画目の向きに注意する。 ⑤ 「針小棒大」は，ものごとを大げさに言うことという意味の四字熟語である「棒」は全12画の漢字。上が三本下が二本である。

★ワンポイントアドバイス★

問題数は多くはないが，40分という時間内では楽ではない。最初からしっかりした読みが必要だ。

解答用紙集

○月×日 △曜日　天気（合格日和）

◆ご利用のみなさまへ

＊解答用紙の公表を行っていない学校につきましては、弊社の責任において、解答用紙を制作いたしました。

＊編集上の理由により一部縮小掲載した解答用紙がございます。

＊編集上の理由により一部実物と異なる形式の解答用紙がございます。

人間の最も偉大な力とは、その一番の弱点を克服したところから生まれてくるものである。 ――カール・ヒルティ――

東京学参株式会社

晃華学園中学校(第1回)　2024年度

◇算数◇

※ 119%に拡大していただくと，解答欄は実物大になります。

1

(1)		(2)	g	(3)	秒
(4)	A =		B =		C =
(5)	度	(6)	：		

2

人

3

(1)	cm^2	(2)	cm^2

4

cm^3

5

(1)	秒後	(2)	秒後	(3)	秒後

6

(1)		(2)	

晃華学園中学校（第1回）　2024年度

◇理科◇

※ 130%に拡大していただくと，解答欄は実物大になります。

1

問 1 (1)

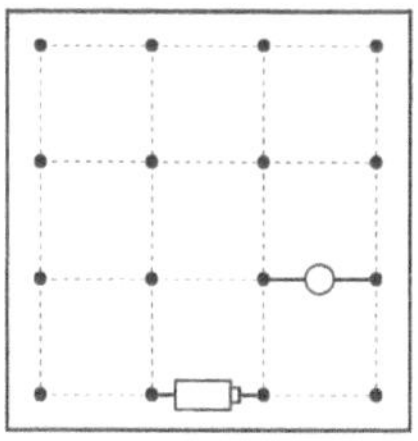

(2) 個

問 2 (1)

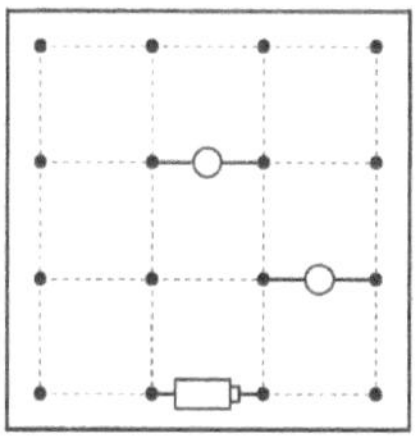

(2) 導線パーツ　個 ／ かん電池パーツ

(3) つなぎ

問 3

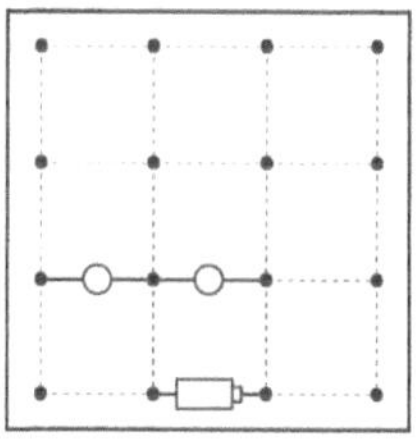

2

問 1　気体A　気体B　気体C

問 2 (1)　(2)

(3) ②　③　(4) cm^3

3

問 1 (1) A　B　C

(2)　(3)　(4)　(5)

問 2 (1)　(2)

問 3 (1) mL　(2) L

4

問 1 (1)

(2) B　C

(3)　(4)

問 2 (1)　(2)　問 3

晃華学園中学校(第1回)　2024年度

◇社会◇

※ 147%に拡大していただくと，解答欄は実物大になります。

1

問1	（1）							
	（2）							
問2								
問3								
問4								
問5	あ	年	い	年	う	年	え	年
問6	（1）							
	（2）							
問7								
問8								
問9								
問10								
問11	湾							
問12								
問13	（1）	%	（2）					
問14	（1）							
	（2）							
問15								

◇国語◇

晃華学園中学校(第1回)　２０２４年度

※　１３５％に拡大していただくと、解答欄は実物大になります。

一

問一　問二　問三　問四　問五　問六

問七

二

問一　Ⅰ　Ⅱ　Ⅲ

問二　問三　問四

問五　問六

問七

問八

問九　Ⅰ　Ⅱ　Ⅲ

三

① ネ（る）

② テンボウ

③ コウノウ

④ セキランウン

⑤ ツイキュウ

⑥ シュシャ

⑦ カイキョ

⑧ バジトウフウ

晃華学園中学校(第2回)　2024年度

◇算数◇

※ 125%に拡大していただくと，解答欄は実物大になります。

1	(1)		(2)	cm	(3)	：
	(4)	日	(5)	時速　km		

2	(1)		(2)	

3	(1)	倍		
	(2)	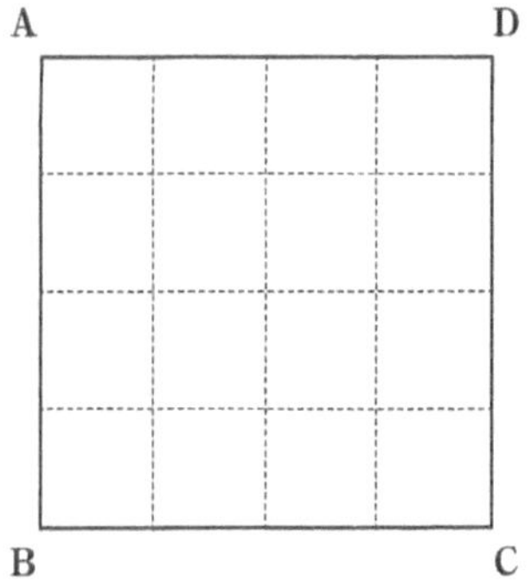	(3)	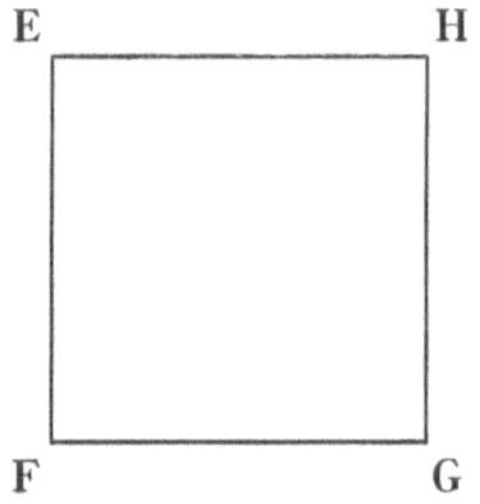

4	(1)		(2)	選んだ展開図：　体積：　cm^3

5	(1)	通り	(2)	通り

6	(1)		(2)	
	(3)			

◇国語◇

晃華学園中学校(第2回)　２０２４年度

※ １３２%に拡大していただくと、解答欄は実物大になります。

一

問一

問二　1　2

問三　A　B　C

問四

問五

問六

問七

二

問一

問二

問三

問四　Ⅱ　Ⅲ

問五

問六

問七

問八　ア　イ　ウ　エ　オ

三

①	②	③	④
ケッソク	ハイシャク	ハカ（らう）	フヨウジョウ

晃華学園中学校(第1回)　2023年度

◇算数◇

※ 125%に拡大していただくと，解答欄は実物大になります。

1

(1)		(2)	人	(3)	時　分
(4)	個	(5)	$x=$ 　, $y=$	(6)	cm^3

2

(1)	時速　km	(2)	km

3

(1)	cm	(2)	:

4

体積　cm^3	表面積　cm^2

5

[1]	(1)	番目	(2)	—
[2]	(1)	番目	(2)	—

6

(1)	①		②					
(2)	③		④		⑤		⑥	
	⑦		⑧		⑨		⑩	
(3)								

晃華学園中学校（第1回）　2023年度

◇理科◇

※ 127％に拡大していただくと，解答欄は実物大になります。

1

問1 (1)　　(2) g　　(3) g

問2 (1) cm　　(2) D g　　黒いチョウ 個

2

問1 (1)

(2)

問2 (1)　　(2)　　(3) g

問3 (1) g　　(2) g

3

問1 (1)　　(2)

問2 ①　　②　　③

問3 ホタテ　　エビ

問4 (1)　　(2) 粒

(3) 構造

利点

4

問1 (1)　　(2)　　(3)

問2 (1)　　(2) 度　　(3)

晃華学園中学校（第1回）　2023年度

◇社会◇

※ 149％に拡大していただくと，解答欄は実物大になります。

1

問1	（1）		（2）		（3）	
問2	（1）		（2）			
問3						
問4						
問5	→ → →					
問6						
問7	（1）		（2）			
問8		問9				
問10		問11				
問12	（1）		（2）			
問13						
問14						
問15						
問16	（1）					
	（2）	番号				

◇国語◇

晃華学園中学校(第1回)　2023年度

※135%に拡大していただくと、解答欄は実物大になります。

一

問一　問二　問三　問四　問五

問六

問七　問八　問九

問十

二

問一　問二

問三

問四　Ⅰ　Ⅱ　Ⅲ

問五　ⅰ　ⅱ　ⅲ

問六

問七　(から。)

問八

三

① オ(びた)
② ヒカク
③ エンドウ
④ タンサン
⑤ ザッカ
⑥ タンサ
⑦ キンセイ
⑧ ノウヒン

晃華学園中学校(第2回)　2023年度

◇算数◇

※ 125%に拡大していただくと，解答欄は実物大になります。

1

(1)		(2)	:	(3)	分　　秒
(4)	通り	(5)	cm^3		

2

(1)	3 g の分銅　　　個，7 g の分銅　　　個	(2)	g

3

(1)

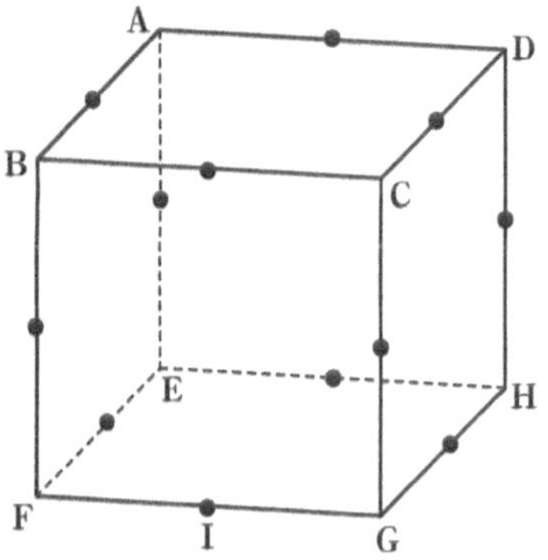

(2)	cm^3

4

(1)	秒間	(2)	cm^2
(3)	秒後と　　　　秒後		

5

(1)	個	(2)	個
(3)			

◇国語◇

晃華学園中学校(第2回)　２０２３年度

※１３３%に拡大していただくと、解答欄は実物大になります。

一

問一　問二　問三　問四　問五　問六

問七

（意志。）

問八

二

問一

問二　Ⅰ　Ⅱ　Ⅲ

問三　(2)　(3)

問四　問五　問六　問七

問八　ア　イ　ウ　エ　オ

三

①	②	③
ヨウサン	ム（れ）	チャクガン

晃華学園中学校（第1回）　2022年度

◇算数◇

※ 119%に拡大していただくと，解答欄は実物大になります。

1

（1）		（2）	円	（3）	通り
（4）		（5）		（6）	cm^2

2

（1）	組	（2）	組

3

（1）	枚	（2）	分後	（3）	

4

縦： cm	横： cm	高さ： cm

5

ア		イ		ウ	

6

（1）	分	（2）	最も大きい数：　最も小さい数：
（3）			

晃華学園中学校（第1回）　2022年度　◇理科◇

※ 127%に拡大していただくと，解答欄は実物大になります。

1

① ② ③

④ ⑤

A B C

2

問1 問2

問3 記号 説明

問4 記号 説明

記号 説明

問5 問6

3

問1 (1) (2) と

(3)

(4) 記号 名前 (5)

問2 ① ②

③

4

問1 問2

問3 (1) (2) 〔%〕 (3) 〔g〕

(4) 〔℃〕 (5)

晃華学園中学校(第1回)　　2022年度

◇社会◇

※ 149％に拡大していただくと，解答欄は実物大になります。

1

問1						
問2	（1）		（2）			
問3						
問4						
問5	（1）					
	（2）					
問6	（1）		（2）			
問7	（1）		（2）		（3）	
	（4）	→ → → → →				
問8						
問9						
問10						
問11						
問12						
問13						
問14						
問15						
問16						

◇国語◇

晃華学園中学校(第1回)　２０２２年度

※１３５％に拡大していただくと，解答欄は実物大になります。

一

問一

問二　Ⅰ　Ⅱ

問三

問四　③　⑥

問五

問六

問七

問八　A　B　C　D

二

問一　a　b

問二　②　③

問三　〜　(ため)

問四

問五

問六

問七

問八　A　B　C　D

問九

三

① カンチョウ

② サクリャク

③ ブッカク

④ モゾウ

⑤ バンコクキ

⑥ コ (える)

晃華学園中学校(第2回)　2022年度

◇算数◇

※ 120%に拡大していただくと，解答欄は実物大になります。

1

(1)		(2)	g
(3)	分速　m	(4)	個
(5)	cm^2	(6)	倍

2

A	B	C	D

3

(1)	個	(2)	個	(3)	cm^2

4

(1)	番目	(2)		(3)	番目

5

(1)		(2)	
(3)	『A，　，　，　』		

◇国語◇

晃華学園中学校(第２回)　２０２２年度

※１０８％に拡大していただくと、解答欄は実物大になります。

一

問一

問二

問三

問四

問五　a　b　c　d

問六

問七

問八

二

問一　Ⅰ　Ⅱ　Ⅲ　Ⅳ

問二

問三

問四

問五　ア　イ　ウ　エ　オ

三

①　ゲンセン

②　ベッカク

③　ショチ

④　トウシュ

⑤　シンショウボウダイ

MEMO

大切なことはメモしておこうネ！

MEMO

大切なことはメモしておこうネ！

〈ダウンロードコンテンツについて〉

本問題集のダウンロードコンテンツ、弊社ホームページで配信しております。現在ご利用いただけるのは「2025年度受験用」に対応したもので、**2025年3月末日**までダウンロード可能です。弊社ホームページにアクセスの上、ご利用ください。

※配信期間が終了いたしますと、ご利用いただけませんのでご了承ください。

中学別入試過去問題シリーズ

晃華学園中学校　2025年度

ISBN978-4-8141-3179-2

[発行所] 東京学参株式会社
〒153-0043　東京都目黒区東山2-6-4

書籍の内容についてのお問い合わせは右のQRコードから　⇒

※書籍の内容についてのお電話でのお問い合わせ、本書の内容を超えたご質問には対応できませんのでご了承ください。

2024年6月6日　初版